编委会

总顾问 韩大元　王振民

主　编 许崇德

副主编 胡锦光　徐　海

编　委（按姓氏笔画排序）

　　　　　王　磊　王丛虎　朱松岭　许崇德　李元起
　　　　　余凌云　沈荣华　张　翔　陈国庆　林来梵
　　　　　郑贤君　胡锦光　莫纪宏　徐　海　董　皞
　　　　　傅思明　焦洪昌　廉希圣　翟国强　魏定仁

宪法知识丛书

许崇德 主编

宪法与澳门基本法

任进 著

江苏人民出版社

图书在版编目(CIP)数据

宪法与澳门基本法/任进著.—南京:江苏人民出版社,2019.9
ISBN 978-7-214-22041-7

Ⅰ.①宪… Ⅱ.①任… Ⅲ.①宪法-研究-中国②特别行政区基本法-研究-澳门 Ⅳ.①D921.04 ②D921.94

中国版本图书馆 CIP 数据核字(2019)第 198307 号

书　　　名	宪法与澳门基本法
著　　　者	任　进
项 目 统 筹	朱　超
责 任 编 辑	朱　超
装 帧 设 计	许文菲
责 任 监 制	陈晓明
出 版 发 行	江苏人民出版社
出版社地址	南京市湖南路 1 号 A 楼,邮编:210009
出版社网址	http://www.jspph.com
照　　　排	江苏凤凰制版有限公司
印　　　刷	江苏凤凰通达印刷有限公司
开　　　本	890 毫米×1240 毫米　1/32
印　　　张	11　插页 2
字　　　数	255 千字
版　　　次	2019 年 9 月第 1 版　2019 年 9 月第 1 次印刷
标 准 书 号	ISBN 978-7-214-22041-7
定　　　价	38.00 元

(江苏人民出版社图书凡印装错误可向承印厂调换)

出版说明

"宪法是国家的根本法,是治国安邦的总章程,具有最高的法律地位、法律权威、法律效力,具有根本性、全局性、稳定性、长期性。全国各族人民、一切国家机关和武装力量、各政党和各社会团体、各企业事业组织,都必须以宪法为根本的活动准则,并且负有维护宪法尊严、保证宪法实施的职责。任何组织或者个人,都不得有超越宪法和法律的特权。一切违反宪法和法律的行为,都必须予以追究。"这是习近平同志在首都各界纪念现行宪法公布施行30周年大会上的讲话,是对宪法作用、地位、效力最准确、最全面、最凝炼、最深入人心的说明和总结。

上世纪90年代起,我国开始实施"依法治国"方略。宪法作为国家的根本法,是万法之源、管法之法。因此,依法治国必须首先依宪法治国;保证法律实施,必须首先保证宪法实施;普及法律知识,必须首先普及宪法知识。

宪法是"治国安邦的总章程",公民必须学习宪法、了解宪法、遵守宪法,同时依靠宪法。宪法既是建设一个富强、民主、文明、和谐国家的依循,又是公民维护自身权利的必要武器,是现代国民的必备知识。

现实情况是,深入学习、了解宪法知识的公民和组织还不多,违反宪法的情况还时有发生,公民(包括领导干部)的宪法意识尚需提高,建成社会主义法治国家还有很远的路要走。

基于以上所述情况,我们决定编辑出版这套《宪法知识丛书》。

编写这套丛书并不容易。近几十年来,出版过的有关宪法学专著确实不少,引进他国的学术著作也很多,但大多系纯专业的通论,基本以包罗全部宪法内容的著作、教材为主。而我们所要做的是,将宪法的主要内容、总体框架、基本原则和分论章节分别作全面、细致的研究,出版一套最全、最通俗,同时也是最开放的宪法知识丛书,用关键词的方法引出宪法博大精深的内容。

许崇德先生是新中国宪法学奠基人之一。他参与了新中国第一部宪法和现行宪法的起草工作,是原香港特别行政区基本法和原澳门特别行政区基本法起草委员会委员。当我们请他为本丛书做主编时,他虽年事已高,但欣然应允,并亲自拟定提纲和编写计划,物色著名专家学者,主持编辑、作者协调会,审阅书稿结构和内容。其赤子之心、大家之德、专家之明,始终感动、鼓舞着我们,促使我们全力做好编辑出版工作。

江苏人民出版社
2014 年 1 月

目 录

第一章 宪法基本理论 ························· 1
 一、宪法概述 ····························· 1
  （一）宪法的产生 ······················· 1
  （二）宪法的地位和作用 ················· 6
 二、我国宪法的指导思想和基本原则 ··········· 9
  （一）我国宪法的指导思想 ··············· 9
  （二）我国宪法的基本原则 ··············· 10
 三、宪法与民主 ··························· 14
  （一）宪法与民主 ······················· 14
  （二）中国特色社会主义民主的基本形式 ····· 15
  （三）坚持依宪治国与依宪执政 ··········· 16
 四、宪法制定、宪法发展和宪法实施 ··········· 18
  （一）宪法制定 ························· 18
  （二）宪法发展 ························· 18
  （三）宪法实施 ························· 24

第二章　国家基本制度 …… 34

一、国家政权的阶级本质 …… 34
（一）国家性质概述 …… 34
（二）我国的国家性质是人民民主专政 …… 35

二、与国家性质相适应的政党制度 …… 38
（一）政党及其法律特征、类型和宪法规范 …… 38
（二）中国共产党领导的多党合作和政治协商制度 … 42
（三）中国人民政治协商会议 …… 46

三、国家政权的经济基础 …… 49
（一）经济基础是国家性质的决定性因素 …… 49
（二）生产资料社会主义公有制是我国经济制度的基础 …… 51
（三）非公有制经济是社会主义市场经济的重要组成部分 …… 52
（四）保护社会主义公共财产和公民合法的私有财产 …… 53

四、物质文明、政治文明、精神文明、社会文明和生态文明建设 …… 54
（一）宪法与物质文明建设 …… 55
（二）宪法与政治文明建设 …… 56
（三）宪法与精神文明建设 …… 56
（四）宪法与社会文明建设 …… 58
（五）宪法与生态文明建设 …… 60
（六）推动物质文明、政治文明、精神文明、社会文明和生态文明协调发展 …… 60

第三章 国家形式 …… 62
一、政权组织形式 …… 62
（一）我国的政权组织形式 …… 62
（二）人民代表大会制是我国的根本政治制度 …… 65
（三）选举制度 …… 68

二、国家结构形式 …… 75
（一）国家结构形式的概念和类型 …… 75
（二）我国是统一的多民族国家 …… 78
（三）我国地方制度 …… 79
（四）我国民族区域自治制度 …… 84
（五）特别行政区制度 …… 90
（六）基层群众自治制度 …… 91

三、国家标志 …… 93
（一）国旗 …… 93
（二）国歌 …… 95
（三）国徽 …… 97
（四）首都 …… 98
（五）国家标志在澳门特别行政区 …… 99

第四章 人权与公民基本权利 …… 100
一、人权与公民基本权利基本原理 …… 100
（一）人权与公民基本权利的概念 …… 100
（二）宪法对人权的保障 …… 101

二、我国公民基本权利和基本义务 …… 105
（一）公民基本权利的主要内容 …… 105
（二）公民基本义务 …… 110

三、促进人权事业的发展 …… 111

第五章　国家机构 ……………………………… 113
一、国家机构基本原理 …………………………… 113
（一）国家机构概说 ………………………………… 113
（二）我国国家机构的建立和发展 ………………… 115
（三）国家机构组织、活动原则和相互关系 ……… 121
二、全国人民代表大会 …………………………… 125
（一）概述 …………………………………………… 125
（二）全国人民代表大会 …………………………… 126
（三）全国人大常委会 ……………………………… 131
三、国家主席 ……………………………………… 136
（一）国家元首概述 ………………………………… 136
（二）我国国家主席制度的建立和发展 …………… 137
（三）国家主席的产生、任期和职权 ……………… 139
四、国务院 ………………………………………… 142
（一）国家行政机关概述 …………………………… 142
（二）国务院的性质、地位 ………………………… 144
（三）国务院的组成和任期 ………………………… 145
（四）国务院领导体制和会议制度 ………………… 146
（五）国务院职权 …………………………………… 149
（六）国务院机构设置 ……………………………… 150
五、中央军事委员会 ……………………………… 152
（一）军事制度概述 ………………………………… 152
（二）中央军事委员会的设立 ……………………… 154
（三）中央军事委员会的性质、地位、组成、任期和领导体制 ……………………………………………… 155
（四）中央军事委员会的职权 ……………………… 156

六、监察委员会 ·················· 157
 (一)监察体制概述 ·················· 157
 (二)监察委员会的性质、组成、任期、产生和领导体制
  ·················· 160
 (三)监察权限、范围和监察措施 ·················· 160
 (四)监察机关与审判机关、检察机关互相配合、互相制约
  ·················· 161

七、人民法院和人民检察院 ·················· 162
 (一)司法体制概述 ·················· 162
 (二)人民法院 ·················· 165
 (三)人民检察院 ·················· 168

八、地方国家机构 ·················· 171
 (一)地方国家机构概述 ·················· 171
 (二)我国地方人大及其常委会 ·················· 174
 (三)地方各级人民政府 ·················· 178

第六章 澳门基本法原理 ·················· 184

一、澳门问题的由来与澳门特别行政区的设立 ·················· 184
 (一)澳门问题的由来 ·················· 184
 (二)中葡《关于澳门问题的联合声明》 ·················· 185
 (三)设立特别行政区的宪法依据和指导方针 ·················· 186
 (四)设立澳门特别行政区的意义 ·················· 191

二、《澳门基本法》的制定 ·················· 191
 (一)基本法起草委员会和咨询委员会的成立 ·················· 191
 (二)澳门基本法的结构、核心内容和意义 ·················· 193

三、《澳门基本法》的立法依据、性质和地位 ·················· 194
 (一)《澳门基本法》的立法依据 ·················· 194

（二）《澳门基本法》的性质和地位 ················ 195
　　（三）《澳门基本法》与《宪法》的关系 ············ 197
　　（四）《澳门基本法》的合宪性 ···················· 199
四、《澳门基本法》的特色 ····························· 199
　　（一）《澳门基本法》和《香港基本法》的共性 ······· 199
　　（二）《澳门基本法》的特色 ······················ 201
五、《澳门基本法》的解释和修改 ······················· 204
　　（一）《澳门基本法》的解释 ······················ 204
　　（二）《澳门基本法》的修改 ······················ 208
六、全面准确贯彻实施《澳门基本法》 ·················· 210
　　（一）牢牢把握"一国两制"的根本宗旨 ············ 210
　　（二）依法有效行使中央全面管治权 ················ 211
　　（三）维护澳门特别行政区高度自治 ················ 212

第七章　中央和澳门特别行政区的关系 ················ 214
一、澳门特别行政区的法律地位、特点和权力来源 ········ 214
　　（一）澳门特别行政区的法律地位 ·················· 214
　　（二）中央和澳门特别行政区关系的特点和处理原则
　　　　 ··· 216
　　（三）特别行政区的权力来源 ······················ 218
二、中央对澳门特别行政区的权力 ······················ 219
　　（一）负责管理与澳门特别行政区有关的外交事务
　　　　 ··· 220
　　（二）负责管理澳门特别行政区的防务 ·············· 221
　　（三）人事任免权 ································ 222
　　（四）对澳门特别行政区立法的备案审查权 ·········· 223
　　（五）重大事项的决定权 ·························· 224

            （六）批准权 ·································· 229
            （七）接受备案权 ····························· 231
            （八）对《澳门基本法》的解释和修改权 ········· 231
        三、中央授予澳门特别行政区行使的权力 ··············· 232
            （一）行政管理权 ····························· 232
            （二）立法权 ································· 236
            （三）独立的司法权和终审权 ··················· 239
            （四）依法处理有关的对外事务 ················· 242
            （五）其他权力 ······························· 243

第八章 澳门特别行政区居民的基本权利和义务 ············· 244
        一、澳门特别行政区居民概述 ··························· 244
            （一）澳门特别行政区居民的类别 ··············· 244
            （二）澳门特别行政区居民中的中国公民和非中国籍的人
                ··· 246
        二、澳门特别行政区居民的基本权利和义务 ··············· 247
            （一）澳门特别行政区居民基本权利的特点 ······· 247
            （二）澳门特别行政区居民基本权利的内容 ······· 249
            （三）澳门居民的基本义务 ····················· 254
            （四）适用《公民权利和政治权利国际公约》、《经济、社会
                与文化权利的国际公约》和国际劳工公约享有的权
                利 ······································· 254
            （五）在澳门的葡萄牙后裔居民的利益 ··········· 255

第九章 澳门特别行政区政治体制 ························· 256
        一、澳门特别行政区政治体制概述 ······················· 256
            （一）澳门特别行政区政治体制的建立原则 ······· 256
            （二）澳门特别行政区政治体制的特点 ··········· 258

7

二、澳门特别行政区行政长官 ………………………… 262
（一）行政长官的法律地位 ………………………… 262
（二）行政长官的任职资格和其他要求 …………… 264
（三）行政长官的产生、任期、辞职和代理 ……… 265
（四）行政长官的职权 ………………………………… 272
（五）行政会 …………………………………………… 274
（六）廉政公署 ………………………………………… 275
（七）审计署 …………………………………………… 278

三、澳门特别行政区行政机关 ………………………… 280
（一）澳门特别行政区政府的组织设置和人员 …… 280
（二）澳门特别行政区政府的职权 ………………… 281
（三）澳门特别行政区政府组织 …………………… 282
（四）澳门特别行政区的咨询组织和市政机构 …… 284
（五）澳门特别行政区的公务人员 ………………… 287

四、澳门特别行政区立法机关 ………………………… 289
（一）立法会的性质、地位和议员资格 …………… 289
（二）立法会的产生和任期 ………………………… 291
（三）立法会的职权 ………………………………… 295
（四）立法会的组织和运作 ………………………… 296

五、澳门特别行政区司法机关 ………………………… 301
（一）法院 ……………………………………………… 301
（二）检察院 …………………………………………… 309

第十章　澳门特别行政区经济、文化、社会制度和对外事务
　　………………………………………………………… 312

一、澳门特别行政区的经济制度 ……………………… 312
（一）财产权保护制度 ………………………………… 313

（二）财税制度 ·················· 313
　　（三）货币金融制度 ················ 314
　　（四）贸易制度 ·················· 315
　　（五）产业政策与政府责任 ············ 316
　　（六）劳工政策 ·················· 317
　　（七）航运管理 ·················· 318
　　（八）民航管理 ·················· 319
　　（九）旅游娱乐业政策 ·············· 319
　　（十）环境保护 ·················· 320
　　（十一）土地契约 ················· 320
二、澳门特别行政区的文化和社会制度 ········ 321
　　（一）教育制度和政策 ·············· 321
　　（二）卫生、医药、科技、文化、新闻出版和体育政策
　　　················ 323
　　（三）宗教政策 ·················· 325
　　（四）专业制度 ·················· 326
　　（五）社会福利政策 ··············· 327
　　（六）团体政策 ·················· 328
三、澳门特别行政区的对外事务 ············ 330
　　（一）澳门特别行政区对外事务的处理原则和政策
　　　················ 330
　　（二）澳门特别行政区自行处理中央授权的有关对外事务
　　　················ 330

主要参考资料 ···················· 335

第一章 宪法基本理论

一、宪法概述

(一) 宪法的产生

宪法的英文"constitution"由拉丁语"constitutio"演变而来,意指"机构"、"结构"、"组织"等。古希腊的亚里斯多德把宪法理解成"政体"的同义语,认为宪法是规定城邦组织和权限的法律。[①]

美国立宪者普遍认为宪法是规定国家权力的组织与分配的根本法律;日本学者一般将宪法作为有关国家组织及其活动的各种根本规范的总称,如美浓部达吉指出,宪法是调整国家政治组织及其作用的基本法。[②]

[①] (古希腊)亚里士多德:《政治学》(汉译世界学术名著),商务印书馆1965年版,第129页。
[②] (日)美浓部达吉:《宪法学原理》,中国政法大学出版社2003年版,第377页。

1. 讲到宪法，西方国家是先行的

从历史上看，宪法或者宪法性文件最早是资产阶级在反对封建专制斗争中，为了确认取得的权利、巩固胜利成果而制定出来的。英国在17世纪资产阶级革命时期，曾于1679年通过了《人身保护法》，1688年通过了《权利法案》，以确认和保障公民的权利和自由。《牛津法律大辞典》指出："在联合王国，没有称为宪法的独立文件，宪法的原则和规则包含在不同日期颁布的大量的制定法、大量判例以及通称为宪法惯例的习惯法、惯用法和实际存在的杂乱无章的体系之中。"①

在许多国家，宪法的范围被现存的成文宪法所强调和说明，这种成文宪法常常主要是或者完全是体现于一部称为宪法的文件之中。② 美国1787年制定的联邦宪法，是世界上第一部成文宪法。1791年法国国民议会制定了法国第一部宪法，把《人权宣言》作为宪法的序言。

列宁指出：工人阶级夺取政权之后，像任何阶级一样，要通过改变同所有制的关系和实行新宪法来掌握和保持政权，巩固政权。③ 因此，俄国十月革命胜利后，第五次全俄苏维埃代表大会于1919年7月通过了《俄罗斯社会主义苏维埃共和国根本法（宪法）》，这是世界上第一部社会主义类型的宪法。

2. 新中国产生以前三种不同的宪法

在中国古代文献中，也有过"宪法"、"宪"之类的说法，都只具有律令、格式等含义。19世纪80年代，中国近代改良派、维新派人

---

① 《牛津法律大辞典》，光明日报出版社1988年版，第202页。
② 同上。
③ 列宁：《关于经济建设问题的发言》(1920年3月31日)，载《列宁全集》第2版，第38卷，人民出版社1986年版，第299—300页。

士郑观应、康有为先后提出了"立宪法"、"设议院"、"开国会"等主张,要求改君主专制政体为君主立宪政体。当时以康有为、梁启超为代表的资产阶级改良派上书清朝廷,提出了变法的三个方面,其中之一就是"开制度局而定宪法"。戊戌变法的首要目的在于通过"宪政"达到国家富强独立,而非限制王权、保障民权这一立宪的真正意旨。戊戌变法失败以后,1905年清政府派载泽、戴鸿慈、徐世昌、端方、绍英等五大臣分赴欧美日本等国考察宪政。1908年,清政府颁布《钦定宪法大纲》,这是中国历史上第一个以"宪法"命名的宪法性文件。

在中华人民共和国产生以前,在国家制度问题上,表现为三种不同的势力所要求的三种不同的宪法。①

一是晚清皇帝、北洋军阀、国民党政权制定的宪法。1898年的戊戌变法是中国近代史上立宪努力的开端。1908年8月,清政府以皇帝的名义颁布了《钦定宪法大纲》,宣布实行预备立宪。这个宪法大纲具有浓厚封建专制的特色。1911年武昌起义爆发后,清政府又出台《宪法重大信条十九条》,但未及实施,清政府覆灭。

从1912年4月袁世凯掌握中华民国临时政府执政大权开始,中国历史便进入到北洋军阀统治时期。先后有"天坛宪草"(1913年10月13日)、"袁记约法"(即《中华民国约法》,1914年5月1日颁布)、曹锟的"贿选宪法"(原名《中华民国宪法》,1923年10月10日颁布)和段祺瑞的《中华民国宪法草案》(1925年12月)。

1931年,蒋介石政权制定《中华民国训政时期约法》,确立了"训政"体制。1936年5月,国民党政权颁布了一个新的宪法草案,史称《五五宪草》。1946年1月,在南京召开"国民大会",通过了

---

① 刘少奇1954年9月15日在一届全国人大一次会议上所作的《关于中华人民共和国宪法草案的报告》,《刘少奇选集》(下卷),人民出版社1985年版,第140—141页。

《中华民国宪法》。

二是中国民族资产阶级政权制定的宪法。1912年1月1日，中华民国南京临时政府正式成立。1912年3月1日，孙中山以中华民国临时大总统的名义颁布了《中华民国临时约法》。《约法》体现了"主权在民"的政治原则，规定了人人权利平等，并且罗列了人民享有的宪法权利。在国家制度的设计上，参照西方国家的"三权分立"的政治制度，设立了以参议院为立法机关、临时大总统与国务院为行政机关、法院为司法机关的权力分立制度和互相制约的关系。这是中国历史上第一个具有现代意义的宪法性文件。

三是共产党领导的人民政权制定的宪法。即1931年颁布《中华苏维埃共和国宪法大纲》、1941年的《陕甘宁边区施政纲领》和1946年的《陕甘宁边区宪法原则》。这些宪法性文件虽然是地区性的，但是代表了中国人民对于民主政治的追求，同时为中华人民共和国成立后的制宪工作提供了经验。

3. 中华人民共和国宪法的产生和发展

中华人民共和国成立前夕，由于革命战争尚未结束、广大群众没有被广泛动员起来，中国共产党号召社会各界人士，召开中国人民政治协商会议（以下简称"政协"），政协第一届全体会议通过了《共同纲领》，该纲领在建国初期起到了临时宪法的作用。

中华人民共和国成立以后，一共有4部宪法。

一是1954年宪法。1954年在毛泽东主席的亲自主持下起草了中华人民共和国第一部宪法，第一届全国人民代表大会第一次会议通过。这部宪法主要内容是：第一，规定了我国国家制度的基本原则，确认中华人民共和国是工人阶级领导的以工农联盟为基础的人民民主国家；规定了我国的政权组织形式为实行民主集中制的人民代表大会制。第二，规定我国的基本经济制度，确认生产资料的全民所有制、合作社所有制、个体劳动者所有制和资本家所有制四种基本形式。第三,确认了公民广泛的民主权利和自由。

二是1975年宪法。该宪法对1954年宪法的基本精神和许多内容进行否定,在指导思想、内容和宪法体系上存在一些缺陷。

三是1978年宪法。它虽然对1975年宪法作了修正,恢复了1954年宪法的一些内容,但仍然保留了1975年宪法的痕迹,是一部过渡性的宪法。

1978年宪法颁布以后,形势发生了很大变化。1979年7月1日,五届全国人大二次会议通过了《关于修正〈中华人民共和国宪法〉若干规定的决议》,对1978年宪法的有关条文作了修改,主要内容:(1)将地方各级革命委员会改为地方人民政府;(2)县级以上地方各级人民代表大会设立常务委员会;(3)县和县级以下的人民代表大会由选民直接选举产生;(4)检察院上下关系由原来的监督关系改为领导关系。

1980年9月10日,五届全国人大三次会议通过了《关于修改〈中华人民共和国宪法〉第四十五条的决议》,取消了原第45条中"有运用大鸣、大放、大辩论、大字报的权利"的规定。

四是1982年宪法。随着党的十一届三中全会的召开,中国全面拨乱反正。在继承和发扬1954年宪法的基础上,根据社会主义建设新时期的实践需要和改革开放的正确路线,五届全国人大五次全体会议于1982年12月4日通过了1982宪法。这部宪法经1988年、1993年、1999年、2004年和2018年五次修改,除序言外,分为总纲、公民的基本权利和义务、国家机构以及国旗、国歌、国徽、首都四章,共143条。

（二）宪法的地位和作用

1. 宪法的地位

1954年6月14日，毛泽东在中央人民政府委员会第三十次会议讨论《中华人民共和国宪法草案》时指出："一个团体要有一个章程，一个国家也要有一个章程，宪法就是一个总章程，是根本大法"。[①] 他接着说："用宪法这样一个根本法的形式，把人民民主和社会主义原则固定起来，使全国人民有一条清楚的轨道，使全国人民感到有一条清楚的、明确的和正确的道路可走，就可以提高全国人民的积极性"。[②]

1982年宪法序言，对宪法的地位作了规定："本宪法以法律的形式确认了中国各族人民奋斗的成果，规定了国家的根本制度和根本任务，是国家的根本法，具有最高的法律效力。"

宪法是国家的根本法。作为国家的根本法，宪法既具有一切法律的共同特点，又具有与一般法律不同的特征，主要是：

第一，宪法规定的内容具有根本性。宪法的内容不同于一般法律。一般法律的内容只涉及社会生活的某一个方面、某一个领域，而宪法主要规定一个国家的根本制度、政权组织形式、国家结构形式、公民的基本权利与基本义务、宪法实施的保障等内容，反映了一个国家政治、经济、文化和社会等生活的基本方面。

第二，宪法是一切组织和个人活动的最高行为准则。

第二，宪法在国家法律体系中处于最高地位，具有最高的效力，一切法律、法规都不得同宪法相抵触。

宪法是国家的根本法，宪法的修改程序比制定、修改一般法律

[①]《毛泽东年谱》（第二卷），中央文献出版社2013年版，第258页。
[②] 同上。

更严格。宪法第 64 条规定:"宪法的修改,由全国人民代表大会常务委员会或者五分之一以上的全国人民代表大会代表提议,并由全国人民代表大会以全体代表的三分之二以上的多数通过";"法律和其他议案由全国人民代表大会以全体代表的过半数通过。"

2. 宪法的作用

作为国家的根本法,宪法的作用主要表现在以下几个方面:

一是保障国家权力有序运行,规范和制约国家权力。宪法通过赋予立法或权力机关、行政机关、司法机关等国家机关公共权力,使国家权力在宪法设定的轨道上有序运行。

二是确认和保障公民基本权利。在人民主权原则下,宪法是人民共同意志的集中体现,人民通过宪法使自己的基本权利得到确认和保障。

三是调整国家最重要的社会关系,维护社会稳定和国家长治久安。在国家的各种社会关系中,最重要的关系是由宪法来规范和调整的,如国家与公民的关系、国家机关之间的关系、中央与地方的关系以及其他最重要的政治、经济、文化等方面的关系。

在中国,宪法是保持国家统一、民族团结、经济发展、社会进步和长治久安的法律基础,是中国共产党执政兴国、团结带领全国各族人民建设中国特色社会主义的法治保证。

宪法序言记载了中国共产党领导人民进行革命、建设和改革的历史作用,确立"中国各族人民将继续在中国共产党领导下"建设社会主义现代化强国和实现中华民族伟大复兴的目标,宪法第 1 条第 2 款规定"中国共产党领导是中国特色社会主义最本质的特征",体现了党的领导体制和国家制度的本质要求、核心内容和时代特征。

宪法保障了改革开放和社会主义现代化建设的顺利进行。宪法明确规定,国家的根本任务是,沿着中国特色社会主义道路,集中力量进行社会主义现代化建设;国家在社会主义初级阶段坚持公有制为主体、多种所有制经济共同发展的基本经济制度,坚持按劳分配为主体、多种分配方式并存的分配制度;坚持改革开放,发展社会主义市场经济。这为我国深化改革、扩大开放、促进发展,奠定了宪法基础。

宪法促进了我国社会主义民主政治的完善。宪法进一步完善和发展了我国的人民代表大会制度;坚持和完善中国共产党领导的多党合作和政治协商制度,保证人民政协发挥政治协商、民主监督和参政议政的作用;坚持民族区域自治,维护国家统一和民族团结;完善基层群众自治制度,保证人民群众依法实行民主选举、民主决策、民主管理、民主监督。

宪法推动了我国的社会主义法治建设。1982年宪法公布实施以来,我国立法工作成绩卓著,以宪法为核心,法律为主干,包括宪法相关法①、民法商法、行政法、经济法、社会法、刑法、诉讼与非诉讼程序法等法律部门和法律、行政法规、地方性法规、自治条例、单行条例等规范构成的中国特色社会主义法律体系已经形成并不断完善,国家经济、政治、文化、社会生活的各个方面做到有法可依。

宪法促进了我国人权事业和各项社会事业的发展。宪法确立"国家尊重和保障人权"的原则,并对公民的基本权利和义务作了全面的规定,为推动人权事业全面发展,保证广大人民群众充分享有民主权利,提供了宪法保障。

---

① 宪法相关法是与宪法相配套、直接保障宪法实施和国家政权运作等方面的法律规范的总和,主要包括有关国家机构的产生、组织、职权和基本工作制度方面的法律,有关民族区域自治制度、特别行政区制度、基层群众自治制度方面的法律,有关维护国家主权、领土完整和国家安全方面的法律以及有关保障公民基本政治权利方面的法律。

二、我国宪法的指导思想和基本原则

(一) 我国宪法的指导思想

我国在制定、修改和实施宪法的过程中,逐步形成了具有中国特色的宪法指导思想,并在实践中不断发展。

1982年宪法将四项基本原则确立为宪法总的指导思想;1993年第二次修宪时,中共中央在《关于修改宪法部分内容的建议的说明》中指出:这次修改宪法"突出了建设有中国特色社会主义的理论和党的基本路线",从而使修改后的现行宪法在指导思想上获得了新的发展,即宪法的指导思想是"建设有中国特色社会主义的理论和党的基本路线",即以经济建设为中心,坚持四项基本原则,坚持改革开放。

1999年第三次修宪,将邓小平理论写入宪法,确立邓小平理论在国家中的指导思想地位,是这次修改宪法的最主要内容。邓小平理论之载入宪法,奠定了邓小平理论作为国家指导思想的宪法地位,也使现行宪法在指导思想上进一步向前发展。

党的十六大报告对全面贯彻"三个代表"重要思想作了重要阐述,2004年十届全国人大二次会议通过的宪法修正案将现行宪法序言中的"在马克思列宁主义、毛泽东思想、邓小平理论指引下"修改为"在马克思列宁主义、毛泽东思想、邓小平理论和'三个代表'重要思想指引下"。将"三个代表"重要思想作为国家的指导思想载入宪法之中,使之与马克思列宁主义、毛泽东思想、邓小平理论一起确立为国家的指导思想。

党的十八大把科学发展观写入党章。十八大以来,以习近平同志为主要代表的中国共产党人,顺应时代发展,从理论和实践结合上系统回答了新时代坚持和发展什么样的中国特色社会主义、怎样坚持和发展中国特色社会主义这个重大时代课题,创立了习近平新时代中国特色社会主义思想。党的十九大和十九大修改的党章,将习近平新时代中国特色社会主义思想确定为中国共产党的指导思想。2018年3月11日十三届全国人大一次会议通过的宪法修正案,确定科学发展观和习近平新时代中国特色社会主义思想在国家政治和社会生活中的指导地位,实现宪法指导思想的又一次与时俱进。

(二)我国宪法的基本原则

宪法基本原则既表现为人类生活的共同的价值追求,同时表现为各国特定宪法文化的存在方式与特殊性。许多国家将人民主权、基本人权、分权、法治等作为宪法基本原则。如美国宪法的基本原则有:人民主权、共和制、联邦制、权力分立和制衡、有限政府和个人权利。

我国在宪法指导思想基础上,逐步形成了体现宪法共同价值、具有中国特色的宪法基本原则,并在实践中不断发展。我国宪法的基本原则可以概括为以下几个方面。

1. 中国共产党领导原则

宪法序言肯定了中国共产党的历史作用,确立了中国共产党的领导地位,明确"中国共产党领导的多党合作和政治协商制度将长期存在和发展"。宪法第1条第2款规定"中国共产党领导是中国特色社会主义最本质的特征"。

中国共产党领导是中国特色社会主义制度的最大优势,党是最高政治领导力量。中国共产党按照总揽全局、协调各方的原则,在同级各种组织包括各级国家机关中发挥领导核心作用。同时,中国共产党在宪法和法律的范围内活动,并保证国家的权力机关和行政、监察、司法机关积极主动地、独立负责地、协调一致地工作。

2. 人民主权原则

人民主权,即国家的一切权力属于人民。人民主权论是17、18世纪启蒙思想家们倡导的,主要代表人物为法国的卢梭,其理论基础是自然权利说和社会契约论。美国《独立宣言》在历史上第一次将人民主权确定为基本政治原则,它宣布:为了保障生命、自由和追求幸福的权利,"所以才在人们中间成立政府。而政府的正当权力,系得自被统治者的同意。如果遇有任何一种形式的政府变成是损害这些目的的,那么,人民就有权利来改变它或废除它,以建立新的政府"。法国《人权宣言》更加明确地肯定了这个原则,它宣布:"国民是一切主权之源;任何个人或任何集团都不具有任何不是明确地从国民方面取得的权力"。当今世界各国的宪法,都规定了人民主权原则。

我国宪法第2条规定:"中华人民共和国的一切权力属于人民";"人民行使国家权力的机关是全国人民代表大会和地方各级人民代表大会"。宪法同时规定:"人民依照法律规定,通过各种途径和形式,管理国家事务,管理经济和文化事业,管理社会事务。"

3. 民主集中制原则

民主集中制原则由巴黎公社始创并为后来社会主义国家的政治制度所充实和具体化。它与西方国家分权原则(separation of powers)不同。

分权制约作为一项西方国家宪法的基本原则,来源于近代分权学说。近代分权学说则是英国的洛克首先倡导而由法国的孟德斯鸠所完成的。孟德斯鸠把国家权力分为立法权、行政权和司法权三个部分,三权彼此相对独立,分别由议会、政府和法院行使。法国《人权宣言》宣布,凡分权未确立……的社会就没有宪法。

以权力制约权力,这是近代各国宪法的重要原则和核心内容之一。根据《美国宪法》,立法权属于国会,行政权属于总统,司法权属于法院;而且各机构之间互相保持制约和平衡的关系。在实行议会内阁制的国家,权力制约机制有着不同的表现。

社会主义国家的宪法普遍确认权力的统一和民主集中制原则。它在理论上确认国家权力的不可分割性,在实践中以人民的代表机关作为统一行使国家权力的机关。

民主集中制是我国国家机构的组织和活动原则,同时也是我国宪法的基本原则。这一原则具体体现在:全国人大和地方各级人大都由民主选举产生,对人民负责,受人民监督;国家行政机关、监察机关、审判机关、检察机关都由人民代表大会产生,对它负责,受它监督;中央和地方的国家机构职权的划分,遵循在中央的统一领导下,充分发挥地方的主动性、积极性的原则。

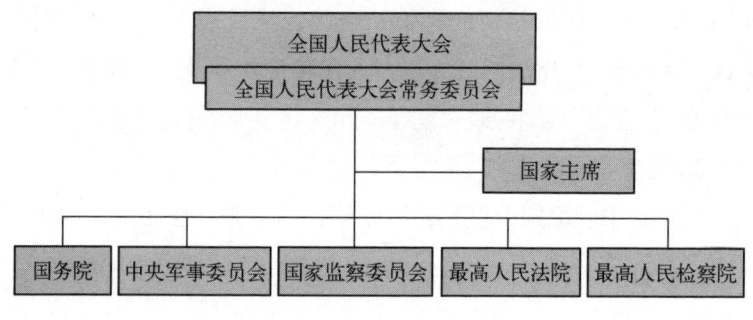

图 1-1 我国实行民主集中制

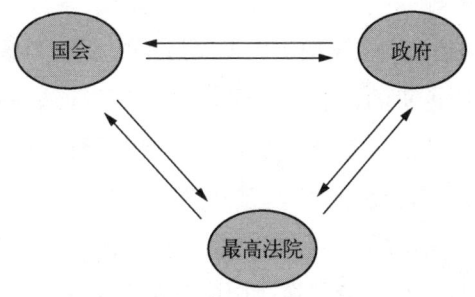

图 1-2　美国的三权分立制度

4. 基本人权原则

人权在本来意义上是一种应有权利,它存在于现实生活之中,存在于人与人的现实社会关系中。被宪法规范所确认和保障的人们应享有的各种权利,被称为基本人权,或曰基本权利。人权学说起源于17、18世纪的资产阶级启蒙思想家洛克、卢梭等人提出的天赋人权论。1776年美国的《独立宣言》提出:"我们认为这些真理是不言而喻的:人人生而平等,他们都从他们的'造物主'那里被赋予了某些不可转让的权利,其中包括生命、自由和追求幸福的权利。"1789年法国的《人权宣言》宣告:"在权利方面,人生来是而且始终是自由平等的";"一切政治结合的目的都在于保护人的自然的和不可侵犯的权利;这些权利是自由、财产、安全以及反抗压迫"。美国宪法、法国宪法都确认了这些基本原则,其他国家的宪法也大都以不同的形式确认了这个原则。

我国宪法不仅专章规定了公民在政治、宗教信仰、经济、文化和社会生活等各方面的基本权利和自由,而且从法律上、制度上和物质上规定了公民实现这些权利和自由的保障。特别是2004年修改宪法确立"国家尊重和保障人权"原则,这是中国人权发展史上的标志性事件。

5. 法治原则

法治原则是人类在长期历史发展过程中总结和概括的治国原理，是社会文明进步的标志。法国《人权宣言》较集中地反映了这种要求，它宣称，"法律是公共意志的表现。所有公民都有权亲自或者通过其代表参与制定法律；法律对一切人，无论是进行保护或者惩罚，都应当是一样的。一切公民在法律的眼中一律平等，都可以平等地按照其能力，并且除他们的品德与才能的差别外不应当有其他差别，担任一切高官、公共职位或者职务"。

我国1982年宪法规定，国家维护社会主义法制的统一和尊严。一切法律、行政法规和地方性法规都不得同宪法相抵触。宪法明确规定："中华人民共和国实行依法治国，建设社会主义法治国家"，确立了法治原则。但我国实行的法治在本质上是中国特色社会主义法治，必须实行依法治国、党的领导和人民民主的有机统一。①

三、宪法与民主

（一）宪法与民主

民主是一种政治理念，这个理念是：国家权力属于人民，因此，人民有权参与国家政治生活。基于这个政治理念而形成的政治形态被称为民主政治，是现代许多国家宪法采行的政治形态。

各种不同政治思想对于民主的定义均有不同，但一般认为，民

---

① 我国宪法中"法制"和"法治"同时出现，但前者主要是指法律及其制度，后者不仅包含法律及其制度的内容，还侧重于良法善治，即一方面法律得到普遍遵守，同时另一方面，人们普遍遵守的法律本身是完善的。

主应该包括以下的内涵:

一是人民主权。国家的一切权力属于人民,这个概念使民主与独裁制(统治权仅归君主或单一领导人)、寡头制或贵族制(统治权仅归少数人)有所区别。

二是政治平等。每个公民享有均等的机会参与政治,其表现就是普遍和平等选举权,此外,人民应有充分获取政治信息、充分表达(包括不表达)政治意见的权利。

三是公民参与。政府根据制度安排,了解人民对公共政策的看法、意见,并通过法律确保政府执行人民已表达的意愿。换言之,这个概念强调由"人民自己"来治理国家和社会。

四是多数人统治。民主指全民共同统治,但如经商议仍不能达成共识时,则需要在作出权威性决定时,依据多数人的意见。这一概念仅适用于全民不能达成共识、争议性较大之时,而非指多数人享有优势地位,可以任意行事。

宪法与民主的发展是密不可分的。为了使民主制度法律化,实现人民主权原则,人民运用制宪权,制定了宪法,规定了民主制度的原则与具体程序。

宪法作为国家根本法,依国家强制力保障民主制度的实施,但宪法本质上是国内各种政治力量实际对比关系的集中反映。

(二)中国特色社会主义民主的基本形式

宪法规定,中华人民共和国的一切权力属于人民。人民行使国家权力的机关是全国人民代表大会和地方各级人民代表大会。人民依照法律规定,通过各种途径和形式,管理国家事务,管理经济和文化事业,管理社会事务。同时宪法规定,国有企业依照法律规定,通过职工代表大会和其他形式,实行民主管理;城市和农村按居民居住地区设立的居民委员会或者村民委员会是基层群众性自治组织。居民委员会、村民委员会的主任、副主任和委员由居民选举。居民委员会、村民委员会同基层政权的相互关系由法律规定。宪法序言确立中国人民政治协商会议是有广泛代表性的统一战线组织,过去发挥了重要的历史作用,今后在国家政治生活、社会生活和对外友好活动中,在进行社会主义现代化建设、维护国家的统一和团结的斗争中,将进一步发挥它的重要作用。中国共产党领导的多党合作和政治协商制度将长期存在和发展。

综合上述,在我国,人民通过选举、投票行使权利和人民内部各方面在重大决策之前进行充分协商,尽可能就共同性问题取得一致意见,是我国社会主义民主的两种基本形式。另外,人民还依照法律规定,通过其他途径和形式,管理国家事务,管理经济和文化事业,管理社会事务。

因此,我国社会主义民主的形式主要有选举民主、协商民主和基层参与民主。随着我国社会主义民主政治的发展,还要不断健全民主制度,丰富民主形式,扩大公民有序的政治参与。

(三)坚持依宪治国与依宪执政

我国社会主义民主与法治建设经历了一个曲折艰难的过程。改革开放后,1982年现行宪法经过五次修订,力求体现宪法基本价值并切合我国的实际。在宪法指导下,我国改革开放和社会主义现代化建设事业取得了举世瞩目的成就。

习近平指出,坚持依法治国,首先是坚持依宪治国;坚持依宪执政,首先是坚持依宪执政。[①] 这是因为,法治首先是宪法之治。

---

① 习近平:《在首都各界纪念1982年宪法公布施行三十周年大会上的讲话》,载《人民日报》2012年12月5日。

依法治国的"法",指的是以宪法为核心由各种法律规范组成的完整法律体系。宪法作为国家根本法,是所有法律中最重要的法律,是整个法律体系的核心。我国所有的法律,都是依据宪法或其原则制定的,都是对宪法精神、原则和制度的具体化。因此,依宪治国不仅是依法治国的必然要求,也是依法治国的首要之义。

我国宪法规定了国家的根本制度,规定了国家机构的组织体系、职责权限,确立了国家权力的分工和监督机制。依宪治国,就是要按照宪法的要求,规范国家权力的组织和运行。由于宪法的许多规定主要是依靠国家机关去执行的,因此强调依宪治国,一个重要方面,就是各级国家机关及其工作人员、特别是领导干部应当带头崇尚宪法、学习宪法、遵守宪法、维护宪法,严格依照宪法办事,真正把宪法作为根本活动准则。

党领导人民制定宪法和法律,党本身必须在宪法和法律范围内活动。中国共产党要依据党章从严治党,还要依据宪法治国理政,领导立法、保证执法、带头守法,善于使党的主张通过法定程序成为国家意志,善于使党组织推荐的人选成为国家政权机关的领导人员,善于通过国家政权机关实施党对国家和社会的领导,不断优化依法执政基本方式,更好地提升党的长期执政能力。

但这里要注意的是,我们所提"依宪治国"、"依宪执政",是在中国特色社会主义理论的语境和话语体系中,从维护宪法尊严、保障宪法实施意义上,对中国共产党领导人民依照宪法,通过各种途径和形式,管理国家事务,管理经济和文化事业,管理社会事务的高度概括。因此,不能按照西方"宪政"的含义,来套解我国坚持依法治国首先是依宪治国的提法,把"依宪治国"与"宪政"混为一谈。实际上,坚持依法治国,首先是坚持依宪治国,坚持依法执政,首先是坚持依宪执政,它出自中国特色社会主义法治理论,基于中国特色社会主义民主政治的实践,与西方宪政理论本质上是不同的。

四、宪法制定、宪法发展和宪法实施

（一）宪法制定

宪法制定,又称制宪或立宪,指宪法制定主体依照一定的程序并通过立宪机关创制宪法的活动。宪法制定不同于宪法修改,后者是在原来宪法基础上的进行全部或部分的改变。宪法制定也不同于法律制定。

制宪权,又称宪法制定权,是指创制宪法的权力,属于制定宪法的主体(人民),但具体行使制宪权的是立宪机关,如制宪议会、人民代表大会等。根据制宪权理论,制宪权属于全体人民,但具体行使制宪权的是立宪机关。制宪权不需要任何实定法上的依据,具有原创性。制宪权理论是人民主权原则的具体体现。

（二）宪法发展

在英美宪法学上,通过正式的修改或非正式过程对宪法的变更,称为"宪法变革"(constitutional changes),包括宪法修改、宪法解释和宪法惯例。[1] 在我国,对"宪法变革"一般表述为"宪法发展"。

1. 宪法修改

宪法修改是指修宪主体依据宪法规定的权限和程序对宪法规范全面或部分地进行删除、增加、变更的活动。宪法修改的方式通

---

[1] Robert L. Lineberry, Government in America, (Boston, Toronto: Little, Brown and Company,1986),pp94-98.

常有两种：全面修改和部分修改。

美国 1787 年宪法迄今为止，一共修改了 27 条，最近的一次是 1992 年 5 月 7 日。

中国自 1954 年制定第一部社会主义类型的宪法以来至今，共进行过三次宪法全面修改（1975 年、1978 年和 1982 年）。

根据 1982 年宪法的规定，全国人民代表大会有权修改宪法；宪法的修改，由全国人大常委会或 1/5 以上的全国人民代表大会代表提议，并由全国人民代表大会以全体代表的 2/3 以上的多数通过。实践中，通常由中共中央提出建议、全国人大常委会提出宪法修正案草案和议案，由全国人大表决通过。

1982 年宪法实施以来至今，共经历了五次部分内容的修正。

第一次部分内容修正。1988 年 4 月 12 日，七届全国人大一次会议通过《中华人民共和国宪法修正案》（宪法修正案第一条、第二条）。主要内容是：规定国家允许私营经济在法律范围内存在和发展，并对私营经济政策作了规定；规定土地使用权可以依法转让。

第二次部分内容修正。1993 年 3 月 29 日，八届全国人大一次会议通过《中华人民共和国宪法》（宪法修正案第三条至第十一条）。这次修改宪法的主要内容：在宪法序言第七自然段中更加完整地表述党的基本路线，增加了"我国正处于社会主义初级阶段"、"建设有中国特色社会主义的理论"、"坚持改革开放"等内容；将宪法第 15 条关于国家实行计划经济的规定修改为："国家实行社会主义市场经济。""国家加强经济立法，完善宏观调控。"并相应地将宪法第 16 条关于"国营企业在服从国家的统一领导和全面完成国家计划的前提下，在法律规定的范围内，有经营管理的自主权"的规定修改为"国有企业在法律规定的范围内有权自主经营"，将宪法第 17 条关于"集体经济组织在接受国家计划指导和遵守有关法律的前提下,有独立进行经济活动的自主权"的规定修改为"集体经济组织在遵守有关法律的前提下,有独立进行经济活动的自主权";删去宪法第8条中的"农村人民公社",增加规定家庭联产承包责任制的内容;将宪法有关条文中的"国营经济"改为"国有经济";在宪法序言第十自然段中增加规定:"中国共产党领导的多党合作和政治协商制度将长期存在和发展";将县级人民代表大会的任期由3年改为5年。

第三次部分内容修正。1999年3月15日,九届全国人大二次会议通过《中华人民共和国宪法修正案》(宪法修正案第十二条至十七条)。这次修改宪法的主要内容:确立了邓小平理论的指导思想地位;增加规定"中华人民共和国实行依法治国,建设社会主义法治国家";增加规定社会主义初级阶段的基本经济制度和分配制度;规定"农村集体经济组织实行家庭承包经营为基础、统分结合的双层经营体制";增加规定"在法律规定范围内的个体经济、私营经济等非公有制经济,是社会主义市场经济的重要组成部分";将镇压"反革命的活动",修改为镇压"危害国家安全的犯罪活动"。

第四次部分内容修正。2004年3月14日,十届全国人大二次会议通过《中华人民共和国宪法修正案》(宪法修正案第十八条至第三十一条)。这次修改宪法的主要内容:将"三个代表"重要思想作为国家的指导思想写入宪法;在宪法序言中增加"推动物质文明、政治文明和精神文明协调发展"的内容;在统一战线的表述中增加"社会主义事业的建设者";规定国家为了公共利益的需要,可以依照法律规定对土地实行征收或者征用并给予补偿;增加"国家鼓励、支持和引导非公有制经济的发展,并对非公有制经济依法实行监督和管理"的内容;增加"公民合法的私有财产不受侵犯","国家依照法律规定保护公民的私有财产权和继承权"等规定;增加建立健全社会保障制度的规定;增加"国家尊重和保障人权";将"戒严"改为"进入紧急状态";增加规定国家主席有权代表国家"进行国事活动";规定全国人大组成中包括特别行政区的代表;规定地方各级人民代表大会每届任期5年;规定《义勇军进行曲》为我国的国歌。

第五次部分内容修正。2018年3月11日,十三届全国人大一次会议通过《中华人民共和国宪法修正案》(宪法修正案第三十二条至第五十二条)。这次修改宪法的主要内容:确立了科学发展观、习近平新时代中国特色社会主义思想在国家政治和社会生活中的指导地位,实现指导思想的与时俱进;调整完善了中国特色社会主义事业总体布局和第二个百年奋斗目标方面的内容;完善全面依法治国和宪法实施方面的内容;调整充实我国革命和建设发展历程的内容;调整完善了广泛的爱国统一战线和民族关系方面的内容;调整完善和平外交政策方面的内容,对外工作方面的大政方针,明确坚持和平发展道路,坚持互利共赢开放战略,推动构建人类命运共同体;充实坚持和加强中国共产党全面领导的有关内容;增加国家倡导社会主义核心价值观方面的内容;修改完善国家主席任职任期方面的规定;在宪法中增加有关设区的市的地方立法权方面的内容;适应深化国家监察体制改革的要求,增加与监察委员会有关的规定。

2. 宪法解释

宪法解释是指在宪法实施过程中,由有权解释机关依照一定程序对宪法规范的含义、界限和具体应用问题所作的阐释和说明。

从目前世界各国的宪法规定看,主要有三类:一是立法机关解释。在有些国家,立法机关本身就是制宪机构,为了保障宪法解释含义的权威性,宪法便赋予立法机关以宪法解释权。由立法机关解释宪法的模式始于英国。英国是"议会主权"国家,议会作为立法机关在国家权力体系中处于最高地位,行政权与司法权从属于立法权。法官的职责仅在于适用议会制定的法律,而不能解释法律,因为解释往往有创造法的含义在内。同时,英国是实行不成文宪法国家,没有统一的成文宪法典,它的宪法性法律都是英国议会依照普通立法程序制定的。在这种情况下,英国议会享有宪法性法律的解释权是理所当然的。在欧洲大陆,由于受罗马法法官的职责只在于适用法律这一传统观念的影响,一些国家的宪法明文规定法律的解释权属于议会,如有疑义发生,法院也只能申请议会解释。第二次世界大战后建立的一些社会主义国家,其宪法都规定宪法解释权由兼具立法职能的最高国家权力机关或最高国家权力机关的常设机关来行使。

二是司法机关解释。美国创立的这种司法机关解释宪法的模式在世界上产生了很大影响,为许多国家所效仿。目前,世界上70多个国家采用司法机关解释宪法的制度。其基本做法是:法院在审理案件时,附带性地审查其所适用的法律是否违宪,如果通过解释宪法,认为法律违宪,则拒绝在本案审理中适用违宪法律。司法机关在解释宪法时采取司法消极主义原则,不能抽象地对宪法进行解释。

三是专门机关解释。由宪法所规定的专职监督宪法实施的机构审查法律文件或法律行为是否合宪,并就其中所涉及的相关宪法条文的含义进行解释。专职监督宪法实施的机构在各国的名称不一,有的称为宪法法院,如德国、韩国等,有的称为宪法委员会,如法国等。

宪法解释要符合制宪目的和精神,必须依法进行,要反映社会发展需求,反映宪法规范的效力。

通过宪法解释说明制宪者的原意和条文的含义,为统一人们对宪法的认识提供法律基础,有助于维护法制的统一。宪法解释,也使公民在具体的宪法解释案例中感受到宪法的存在,关注宪法问题。

根据我国宪法第 67 条的规定,全国人大常委会有权解释宪法,监督宪法的实施。

全国人大常委会是最高国家权力机关的常设机关,根据宪法规定行使国家立法权。由其解释宪法有利于全面、准确地把握法律的含义。

我国的宪法解释制度在实践中需要进一步发展和完善。从 1993 年宪法修改开始,中共中央在向全国人大常委会提出的修宪建议中指出在宪法修改中"对实践证明是成熟的、需要用宪法规范的、非改不可的进行修改,可改可不改的或者可以通过宪法解释予以明确的不改"的原则。①

3. 宪法惯例

宪法惯例是在长期政治实践中形成的有约束力的政治习惯,它们虽然在宪法中没有规定,但在政治实践中被公认为是宪法制度的一部分。如美国由联邦最高法院审查国会通过的法律是否违宪、英国由议会中占多数议席的政党负责组阁等。

美国总统华盛顿以后创立了总统连续任职不超过二届的宪法

---

① 如 2018 年 3 月 5 日在十三届全国人大一次会议上工晨作关于《中华人民共和国宪法修正案(草案)》的说明中指出:我国现行宪法是一部好宪法。对各方面普遍要求修改、实践证明成熟、具有广泛共识,需要在宪法上予以体现和规范、非改不可的,进行必要的、适当的修改;对不成熟、有争议、有待进一步研究的,不作修改;对可改可不改、可以通过有关法律或者宪法解释予以明确的,原则上不作修改,保持宪法的连续性、稳定性、权威性。

惯例，但罗斯福因为战争需要打破了该惯例，1951年美国联邦国会通过了对《美国宪法》的第22条修正案，总统连续任职不超过两届成为宪法规定。

中国是否存在宪法惯例，理论界认识不统一。但一般认为，全国政协组成人员集体列席全国人大全体会议，中共中央与民主党派协商后提出修宪建议，中共中央提出国家机构领导人员人选建议名单、由全国人大主席团提名、全国人大选举或决定人选，中国共产党、中华人民共和国和中国人民解放军领导人"三位一体"的领导体制等，属于宪法惯例。

(三) 宪法实施

1. 宪法实施和宪法监督制度

宪法实施，是指宪法规范在社会实际生活中的贯彻落实。制定宪法的目的，是为了实施宪法，宪法的价值、功能和作用，只有通过宪法实施才能体现出来。

宪法实施具有法的实施的一般共性，但宪法的特点，决定了宪法实施有与其他法律实施不同的地方。宪法实施的主要方式有：

一是宪法的执行和适用。宪法执行是指宪法执行的主体即国家机关，直接依据宪法行使公共管理职能，如国家权力机关或立法机关制定法律，监督行政机关等；行政机关依照宪法行使行政权，管理社会公共事务；司法机关按照宪法规定独立行使审判权，适用宪法处理公民权利案件或其他案件，这一般称为宪法适用。宪法的执行和适用，是宪法实施的主要方式。

二是宪法遵守。宪法遵守是指一切国家机关、政党、社会组织和个人遵循宪法规定从事各种行为。国家机关不仅执行宪法，其本身也有遵守宪法的职责；其他组织和个人也必须在宪法范围内活动。宪法遵守是宪法实施的内在要求,也是宪法实施的重要形式。

三是宪法实施的保障和监督。简称"宪法保障"和"宪法监督"。宪法保障是指保证宪法实施的一系列的制度和措施的总和;其中,宪法监督是特定国家机关对宪法实施的监督,是宪法实施的最重要的制度保证。

在美国,不仅联邦最高法院有权审查国会的法案和总统行政命令是否违反宪法,而且总统也有权保护宪法和维护宪法;根据法国宪法,宪法委员会有权裁定有关法律是否合宪,共和国总统、总理、国民议会议长、参议会议长,或由60名国民议会议员或60名参议员有权将有关法律提交宪法委员会审查,并且由共和国总统监督对宪法的遵守。

从各国实践看,宪法实施的保障主要有事先审查和事后审查两种。前者又称预防性审查,指法律、法规在实施前由有关机关对其是否违宪进行的审查,通常适用于法律、法规制定过程中,如1958年《法国宪法》第61条的规定;后者指法律、法规实施后,由有关机关对其是否合宪进行的审查。事后审查分为附带审查、起诉审查、备案审查和提请审查等。

从各国宪法监督或违宪审查的机关看,主要有两种:

一是以普通法院为宪法监督机关。如在美国、日本等国普通法院在审理具体案件过程中,有权对作为该案件审理依据的有关法律、法规的合宪性进行审查。美国是最早建立这一制度的国家,尽管宪法未作规定,但联邦最高法院通过1803年马伯里诉麦迪逊案,开创了美国联邦最高法院审查国会通过的法律受是否违宪的先例。

二是以专门机关作为宪法监督机关,如法国宪法委员会、德国联邦宪法法院、俄罗斯联邦宪法法院、韩国宪法法院等。

宪法监督的对象,在不同国家有不同的情形,主要有国家机关的职务行为和文件行为、国家公职人员。在有的国家,政党组织及活动也是监督的对象。宪法监督的内容,主要有:法律、法规的合宪性;国家机关权限争议;特定公职人员违宪事件;选举争议;政党违宪案;受理宪法诉愿等。

我国宪法监督有自己的特点,我国宪法规定全国人大及其常委会监督宪法的实施,因此,全国人大及其常委会是宪法监督机关。

2. 推进宪法实施

在我国,一切国家机关和武装力量、各政党和各社会团体、各企业事业组织都必须遵守宪法和法律。一切违反宪法和法律的行为,必须予以追究。任何组织或个人都不得有超越宪法和法律的特权。全国各族人民、一切国家机关和武装力量、各政党和各社会团体、各企业事业组织,都必须以宪法为根本的活动准则,并负有维护宪法尊严、保证宪法实施的职责。

宪法的生命在于实施,宪法的权威也在于实施。要坚持不懈抓好宪法实施工作,把全面贯彻实施宪法提高到一个新水平。

首先,要坚定不移走中国特色社会主义政治发展道路。改革开放以来,中国共产党领导人民成功开辟和坚持了中国特色社会主义政治发展道路。国家的根本制度和根本任务、国家的领导核心和指导思想,工人阶级领导的、以工农联盟为基础的人民民主专政的国体,人民代表大会制度的政体,中国共产党领导的多党合作和政治协商制度、民族区域自治制度以及基层群众自治制度,爱国统一战线,社会主义法治原则,民主集中制原则,尊重和保障人权原则,等等,这些宪法确立的制度和原则,应当长期坚持、全面贯彻、不断发展。

其次,要深化依法治国实践。宪法明确规定中华人民共和国实行依法治国,建设社会主义法治国家,国家维护社会主义法制的统一和尊严。落实依法治国基本方略,加快建设社会主义法治国家,必须全面推进科学立法、严格执法、公正司法、全民守法进程。

全国人大及其常委会要加强重点领域立法,拓展人民有序参与立法途径,通过完备的法律推动宪法实施,保证宪法确立的制度和原则得到落实。国务院和有立法权的地方人大及其常委会要抓紧制定和修改与法律相配套的行政法规和地方性法规,保证宪法和法律得到有效实施。各级国家行政机关、监察机关、审判机关、检察机关要坚持依法办事。

第三,尊重人民主体地位,切实保障公民享有权利和履行义务。公民的基本权利和义务是宪法的核心内容,宪法是每个公民享有权利、履行义务的根本保证。宪法的根基在于人民发自内心的拥护,宪法的伟力在于人民出自真诚的信仰。只有保证公民在法律面前一律平等,尊重和保障人权,保证人民依法享有广泛的权利和自由,宪法才能深入人心,走入人民群众,宪法实施才能真正成为全体人民的自觉行动。

3. 加强宪法监督,推进合宪性审查

保证宪法实施,必须加强宪法监督。按照宪法和立法法的规定,全国人大及其常委会监督宪法实施;全国人大有权撤销全国人大常委会制定的不适当的法律,有权罢免国家领导人,全国人大常委会有权撤销与宪法相抵触的行政法规、地方性法规和自治条例、单行条例,有权监督国务院、中央军委、国家监察委员会、最高人民法院和最高人民检察院的工作。

根据《全国人大组织法》和《全国人大议事规则》,全国人大三个以上的代表团或者1/10以上的代表,可以提出对于全国人大常委会的组成人员,中华人民共和国主席、副主席,国务院和中央军事委员会的组成人员,最高人民法院院长和最高人民检察院检察长的罢免案,由主席团提请大会审议。在全国人大会议期间,一个代表团或者30名以上的代表,可以书面提出对国务院和国务院各部、各委员会的质询案。在常委会会议期间,常委会组成人员10人以上,可以向常委会书面提出对国务院和国务院各部、各委员会的质询案。全国人大认为必要时,可以组织关于特定问题的调查委员会。根据《全国人大常委会议事规则》,在常委会会议期间,常委会组成人员十人以上联名,可以向常委会书面提出对国务院及国务院各部门和最高人民法院、最高人民检察院的质询案;常委会认为必要时,可以组织关于特定问题的调查委员会。

《监察法》第54条规定,监察机关应当接受本级人大及其常务委员会的监督。各级人大常委会听取和审议本级监察机关的专项工作报告,组织执法检查。县级以上各级人大及其常委会举行会议时,人大代表或者常委会组成人员可以依照法律规定的程序,就监察工作中的有关问题提出询问或者质询。

全国人大及其常委会监督宪法实施,主要是针对规范性文件和职务行为。而对规范性文件实行备案审查,是维护宪法法律尊严、保障宪法法律实施、保证国家法制统一的重要制度安排。

根据《立法法》第87条,宪法具有最高的法律效力,一切法律、行政法规、地方性法规、自治条例和单行条例、规章都不得同宪法相抵触。

> **【背景资料】**
> **全国人大常委会开展规范性文件备案审查的主要依据**
>
> 宪法第62条、第67条规定,全国人大及其常委会行使监督宪法实施的职权,全国人大常委会有权撤销同宪法法律相抵触的行政法规、地方性法规。
>
> 宪法第100条规定,地方性法规报全国人大常委会备案。
>
> 立法法第五章"适用与备案审查"、监督法第五章"规范性文件的备案审查"对备案审查制度作出具体规定,并明确将行政法规、地方性法规、司法解释纳入全国人大常委会备案审查范围。
>
> 党的十八届三中全会提出,健全法规、规章、规范性文件备案审查制度。
>
> 党的十八届四中全会决定提出,加强备案审查制度和能力建设,把所有规范性文件纳入备案审查范围,依法撤销和纠正违宪违法的规范性文件,禁止地方制发带有立法性质的文件。

实践中,全国人大常委会法制工作委员会在全国人大常委会领导下,主要采取三种方式开展备案审查研究工作。

一是依申请进行审查,即根据有关国家机关和社会团体、企业事业组织以及公民依法书面提出的审查要求或审查建议,对行政法规、地方性法规、司法解释进行审查。法工委对收到的审查建议逐一进行认真研究,对审查中发现存在与法律相抵触或不适当问题的,积极稳妥作出处理。如根据2016年浙江省一位公民提出的审查建议,对有关地方性法规在法律规定之外增设"扣留非机动车并托运回原籍"的行政强制的问题进行审查研究,经与制定机关沟通,相关地方性法规已于2017年6月修改。

二是依职权进行审查,即依据法律赋予的备案审查职权,主动对报送全国人大常委会备案的行政法规、地方性法规、司法解释进行审查研究。①

三是有重点进行专项审查,即为贯彻党中央重大决策部署、配合重要法律修改、落实全国人大常委会监督工作计划,或回应社会关注热点,有重点地对某类规范性文件开展集中审查。十二届全国人大以来,针对部分地方出台规定突破法律规定、损害法律尊严等问题,法工委多次开展专项审查。如2015年结合全国人大常委会三次打包修改法律取消或下放部分行政审批事项,对与法律修改内容有关的107件地方性法规逐件进行审查研究,督促地方人大常委会对30件与修改后的法律规定不一致的地方性法规及时作出修改。

全国人大常委会高度重视备案审查工作。2004年5月,全国人大常委会在法工委内设立法规备案审查室,专门承担对行政法规、地方性法规、司法解释的具体审查研究工作,为全国人大常委会履行备案审查职责提供服务保障。十二届全国人大以来,全国人大常委会将备案审查工作列入每年的工作要点和立法、监督工作计划,并加强备案审查制度建设,如2015年3月对立法法作出修改,对开展主动审查、提出书面审查研究意见、向审查建议人反馈、向社会公开等作出明确规定;2014年9月制定了《全国人大常委会

---

① 十二届全国人大以来,共接收报送备案的法规4778件。法工委对报送全国人大常委会备案的60件行政法规、128件司法解释逐件进行主动审查研究。审查发现5件司法解释存在与法律不一致或其他问题,及时研究提出处理意见。参见:全国人大常委会法制工作委员会主任沈春耀2017年12月24日在第十二届全国人民代表大会常务委员会第三十一次会议上所作《全国人民代表大会常务委员会法制工作委员会关于十二届全国人大以来暨2017年备案审查工作情况的报告》,载《全国人大常委会工作报告》2018年第2期。

法制工作委员会对提出审查建议的公民、组织进行反馈的工作办法》;2016年12月,制定了《全国人大常委会法制工作委员会法规、司法解释备案审查工作规程(试行)》等。

我国的宪法监督制度体现了全国人大是最高国家权力机关、代表人民统一行使国家权力的制度设计,符合我国国情和国家体制,在维护宪法尊严、保障宪法实施中发挥了重要的作用。但也要看到,目前保证宪法实施的监督机制和具体制度还不健全,有法不依、执法不严、违法不究现象在一些地方和部门依然存在。

党的十九大提出,加强宪法实施和监督,推进合宪性审查工作,维护宪法权威。这对全国人大及其常委会监督宪法实施的工作提出了新的要求。

加强宪法实施和监督、推进合宪性审查工作,必须进一步加强规范性文件备案审查,为推进合宪性审查工作奠定坚实基础。

开展合宪性审查,是推进全面依法治国、实现国家治理体系和治理能力现代化的重大举措,也是一项长期而艰巨的任务。对于开展合宪性审查的机构、方式、范围、程序、标准,以及宪法解释、合宪性意见征询、宪法实施情况报告等有关制度和工作机制,都需要进一步研究和落实。

合宪性审查是强化宪法监督、维护宪法权威的必然要求和重要方式,而备案审查是宪法监督的基础。合宪性审查与备案审查,一是重点不同:合宪性审查是监督是否符合宪法,备案审查是监督是否符合法律;二是对象不同,合宪性审查包括但不限于规范性文件,备案审查限于规范性文件;三是合宪性审查主要是事后审查也可以是事先审查,备案审查是事后审查。但二者目标是一致的,都是为了保证中央令行禁止,保障宪法法律实施,维护宪法法律尊严,维护国家法制统一,保护公民合法权益。

加强规范性文件备案审查、推进合宪性审查,要把所有规范性文件纳入审查范围,如对报全国人大常委会备案的行政法规,报全国人大常委会备案的省级人大及其常委会制定的地方性法规,由省级人大常委会报全国人大常委会备案的设区的市级人大及其常委会制定的地方性法规,由省级人大常委会报全国人大常委会备案的自治州、自治县的人大制定的自治条例和单行条例;报全国人大常委会备案的最高人民法院和最高人民检察院作出的属于审判、检察工作中具体应用法律的解释等,在备案审查基础上,逐步推进合宪性审查工作。

推进合宪性审查工作,要依法撤销和纠正违宪违法的规范性文件。如全国人大有权改变或撤销常委会制定的不适当的法律、常委会批准的违背宪法的自治条例和单行条例;全国人大常委会撤销同宪法和法律相抵触的行政法规,撤销同宪法、法律和行政法规相抵触的地方性法规,撤销省级人大常委会批准的违背宪法的自治条例和单行条例。

推进合宪性审查工作,要防止地方超越法定权限制定地方性法规,限制公民、组织的合法权利或增加公民或组织的义务、下位法违反上位法规定的情况的发生。

加强宪法监督、推进合宪性审查工作,需要加强合宪性审查制度建设,进一步完善工作程序,根据需要适时将备案审查的内部工作规则和程序性规定上升为法律规定,增强审查工作的透明度、社会公众的参与性。

从备案审查到合宪性审查,相关工作机构的职责和权威有待强化。为此,十三届全国人大一次会议审议通过的《宪法修正案》中,将宪法第70条第1款中的"法律委员会"更名为"宪法和法律委员会"。根据宪法这一规定,十三届全国人大一次会议决定设立全国人大宪法和法律委员会。① 而且,全国人大常委会决定,全国人大法律委员会的相关职责,由全国人大宪法和法律委员会承担,全国人大宪法和法律委员会在继续承担统一审议法律草案等工作的基础上,增加推动宪法实施、开展宪法解释、推进合宪性审查、加强宪法监督、配合宪法宣传等工作职责。

---

① 参见《全国人民代表大会常务委员会关于全国人民代表大会宪法和法律委员会职责问题的决定》(2018年6月22日第十三届全国人民代表大会常务委员会第三次会议通过)。

第二章 国家基本制度

一、国家政权的阶级本质

(一)国家性质概述

国家政权的阶级本质,简称"国家性质",又称"国体"。毛泽东在《新民主主义论》中指出:"这个国体问题,从前清末年起,闹了几十年还没闹清楚。其实,它只是指的一个问题,就是社会各阶级在国家中的地位"。①

国家性质与宪法的关系十分密切,宪法作为国家根本法,在规定国家制度时,首先要确认本国的国家性质。但需要注意的是,很多国家宪法一般不明确规定其国家的阶级属性,而是通过主权在民、共和、法治、法律面前人人平等、人权等理念或原则表现出来。

---

① 《毛泽东著作选读》(上册),人民出版社1986年版,第363—364页。

如根据1958年《法国宪法》，法兰西为不可分、非宗教、民主的和社会的共和国（第一条）；共和国的格言是："自由、平等、博爱"（第二条）；共和国的原则是：民有、民治和民享的政府；国家主权属于人民（第三条）。1949年《德意志联邦共和国基本法》第20条规定，德意志联邦共和国是一个社会的、民主的联邦国家；1993年《俄罗斯联邦宪法》第1条规定，俄罗斯是具有共和制政体的民主的、联邦制的法治国家。

第一个真实确认国家阶级属性的宪法是1918年的《俄罗斯社会主义联邦苏维埃共和国宪法》。该宪法第1条开宗明义，宣布俄国为工兵农代表苏维埃共和国。我国历部宪法对国家性质也都作了明确的确认。

（二）我国的国家性质是人民民主专政

人民民主专政制度是中国共产党领导中国人民在长期革命斗争中，以马克思主义无产阶级学说为指导进行的创造。

1871年巴黎公社革命期间，受第一国际总委员会委托，马克思撰写《法兰西内战》，总结了巴黎公社起义失败的经验教训，提出了无产阶级专政理论。马克思认为，在西欧国家，工人阶级占绝大多数，但被资本家所雇佣，靠出卖劳动力为生；政治上，掌握财产的资本家控制着政治。这是由少数人统治多数人的不合理的社会政治形态，必须建立一种由社会多数即不掌握财产的无产阶级——工人阶级——掌握国家政权的政治形式。这一国家形态是社会主义社会，这 政治组织的实质是无产阶级专政。1917年，列宁领导俄国十月革命取得胜利，通过实践丰富了无产阶级专政理论。

无产阶级专政在不同国家可以有不同形式。人民民主专政是将马克思列宁主义的无产阶级专政学说同中国革命的具体实践相结合的产物,是中国共产党领导人民所创造的适合我国情况和历史传统的一种形式。这种形式的雏形是抗日战争时期各革命根据地的抗日民主政权。但"人民民主专政"这一概念是1948年12月毛泽东在《将革命进行到底》一文中公开使用的。毛泽东提出革命胜利以后,应建立"无产阶级领导的以工农联盟为主体的人民民主专政的共和国"。①

1949年6月30日,毛泽东在《论人民民主专政》一文中对人民民主专政的思想作了系统的阐述。

1949年9月召开的中国人民政治协商会议第一次全体会议通过《中国人民政治协商会议共同纲领》(以下简称《共同纲领》),把人民民主专政作为中华人民共和国的国体正式确定下来。《共同纲领》第1条规定:"中华人民共和国为新民主主义即人民民主主义的国家,实行工人阶级领导的、以工农联盟为基础的、团结各民主阶级和国内各民族的人民民主专政",把人民民主专政作为中华人民共和国的国体正式确定下来。1954年宪法第1条规定:"中华人民共和国是工人阶级领导的、以工农联盟为基础的人民民主国家"。

在1954年宪法以后的两部宪法中,对国家性质的表述曾有一些变化。1975年宪法和1978年宪法都规定:"中华人民共和国是工人阶级领导的以工农联盟为基础的无产阶级专政的社会主义国家"。两部宪法用"无产阶级专政"代替"人民民主专政",这反映了在当时的特殊情况下对阶级关系的错误认识,是阶级斗争扩大化在宪法上的表现。② 因此,1982年宪法恢复了1954年宪法的提

---

① 《毛泽东选集》第四卷,人民出版社1991年版,第1375页。
② 彭真:《关于中华人民共和国宪法修改草案的报告》(1982年11月26日),载《论新时期的社会主义民主与法制建设》,中央文献出版社1989年版,第147页。

法,规定我国是人民民主专政的社会主义国家。

我国人民民主专政是工人阶级领导的、以工农联盟为基础的,以全体社会主义劳动者、社会主义事业的建设者、拥护社会主义的爱国者和拥护祖国统一并致力于中华民族伟大复兴的爱国者组成的政治联盟为广泛爱国统一战线的国家政权。

我国的人民民主专政经历了民主革命、社会主义革命与建设和改革开放等时期。我国工人阶级领导的、以工农联盟为基础的人民民主专政,实质上即无产阶级专政。

人民民主专政的国家性质决定,在我国,人民,只有人民,才是国家和社会的主人。宪法明确规定:"中华人民共和国的一切权力属于人民。"这是我国国家制度的核心内容和根本准则。宪法并规定:"人民行使国家权力的机关是全国人民代表大会和地方各级人民代表大会。""人民依照法律规定,通过各种途径和形式,管理国家事务,管理经济和文化事业,管理社会事务。"

人民民主专政是新型的民主与专政的结合。工人阶级是人民民主专政的领导力量。在我国,工人阶级通过代表自己的政党中国共产党来实现对人民民主专政的领导。

人民民主专政有着广泛的阶级基础。主要体现在人民民主专政以工农联盟为基础。宪法序言指出:"社会主义的建设事业必须依靠工人、农民和知识分子"。

现行宪法序言中宣示:"在长期的革命、建设和改革过程中,已经结成由中国共产党领导的,有各民主党派和各人民团体参加的,包括全体社会主义劳动者、社会主义事业的建设者、拥护社会主义的爱国者、拥护祖国统一和致力于中华民族伟大复兴的爱国者的广泛的爱国统一战线,这个统一战线将继续巩固和发展。"

现在,我国统一战线爱国统一战线的范围包括:(1)全体社会主义劳动者。主要是指工人、农民和知识分子,它们是社会主义建设事业的依靠力量和推动生产力发展和社会全面进步的根本力量。根据现行宪法第1条的规定,工人阶级和农民阶级是我国人民民主专政的阶级基础。其中,工人阶级,包括知识分子、国家工作人员、体力劳动者和其他工作人员等阶层,是我国的领导阶级,是人民民主专政的领导力量;农民阶级,包括农林牧渔业劳动者、农民企业家、乡镇企业工人、农村知识分子和农村党政干部等阶层,是工人阶级政治上可靠的同盟军。(2)社会主义事业的建设者。包括全体社会主义劳动者和在社会变革中出现的新社会阶层。① 社会变革中出现的新的社会阶层是指:民营科技企业的创业人员和技术人员;受聘于外资企业的中方管理技术人员;个体户;私营企业主;中介组织的从业人员;自由职业人员等。(3)拥护社会主义的爱国者和拥护祖国统一的爱国者。2018年修改宪法后,拥护祖国统一的爱国者,还应"致力于中华民族伟大复兴"。

二、与国家性质相适应的政党制度

(一)政党及其法律特征、类型和宪法规范

1. 政党及其法律特征

近现代政党是代议政治的产物。马克思主义政党学说认为,政党是一定的阶级、阶层和利益集团为了共同利益,以夺取或控制政权,或影响政治权力的运作而由其先进分子建立的、具有一定组

---

① 王兆国:《关于中华人民共和国宪法修正案(草案)的说明》(2004年3月8日在第十届全国人民代表大会第二次会议上),载《宪法和宪法修正案学习问答》(全国"四五"普法指定读本),中国民主法制出版社2004版,第103页。

织形式和纪律的政治组织。

政党作为政治性的社会组织,具有明确的政治纲领和政治目标、组织体系和领导机构。其基本法律特征是:(1)政党是由其成员组织的社会组织,不是国家机构;(2)政党是政治性的组织,有明确的政治纲领、组织体系和领导机构,以夺取或控制政权,或影响政治权力的运作为政治目标,不同于一般的社会团体;(3)政党具有鲜明的阶级属性。

2. 政党的类型

当代各国的政治,在许多情况下是通过政党进行的,但由于各国历史条件和具体情况存在差异,其政党活动的方式和政党制度也不尽相同。从形式上看,国外政党制度大致有以下几种。

在实行一党制的国家,一党单独执政,在法律上或事实上不允许其他政党存在。从宪法规定看,实行一党制的国家主要是一些发展中国家,如少数的非洲民族主义国家。

两党制是指在一些西方国家中,除了其他政党外,存在两个主要的政党,通过选举,长期有组织地轮流控制国家权力,主持国家政治事务。如英国的两大政党保守党和工党、美国的两大政党民主党和共和党,长期轮流执政。

多党制是指西方国家两个以上的政党联合执政,或几个政党联盟执政的制度。当今世界上,大多数西方国家实行多党制,典型的多党制国家如法国、德国等。

3. 政党的宪法规范

政党制度是有关政党的组织、政党的活动以及政党领导或参与政权的方式和途径等一系列法律、政策和惯例的总和。

政党是过问国是、从事政治活动的政治性组织,政党制度与宪法有密切的关系。但近代各国宪法对政党或政党制度较少直接作出系统的明文规定。在有的国家，政党活动主要依据的是长期政治实践中形成的惯例；在有的国家，某一政治力量组织政党，主要是依据政治宣言或宪法中关于公民结社自由或政治参与的规定。如1919年《德国威玛宪法》第124条规定："德国人民，其目的若不违背刑法，有组织社团及法团之权。……社团得依民法规定，获得权利能力。此项权利能力之获得，不能因该社团为求达其政治上、社会上、宗教上的目的拒绝之。"

随着政党政治的发展，有些国家的宪法直接或间接地对有关政党的组织、政党的活动以及政党领导或参与政权的方式和途径等，进行规范或确认。

如1949年《德意志联邦共和国基本法》第21条规定："一、政党应参与人民政见之形成。二、政党得自由组成。其内部组织须符合民主原则。政党应公开说明其经费与财产之来源与使用。政党依其目的及其党员之行为，意图损害或废除自由、民主之基本秩序或意图危害德意志联邦共和国之存在者，为违宪。至于是否违宪，由联邦宪法法院裁决之。三、其细则由联邦立法规定之。"

根据1958年《法国宪法》第4条的规定，各党派和政治团体协助选举的进行；各党派和团体可自由地组织和进行活动，但必须遵守国家主权原则和民主原则。

1993年《俄罗斯联邦宪法》第13条规定："……俄罗斯联邦承认政治多样化、多党制；……社会团体在法律面前一律平等；禁止目的或行为旨在以暴力改变宪法制度基础、破坏俄罗斯联邦完整性、破坏国家安全的社会团体的建立和活动，……。"

我国1954年宪法序言宣布："我国人民在建立中华人民共和国的伟大斗争中已经结成以中国共产党为领导的各民主阶级、各民主党派、各人民团体的广泛的人民民主统一战线。"

我国1982年宪法序言记载了中国共产党领导人民进行革命、建设和改革的历史作用和党的领导的地位,如肯定"中国共产党领导中国各族人民",取得新民主主义革命的伟大胜利和建立了中华人民共和国;明确"中国新民主主义革命的胜利和社会主义事业的成就,是中国共产党领导中国各族人民"战胜许多艰难险阻而取得的;确立"中国各族人民将继续在中国共产党领导下",推动物质文明、政治文明、精神文明、社会文明、生态文明协调发展,把我国建设成为富强民主文明和谐美丽的社会主义现代化强国,实现中华民族伟大复兴;确定在长期的革命、建设、改革过程中,"已经结成由中国共产党领导的,有各民主党派和各人民团体参加的,包括全体社会主义劳动者、社会主义事业的建设者、拥护社会主义的爱国者、拥护祖国统一和致力于中华民族伟大复兴的爱国者的广泛的爱国统一战线;确立"中国共产党领导的多党合作和政治协商制度将长期存在和发展"。

宪法第1条规定了"中华人民共和国是工人阶级领导的、以工农联盟为基础的人民民主专政的社会主义国家"的国家性质。

2018年《宪法修正案》在上述规定基础上,在第1条第2款中,增加规定"中国共产党领导是中国特色社会主义最本质的特征",体现了国家制度的本质要求、核心内容和时代特征,反映了对党的领导与中国特色社会主义内在统一性的深刻认识,有利于使党总揽全局协调各方的领导核心地位在国家制度中具有更强制度约束力和更高法律效力,实现党的领导、人民当家作主、依法治国有机统一;有利于旗帜鲜明宣示党的领导,在全体人民中强化党的领导意识,有效把党的领导落实到国家工作全过程和各方面,确保党和国家事业始终沿着正确方向前进。

（二）中国共产党领导的多党合作和政治协商制度

中国共产党领导的多党合作和政治协商制度，是与我国国体相适应的政党制度，是我国的一项基本政治制度。它根本不同于西方国家的多党制或两党制，它也有别于一些国家实行的一党制。

中国共产党领导的多党合作和政治协商制度，是我国宪法确认的基本政治制度。坚持和完善中国共产党领导的多党合作和政治协商制度是建设社会主义政治文明的重要内容。

1. 多党合作和政治协商制度的形成和发展

中国共产党领导的多党合作和政治协商制度是在我国长期革命、建设和改革过程中形成和发展起来的，是中国共产党与各民主党派长期合作共事的产物。

民主党派是指在中国大陆范围内，除执政党中国共产党以外的八个参政党的统称。它们是：中国国民党革命委员会、中国民主同盟、中国民主建国会、中国民主促进会、中国农工民主党、中国致公党、九三学社、台湾民主自治同盟。

在新民主主义革命时期，民主党派的社会基础是民族资产阶级、城市小资产阶级和同这些阶级相联系的知识分子，以及其他爱国民主人士。它们不是单一阶级的政党，而是带有阶级联盟性质的组织，在政治态度上存在左、中、右的政治分野，其政治主张与中国共产党民主革命时期的政治纲领基本一致。中国共产党对民主党派采取争取、联合的方针，在抗日战争和反对国民党反动统治的斗争中，中国共产党同民主党派建立了合作关系，各民主党派在斗争中经受了考验。随着人民解放战争的胜利发展，民主党派积极响应中国共产党1948年发布的"五一"口号，同中国共产党一道为推翻国民党反动统治、建立新中国而共同奋斗。各民主党派在这一时期的革命斗争中逐步接受共产党的领导,为新民主主义革命的胜利和建立中华人民共和国作出了重要贡献。

新民主主义革命胜利后,我国建立了工人阶级领导的、以工农联盟为基础、团结民族资产阶级和城市小资产阶级的人民民主专政的国家政权。1949年9月召开的中国人民政治协商会议第一届全体会议,通过了具有临时宪法性质的《共同纲领》,通过了《中国人民政治协商会议组织法》,选举产生了中国人民政治协商会议第一届全国委员会,标志着共产党领导的多党合作和政治协商制度的初步确立。1954年宪法序言宣布:"我国人民在建立中华人民共和国的伟大斗争中已经结成以中国共产党为领导的各民主阶级、各民主党派、各人民团体的广泛的人民民主统一战线。"各民主党派参加人民政权和人民政协的工作,为巩固人民民主专政、顺利实现社会主义改造和促进社会主义事业的发展,发挥了重要作用。

1956年对资本主义工商业的社会主义改造基本完成后,中国共产党和毛泽东主席在总结我国多党合作历史经验的基础上,提出了"长期共存、互相监督"的方针,使中国共产党领导的多党合作和政治协商制度在社会主义条件下得到进一步确立。但在1957年下半年以后至"文化大革命"期间,多党合作受到严重破坏。

十一届三中全会以后,中国共产党领导的多党合作重新走上健康发展的道路。随着国内阶级状况的根本变化,各民主党派已经成为一部分社会主义劳动者和一部分拥护社会主义的爱国者的政治联盟。1982年9月,中国共产党第十二次全国代表大会进一步提出"长期共存、互相监督、肝胆相照、荣辱与共"的方针。中共中央经与各民主党派协商,于1989年12月30日印发了《中共中央关于坚持和完善中国共产党领导的多党合作和政治协商制度的意见》,深刻总结了与民主党派合作的历史经验,进一步明确了中国共产党领导的多党合作和政治协商制度是我国一项基本政治制度,明确了民主党派在我国国家政权中的参政党地位,提出了民主党派参政的基本点、履行监督职责的总原则和充分发挥民主党派参政和监督作用的各项制度措施。2005年2月18日中共中央发布了《关于进一步加强中国共产党领导的多党合作和政治协商制度建设的意见》,在认真总结历史经验的基础上,对进一步完善中国共产党与各民主党派政治协商的内容、形式和程序,充分发挥民主党派和无党派人士的参政议政和民主监督作用等方面都作了规范。

1993年3月29日八届全国人大一次会议通过宪法修正案第四条,在宪法序言第十自然段末尾增加:"中国共产党领导的多党合作和政治协商制度将长期存在和发展。"确认了中国共产党领导的多党合作和政治协商制度是我国一项基本政治制度。

2004年3月14日十届全国人大二次会议通过的宪法修正案第十九条规定:"在长期的革命和建设过程中,已经结成由中国共产党领导的,有各民主党派和各人民团体参加的,包括全体社会主义劳动者、社会主义事业的建设者、拥护社会主义的爱国者和拥护祖国统一的爱国者的广泛的爱国统一战线,这个统一战线将继续巩固和发展",增加了"社会主义事业的建设者"。2018年3月11日十三届全国人大一次会议通过的宪法修正案,增加了拥护祖国统一的爱国者"致力于中华民族伟大复兴"的性质,这些标志着中国共产党领导的多党合作和政治协商制度和统一战线的重要发展。

2. 多党合作和政治协商制度的主要内容和形式

中国共产党和各民主党派都是宪法确认的合法政党。现行宪法肯定了中国共产党的历史作用,确立了党的基本路线和中国共产党领导的多党合作和政治协商制度,规定了党在宪法和法律范围内活动的原则。根据《中国共产党章程》,中国共产党是中国工人阶级的先锋队,同时,是中国人民和中华民族的先锋队,是中国特色社会主义事业的领导核心。

民主党派是接受中国共产党领导的、同中国共产党通力合作的亲密友党,是中国特色社会主义参政党。无党派人士是指没有参加任何政党、有参政议政愿望和能力、对社会有积极贡献和一定影响的人士,其主体是知识分子。民主党派的基本职能是参政议政、民主监督,参加中国共产党领导的政治协商。

政党协商是中国共产党同民主党派的政治协商,主要包括下列内容:中国共产党全国和地方各级代表大会、中央和地方各级党委的有关重要文件;宪法的修改建议,有关重要法律和地方性法规的制定、修改建议;人大常委会、政府、政协领导班子成员和人民法院院长、人民检察院检察长建议人选;关系统一战线和多党合作的重大问题。政党协商采取会议协商、约谈协商、书面协商等形式。各民主党派参政的主要内容是:参加国家政权,参与重要方针政策和重要领导人选的协商,参与国家事务的管理,参与国家方针政策、法律法规的制定和执行。

由于中国共产党处于领导和执政地位,更需要自觉接受民主党派的监督。中国共产党与民主党派实行互相监督,是在坚持四项基本原则的基础上通过提出意见、批评、建议的方式进行的政治监督,是我国社会主义监督体系的重要组成部分。主要有下列形式:(1)在政治协商中提出意见和建议;(2)在党委主要负责人召开的专门会议上对党委领导班子及其成员提出意见和建议;(3)对党委推进全面从严治党、党风廉政建设和反腐败斗争提出意见和建议;(4)向党委及其职能部门提出书面意见和建议;(5)参加党委有关方针政策、重大决策部署执行和实施情况的检查,参加廉政建设情况检查、其他专项检查和执法监督工作；(6) 受党委委托就有关重大问题进行专项监督；(7) 民主党派成员、无党派人士中的人大代表在人大会议中提出意见和建议，参加人大及其常委会和各专门委员会组织的有关调查研究；(8) 在政协召开的各种会议、组织的视察调研中提出意见，或以提案等形式提出批评和建议；(9) 对人民法院、人民检察院工作提出意见和建议；(10) 担任司法机关、政府部门的特约人员。

(三) 中国人民政治协商会议

1. 中国人民政治协商会议的产生和发展

中国人民政治协商会议，简称"政协"，是在革命和建设过程中产生和发展起来的。

1949年9月21日至30日，中国人民政治协商会议第一届全体会议在北平（今北京）召开。出席这次会议的662名代表，分别来自中国共产党、各民主党派、各人民团体、各地区、人民解放军、少数民族、国外华侨、宗教界人士以及其他爱国民主分子，充分体现了人民政协的统一战线性质。这次会议代行全国人民代表大会的职权，通过了具有临时宪法性质的《共同纲领》，通过了《中国人民政治协商会议组织法》《中华人民共和国中央人民政府组织法》；选举产生了中华人民共和国中央人民政府委员会和中国人民政治协商会议第一届全国委员会，宣告了中华人民共和国的成立。

中华人民共和国成立后，政协为恢复和发展国民经济，巩固新生的人民政权，协助政府推动各项社会改革，促进社会主义革命和建设，作出了重大贡献。

1954年12月，召开了政协第二届全国委员会第一次会议，制定了《中国人民政治协商会议章程》。根据《章程》，《共同纲领》已经为宪法所代替,政协全体会议代行全国人民代表大会职权的任务已经完成。但是政协作为人民民主统一战线组织,将继续存在和发挥作用。

从1955年至1966年的十多年里,政协在团结各族人民和各界爱国力量,发挥人民民主,活跃国家政治和社会生活,以及调动一切积极因素为国家建设服务等方面发挥了重要的作用。

十一届三中全会以后,我国进入了改革开放和现代化建设的新时期,政协也开始了一个新的发展时期。随着统一战线发展成为由全体社会主义劳动者、社会主义事业的建设者、拥护社会主义的爱国者、拥护祖国统一并致力于中华民族伟大复兴的爱国者组成的最广泛的爱国统一战线,政协也发展成为包括以上各个方面的、由各党派团体和各族各界代表人士组成的爱国统一战线组织。

2. 政协的性质、组织和主要职能

政协不属于国家机关体系,也不同于一般的社会团体或人民团体。根据《中国人民政治协商会议章程》的规定,中国人民政治协商会议是中国人民爱国统一战线的组织,是中国共产党领导的多党合作和政治协商的重要机构,是中国政治生活中发扬社会主义民主的重要形式,是国家治理体系的重要组成部分,是具有中国特色的制度安排。

中国人民政治协商会议设全国委员会和地方委员会。政协全国委员会由中国共产党、各民主党派、无党派人士、人民团体、各少数民族和各界的代表,香港特别行政区同胞、澳门特别行政区同胞、台湾同胞和归国侨胞的代表以及特别邀请的人士组成,设34个界别。

政协全国委员会每届任期5年。全国委员会设常务委员会主持会务。常务委员会由全国委员会主席、副主席、秘书长、常务委员组成。全国委员会主席主持常务委员会的工作,副主席、秘书长协助主席工作。主席、副主席、秘书长组成主席会议,处理常务委员会的重要日常工作。全国委员会根据工作需要设立若干专门委员会及其他工作机构。

政协第十三届全国委员会设立了10个专门委员会。各省、自治区、直辖市、自治州、设区的市、县、自治县,不设区的市和市辖区,凡有条件的地方设立政协组织。

政协的主要职能是政治协商、民主监督和参政议政。这三项主要职能是各党派团体、各族各界人士在中国政治体制中参与国事、发挥作用的重要内容和基本形式,体现了政协的性质和特点,是政协区别于其他政治组织的重要标志。

政治协商是对国家大政方针和地方的重要举措以及经济建设、政治建设、文化建设、社会建设、生态文明建设中的重要问题,在决策之前和决策实施之中进行协商。中国人民政治协商会议全国委员会和地方委员会可根据中国共产党、人大常委会、人民政府、民主党派、人民团体的提议,举行有各党派、团体的负责人和各族各界人士的代表参加的会议,进行协商,亦可建议上列单位将有关重要问题提交协商。

民主监督是对国家宪法、法律和法规的实施,重大方针政策、重大改革举措、重要决策部署的贯彻执行情况,涉及人民群众切身利益的实际问题解决落实情况,国家机关及其工作人员的工作等,通过提出意见、批评、建议的方式进行的协商式监督。

参政议政是对政治、经济、文化、社会生活和生态环境等方面的重要问题以及人民群众普遍关心的问题,开展调查研究,反映社情民意,进行协商讨论。通过调研报告、提案、建议案或其他形式,向中国共产党和国家机关提出意见和建议。

政协开展工作的主要方式有会议、提案、视察、专题调研等。

三、国家政权的经济基础

(一) 经济基础是国家性质的决定性因素

1. 经济基础与宪法

马克思主义认为,国家政权作为上层建筑的主要组成部分是由一定的经济基础决定、并为经济基础服务的。当政权赖以建立的经济基础或社会的主要生产关系为一种新的生产关系所替代时,国家政权的性质或迟或早会发生改变。

所谓经济基础,是指在一定历史发展阶段的国家中占主导地位的生产关系的总和。包括生产资料归谁占有、人们在生产过程中所形成的相互关系和劳动产品的分配形式这三个主要方面,其中生产资料的所有制形式是决定性因素,决定着经济基础的性质,并在根本上决定着国家的本质。

宪法作为国家根本法,对经济基础起着重要的确认和保障作用。早期西方国家宪法对经济制度的确认和调整,主要是通过规定"私有财产神圣不可侵犯"这一原则来确立生产资料的私有制。进入20世纪以后,一些国家的宪法用更多的条款对经济制度和公民经济生活作出规定。如1919年德国《威玛宪法》在第二编"德国人民的基本权利与基本义务"中,对国家经济制度和公民的经济生活作了专章规定。

社会主义国家的宪法从一开始就把经济制度作为重要内容加以规定,如在世界上第一部社会主义宪法——《1918年俄罗斯社会主义联邦苏维埃共和国宪法》的第一篇《被剥削劳动人民权利宣言》中,除规定全部政权归苏维埃外,还用大量文字规定了废除土地私有制，宣布土地为全民财产，全国性的一切森林、蕴藏与水利、全部农畜与农具、实验农场与农业企业为国有财产，将一切银行收归国有等内容。

我国1954年宪法除了确定国家在过渡时期的总任务和过渡到社会主义的方法、步骤外，还规定了生产资料所有制的各种形式及其在国民经济体系中的地位和国家对它们的政策。

现行宪法确认社会主义制度是我国的根本制度。社会主义制度，包括经济制度、政治制度和其他方面的制度。其中经济制度起着决定性的作用，决定着国家的性质和发展方向。

2. 我国宪法关于经济制度的主要规定

1982年宪法从第6条到第18条对经济制度作了规定，以后的五个宪法修改案也多涉及到经济制度。其主要内容有下列几方面：

宪法第6条确立了生产资料的社会主义公有制的主体地位，明确规定："中华人民共和国的社会主义经济制度的基础是生产资料的社会主义公有制"。另一方面，由于我国正处于并将长期处于社会主义初级阶段，生产力水平还不够高，非公有制经济在一定范围内存在是非常必要的。因此，宪法修正案第十四条规定："国家在社会主义初级阶段，坚持公有制为主体、多种所有制经济共同发展的基本经济制度"。

宪法第6条规定："社会主义公有制消灭人剥削人的制度，实行各尽所能，按劳分配的原则"。宪法修正案第十四条规定："国家在社会主义初级阶段，……坚持按劳分配为主体、多种分配方式并存的分配制度。"

在1982年宪法颁布施行前，我国一直实行计划经济体制，因此，宪法第15条规定："国家在社会主义公有制基础上实行计划经济"。随着生产力的发展和改革的不断深入,通过计划配置资源的方式越来越不适应生产力发展的要求,而市场在资源配置中的决定性作用越来越明显。为了使宪法适应经济发展的要求,宪法修正案第七条规定:"国家实行社会主义市场经济"。

(二) 生产资料社会主义公有制是我国经济制度的基础

我国是社会主义国家,在1956年对生产资料私有制的社会主义改造基本完成以后,以公有制为基础的社会主义经济制度在我国基本确立起来。1982年宪法第6条第1款规定:"中华人民共和国的社会主义经济制度的基础是生产资料的社会主义公有制,即全民所有制和劳动群众集体所有制"。

社会主义公有制经济包含全民所有制经济和劳动群众集体所有制经济,还包括混合所有制经济中的国有成分和集体成分。

国有经济,即全民所有制经济,是指生产资料归社会全体成员公有、由代表全体人民的国家占有生产资料的一种所有制形式。包括国有企业,国家控股企业、中外合资、中外合作企业中的国有资产部分等,以及宪法第9条、第10条规定属于国家所有的自然资源和土地。国有经济是社会主义公有制经济的基石,宪法第7条规定:"国有经济,即社会主义全民所有制经济,是国民经济中的主导力量。国家保障国有经济的巩固和发展。"

劳动群众集体所有制经济,是由集体经济组织内部的劳动者共同占有生产资料的一种公有制经济。集体所有制经济是在土地改革的基础上,通过对农业和手工业等个体经济实行社会主义改造而建立起来的。从性质上看,劳动群众集体所有制经济,是社会主义公有制经济的重要组成部分。劳动群众集体所有制经济,包括农村集体经济和城镇集体经济两种形式。

1982年宪法第 8 条确认农村集体经济组织实行家庭承包经营为基础、统分结合的双层经营体制。一方面,集体统一经营有利于加强农村集体经济组织的管理和服务功能,为农业现代化奠定坚实基础;另一方面,家庭承包经营,有利于调动农民的生产积极性。宪法这一规定,有利于理顺农村最基本的生产关系,推动农村经济的长期稳定发展。

按照1982年宪法第 8 条的规定,农村中的生产、供销、信用、消费等各种形式的合作经济,是社会主义劳动群众集体所有制经济。

同时,按照1982年宪法第 9 条和第 10 条的规定,由法律规定属于集体所有的森林和山岭、草原、荒地、滩涂,属于集体所有;农村和城市郊区的土地,除法律规定属于国家所有的以外,都属于集体所有;宅基地和自留地、自留山,也属于集体所有。国家为了公共利益的需要,可以依照法律的规定对土地实行征收或者征用并给予补偿。

对城镇集体经济,按照1982年宪法第 8 条第 2 款,城镇中的手工业、工业、建筑业、运输业、商业、服务业等行业的各种形式的合作经济,都是社会主义劳动群众集体所有制经济。

劳动群众集体所有制经济对我国国家制度的发展发挥着重要作用,它直接体现工农联盟的巩固和发展要求,并直接关系着城乡人民群众的物质和文化生活水平的逐步提高。宪法第 8 条第 3 款明确规定:"国家保护城乡集体经济组织的合法的权利和利益,鼓励、指导和帮助集体经济的发展"。

(三)非公有制经济是社会主义市场经济的重要组成部分

改革开放以来,我国的非公有制经济有了飞速发展,它们发挥各自优势,在发展生产、活跃市场、方便群众、促进产业结构优化、扩大就业等方面发挥了很大作用。因此,宪法第11条第1款规定,在法律规定范围内的个体经济、私营经济等非公有制经济,是社会主义市场经济的重要组成部分。

在我国现阶段,非公有制经济是指在法律规定范围内的个体经济、私营经济和在中国境内的中外合资企业、中外合作企业和外商独资企业等形式。

个体经济是指由城乡个体劳动者占有生产资料和产品,以自己从事劳动生产为基础的一种经济形式;私营经济是指企业资产属于私人所有、雇用一定人数工人的营利性经济形式。根据宪法第11条第2款,国家保护个体经济、私营经济等非公有制经济的合法权利和利益;国家鼓励、支持和引导非公有制经济的发展,并对非公有制经济依法实行监督和管理。

"三资企业"是指在中国境内的中外合资企业、中外合作企业和外商独资企业。宪法第18条明确规定了国家对"三资企业"的政策。

(四)保护社会主义公共财产和公民合法的私有财产

1. 社会主义的公共财产神圣不可侵犯

社会主义的公共财产包括全民所有的财产和劳动群众集体所有的财产。1982年宪法第12条明确规定:"社会主义的公共财产神圣不可侵犯。国家保护社会主义的公共财产。禁止任何组织或者个人用任何手段侵占或者破坏国家的和集体的财产。"社会主义公共财产是巩固和发展社会主义制度和建设富强民主文明和谐美丽的社会主义现代化强国、实现中华民族伟大复兴的物质基础,是逐步提高各族人民的物质和文化生活水平的物质源泉,也是人民切实地享有各项权利和自由的物质保证。因此,保护社会主义公共财产不受侵犯是国家的一项基本任务。同时,宪法也把爱护公共财产规定为公民的一项基本义务。

2. 公民合法的私有财产不受侵犯

改革开放以来,随着经济的发展和人民生活水平的提高,公民拥有的私有财产普遍有了不同程度的增加。私有财产中,不仅有个人收入、储蓄、房屋等生活资料,而且有的还有机械设备、厂房等生产资料,以及股票、债券、基金等投资性资产;不仅包括有形财产,还包括商标、专利、版权等无形资产。保护公民合法的私有财产,对于维护宪法秩序、建立和完善市场经济及构建和谐社会,具有重要意义。

公民合法的私有财产权,是指公民个人通过劳动和其他合法方式所享有的具有一定物质内容并直接体现为经济利益的权利,主要有物权(所有权、用益物权和担保物权)、债权和知识产权等。公民合法的私有财产权是公民最重要的权利之一。按照1982年宪法第13条的规定,公民合法的私有财产不受侵犯。国家依照法律规定保护公民的私有财产权和继承权。国家为了公共利益的需要,可以依照法律规定对公民的私有财产实行征收或者征用并给予补偿。

宪法的规定不仅有利于保障公民合法的私有财产不受侵犯,也为建立健全我国保障公民财产权的法律制度奠定了宪法基础。

四、物质文明、政治文明、精神文明、社会文明和生态文明建设

我国是人民民主专政的社会主义国家,把我国建设成为富强民主文明和谐美丽的社会主义现代化强国,实现中华民族伟大复兴,是党和国家确立的奋斗目标。宪法序言宣示:"国家的根本任

务是,沿着中国特色社会主义道路,集中力量进行社会主义现代化建设……把我国建设成为富强民主文明和谐美丽的社会主义现代化强国,实现中华民族伟大复兴。"①要实现宪法确定的目标,必须推动物质文明、政治文明、精神文明、社会文明和生态文明建设协调发展。

(一)宪法与物质文明建设

物质文明是人们在改造自然的过程中产生的成果和创造的物质财富。物质文明的进步,有赖于经济的发展;而经济的发展又取决于特定社会发展阶段生产关系适应生产力发展的状况。我国现行宪法序言肯定我国经济建设取得了重大的成就,独立的、比较完整的社会主义工业体系已经基本形成,农业生产显著提高,广大人民的生活有了较大的改善,而且宪法还确认我国社会主义经济制度的基础是生产资料的社会主义公有制,同时,宪法根据国家将长期处于社会主义初级阶段的具体国情,确定了公有制为主体、多种所有制经济共同发展的基本经济制度和按劳分配为主体、多种分配方式并存的分配制度。实践证明,宪法确定的基本经济制度是适应我国社会主义初级阶段的生产力发展要求的。因而,贯彻实施宪法,坚持这一基本经济制度,将推动我国的物质文明建设。

关于发展物质文明方面,现行宪法还有其他的一些规定。如宪法序言第七自然段确定了国家要"逐步实现工业、农业、国防和科学技术的现代化"的根本任务;宪法第4条、第122条规定,国家

---

① 2018年3月11日十三届全国人大一次会议通过的宪法修正案将宪法序言第七自然段中"推动物质文明、政治文明和精神文明协调发展,把我国建设成为富强、民主、文明的社会主义国家"修改为"推动物质文明、政治文明、精神文明、社会文明、生态文明协调发展,把我国建设成为富强民主文明和谐美丽的社会主义现代化强国,实现中华民族伟大复兴"。

帮助各少数民族地区加速经济和文化的发展；宪法第 14 条规定，国家将通过一系列措施"以不断提高劳动生产率和经济效益，发展社会生产力"；宪法第 42 条规定，劳动是一切有劳动能力的公民的光荣职责；等等。

(二) 宪法与政治文明建设

政治文明是指人类改造社会所取得的成果，包括政治、法律制度以及与之相关的设施和观念的改进。宪法对政治文明建设的作用，主要表现在：宪法明确公共权力的界限和范围、规定行使公共权力的各国家机关的产生、组织和运行原则、程序，确定和协调公共权力主体相互之间的关系，建立对公共权力的监督、制约机制，为公共权力相对人提供权利保障和救济机制等。

1982 年宪法确认人民民主专政的国体、人民代表大会制度的政体、中国共产党领导的多党合作和政治协商制度及民族区域自治制度等基本政治制度，确立了党的领导、人民主权、基本人权、法治等宪法原则，规定了国家机构的组织活动原则、国家机构体系和公民的基本权利义务，对社会主义政治文明建设具有巨大的推动作用。

2004 年 3 月 14 日十届全国人大二次会议通过的宪法修正案第十八条，把建设社会主义政治文明作为我国现代化建设的重要目标加以明确，增加规定"推动物质文明、政治文明和精神文明协调发展"。

(三) 宪法与精神文明建设

在文化建设方面，首先，宪法序言明确指出："中国是世界上历史最悠久的国家之一。中国各族人民共同创造了光辉灿烂的文化,具有光荣的革命传统",序言还肯定了建国以来文化建设的成就,指出"教育、科学、文化等事业有了很大的发展"。

其次,宪法在总纲中用了四个条文对我国的文化建设作了具体的规定。主要有以下几个方面:

一是发展教育事业。宪法第 19 条规定:"国家发展社会主义的教育事业,提高全国人民的科学文化水平。国家举办各种学校,普及初等义务教育,发展中等教育、职业教育和高等教育,并且发展学前教育。国家发展各种教育设施,扫除文盲,对工人、农民、国家工作人员和其他劳动者进行政治、文化、科学、技术、业务的教育,鼓励自学成才。国家鼓励集体经济组织、国家企业事业组织和其他社会力量依照法律规定举办各种教育事业"。

二是发展科学事业。宪法把自然科学和社会科学放在同等重要的位置加以规定,并规定了保障措施。宪法第 20 条规定:"国家发展自然科学和社会科学事业,普及科学和技术知识,奖励科学研究成果和技术发明创造"。

三是发展医疗卫生体育事业。医疗卫生事业和体育事业的发展水平是衡量一个国家文明程度的重要指标。宪法第 21 条规定:"国家发展医疗卫生事业,发展现代医药和我国传统医药,鼓励和支持农村集体经济组织、国家企业事业组织和街道组织举办各种医疗卫生设施,开展群众性的卫生活动,保护人民健康。国家发展体育事业,开展群众性的体育活动,增强人民体质"。

四是发展文化事业。社会主义文化事业的发展对于提高人民的文化素养、丰富人民的精神生活、陶冶情操等方面有着重要意义。宪法第 22 条把发展文化事业作为一个重要措施加以规定,明确"国家发展为人民服务、为社会主义服务的文学艺术事业、新闻广播电视事业、出版发行事业、图书馆博物馆文化馆和其他文化事业,开展群众性的文化活动"。

在思想道德建设方面,根据宪法第 24 条的规定,主要包括四项内容:

一是培养"四有"公民。宪法规定:"国家通过普及理想教育、道德教育、文化教育、纪律和法制教育,通过在城乡不同范围的群众中制定和执行各种守则、公约,加强社会主义精神文明的建设"。

二是提倡"五爱"的社会公德。宪法明确提出:"国家提倡爱祖国、爱人民、爱劳动、爱科学、爱社会主义的公德"。

三是进行马克思主义教育。宪法规定,"在人民中进行爱国主义、集体主义和国际主义、共产主义的教育,进行辩证唯物主义和历史唯物主义的教育"。

四是反对资本主义的、封建主义的和其他的腐朽思想。

2018 年 3 月 11 日十三届全国人大一次会议通过的宪法修正案将宪法第一章《总纲》第 24 条第 2 款中"国家提倡爱祖国、爱人民、爱劳动、爱科学、爱社会主义的公德"修改为"国家倡导社会主义核心价值观,提倡爱祖国、爱人民、爱劳动、爱科学、爱社会主义的公德"。这体现了全体人民共同的价值追求,有利于在全社会树立和践行社会主义核心价值观,巩固全党全国各族人民团结奋斗的共同思想道德基础。

(四)宪法与社会文明建设

宪法与社会文明建设有着密切关系。社会文明应当立足于建设公正的、有秩序的、以人为本的、依法保障公民权利的社会,因此,必须加强宪法制度建设、保障宪法实施、贯彻落实依法治国方略来奠定社会文明的制度基础,也必须通过社会文明建设来为宪法实施提供发展环境。同时,宪法是人民意志的集中表现,是政治社会中人们基于利益关系而达成的协议。在社会生活中,每个人、团体的利益诉求或表达,只有在宪法秩序内才能达成社会的共识;将社会变革中产生的新的要求和社会矛盾,纳入宪法框架中予以解决,才能从根本上协调各种利益关系,化解矛盾纠纷,实现社会文明建设的基本目标。

我国1982年宪法体现了广大人民的根本利益和意志,确立了集中力量进行社会主义现代化建设的根本任务和把我国建设成为富强民主文明和谐美丽的社会主义现代化强国、实现中华民族伟大复兴的国家发展目标。宪法还规定了党的领导、人民民主、法治、基本人权等原则和各项制度,确认中国共产党领导的多党合作和政治协商制度及建立最广泛的爱国统一战线,巩固人民当家作主的政治地位,维护公民基本权利和公平正义,并坚持改革开放,不断完善政治、经济等各项制度,建立健全社会保障制度,加强精神文明建设,从而奠定了社会文明的制度基础,巩固了社会文明的思想道德基础,增进了社会的团结和睦。

2018年3月11日十三届全国人大一次会议通过的宪法修正案,将宪法序言第七自然段中"推动物质文明、政治文明和精神文明协调发展,把我国建设成为富强、民主、文明的社会主义国家"修改为"推动物质文明、政治文明、精神文明、社会文明、生态文明协调发展,把我国建设成为富强民主文明和谐美丽的社会主义现代化强国,实现中华民族伟大复兴",使社会文明建设纳入"五位一体"总体布局;将宪法序言第11自然段中"平等、团结、互助的社会主义民族关系已经确立,并将继续加强。"修改为"平等团结互助和谐的社会主义民族关系已经确立,并将继续加强。"与此相适应,将宪法第一章《总纲》第4条第1款中"维护和发展各民族的平等、团结、互助关系"修改为"维护和发展各民族的平等团结互助和谐关系",这有利于铸牢中华民族共同体意识,加强各民族交往交流交融,促进各民族和睦相处、和衷共济、和谐发展。

(五)宪法与生态文明建设

建设生态文明,昭示着人与自然的和谐相处,意味着生产方式、生活方式的根本改变,是关系人民福祉、关乎民族未来的长远大计,也是全党全国的一项重大战略任务。宪法第26条规定,国家保护和改善生活环境和生态环境,防治污染和其他公害。国家组织和鼓励植树造林,保护林木。

2018年3月11日十三届全国人大一次会议通过的宪法修正案,将宪法序言第七自然段中"自力更生,艰苦奋斗"前增写"贯彻新发展理念";将"推动物质文明、政治文明和精神文明协调发展,把我国建设成为富强、民主、文明的社会主义国家"修改为"推动物质文明、政治文明、精神文明、社会文明、生态文明协调发展,把我国建设成为富强民主文明和谐美丽的社会主义现代化强国,实现中华民族伟大复兴"。将宪法第89条"国务院行使下列职权"中第六项"(六)领导和管理经济工作和城乡建设"修改为"(六)领导和管理经济工作和城乡建设、生态文明建设"。这有利于全面、系统、持续地贯彻和发展生态文明思想,使生态文明建设纳入"五位一体"的总体布局,推进生态文明建设法治化。

(六)推动物质文明、政治文明、精神文明、社会文明和生态文明协调发展

物质文明、政治文明、精神文明、社会文明和生态文明建设有着密切的关系。物质文明的发展为政治文明、精神文明、社会文明和生态文明建设提供物质基础;政治文明建设为物质文明、精神文明、社会文明和生态文明建设提供政治保障;精神文明建设为物质

文明、政治文明、社会文明和生态文明建设提供智力支持、精神动力和思想道德基础；社会文明建设为物质文明、政治文明、精神文明和生态文明建设提供和谐稳定的社会环境；生态文明建设为物质文明、政治文明、精神文明、社会文明建设提供自然载体和良好生态环境。

1993年3月29日八届全国人大一次会议通过的修正案第三条，将"……把我国建设成为高度文明、高度民主的社会主义国家"修改为"……把我国建设成为富强、民主、文明的社会主义国家。"

2004年3月14日十届全国人大二次会议通过的宪法修正案第十八条，明确把"推动物质文明、政治文明、精神文明协调发展"写入了宪法序言，这反映了对执政规律、社会主义建设规律和人类发展规律认识的深化，不仅是对社会主义现代化建设总体目标的完善，而且为物质文明、政治文明、精神文明的协调发展提供了宪法保障。

2018年3月11日十三届全国人大一次会议通过的宪法修正案第三十二条，将宪法序言第七自然段中"推动物质文明、政治文明和精神文明协调发展，把我国建设成为富强、民主、文明的社会主义国家"修改为"推动物质文明、政治文明、精神文明、社会文明、生态文明协调发展，把我国建设成为富强民主文明和谐美丽的社会主义现代化强国，实现中华民族伟大复兴"，进一步完善了社会主义现代化建设的总体目标。

从物质文明、政治文明和精神文明"三个文明"协调发展到物质文明、政治文明、精神文明、社会文明、生态文明"五个文明"协调发展，体现了我们党和国家对社会主义建设规律认识的深化，是对中国特色社会主义事业总体布局的丰富和完善。

第三章 国家形式

一、政权组织形式

(一) 我国的政权组织形式

政权组织形式,也叫"政体",主要包括政权的构成、组织程序和最高权力的配置情况,以及公民参加管理国家和社会事务的方式。

毛泽东指出:"所谓'政体'问题,那是指的政权构成的形式问题,指的一定的社会阶级取何种形式去组织那反对敌人保护自己的政权机关。没有适当形式的政权机关,就不能代表国家"。①

现代各国的国情不同,其政权组织形式主要有两种。

一是君主立宪制。在君主立宪制下,君主的权力不同程度地

---

① 《毛泽东著作选读》(上册),人民出版社 1986 年版,第 364 页。

受宪法和议会的约束。又分为二元君主立宪制和议会君主立宪制。二元君主立宪制是指君主作为国家元首，尚拥有相当国家权力，君主在整个国家机关权力配置和国家机关相互关系中占有重要地位，议会权力较小，政府对君主负责。第一次世界大战前的德意志帝国和明治宪法下的日本是这种政权组织形式的代表。现代国家中，约旦、沙特阿拉伯等20多个国家实行这种体制。

议会君主立宪制是指君主作为国家元首，仅在形式上代表国家，在国家机关的权力配置中不享有实质意义上的国家权力。国家权力主要在议会以及由议会产生的政府和司法机关间进行配置，议会和政府（内阁）关系处于整个国家机关关系的轴心。

二是共和制。一般是指国民享有统治权并选举代表或公职人员有期限地行使此项权力，即"共和政体"。

"共和"的英文"republic"源自拉丁语"res publica"，意指"公共事务"。在法学和政治学中，"共和"与"民主"这两个词经常交替使用，但根据英美权威百科全书的解释，这两个词还是有区别的："民主"是指多数人的统治；而"共和"一般是指人民享有统治权并选举代表或公职人员行使此项权力的国家制度，即"共和政体"，它不同于纯粹民主制，也有别于单个人统治的君主制。[①] 采用这种政体的国家叫"共和国"，如法兰西共和国、德意志联邦共和国等。共和制是近现代立宪国家普遍采用的政体形式。

共和政体下的政权组织形式可分为以下几种：

一是总统制。在世界范围内，总统制有两种形式：以美国为代表的比较典型的总统制和以法国为代表的较为特殊的半总统制。总统由公民直接或间接选举产生，总统既是国家元首又是政府首

[①]《元照英美法词典》，法律出版社2003年版，第1184—1185页。

脑或实际上是政府首脑。在法国、俄罗斯等国,实行半总统制。半总统制的主要特点是:(1)实际上有两位政府首脑,经全民投票产生的总统是国家元首又掌握重要行政权力,政府并设总理作为形式上的政府首脑;(2)政府不对议会负责,当议会通过不信任案投票或否决政府施政纲领时,总理得向总统提出辞职;(3)总统拥有实际政治和行政权力,是实际上的政府首脑。目前,实行半总统制的国家,有法国、俄罗斯、奥地利、芬兰、冰岛、爱尔兰、葡萄牙、赞比亚等国。

二是议会内阁制。在英国、日本、联邦德国、意大利等实行议会内阁制的国家,国家元首仅在形式上代表国家。议会由选举产生的议员组成,政府由议会中的多数党或政党联盟组成。政府(内阁)对议会负责,议会可以通过不信任案倒阁,政府也可依宪法程序解散议会,重新组织大选。议会内阁制的主要特点是:(1)内阁是最高国家行政机关;(2)内阁由议会中的多数党组成;(3)内阁首相或总理是政府首脑;(4)内阁成员同时是议会议员;(5)内阁对议会负责,议会对内阁有投不信任案之权。目前,实行内阁制的国家,有英国、日本、联邦德国、意大利、希腊、印度、新加坡等国。

三是委员会制。委员会制是以瑞士的联邦行政委员会制为代表的一种政权组织形式。在瑞士,国家权力被分为立法权、行政权和司法权三种,立法权由国民院和联邦院组成的联邦议会行使。联邦行政委员会由议会选举7人组成,分别执掌行政委员会所属7个部。行政委员会是一个合议制机构,每周开一次会,法定开会人数为4人,委员会就有关问题平等地进行讨论,以出席会议的委员过半数票通过决定。瑞士的委员会制的主要特点是:(1)设联邦行政委员会作为最高执行和管理机关,由联邦议会选举的7名委员组成;(2)联邦委员会采用合议制,委员会成员地位平等,分别担任各部部长;(3)委员会实际上是联邦议会的执行机关。

四是人民代表会议制。社会主义国家的政权组织形式,采用人民代表会议制。这种政权组织形式一般是由人民选举代表组成统一行使国家权力的代表机关,代表机关产生同级其他国家机关,并通过宪法和法律赋予有关国家机关职权,代表机关享有监督其他国家机关之权,这些国家机关有对代表机关负责之义务。代表机关处于整个国家机关之核心。实行人民代表会议制的国家在代表机关的组成等方面存在一些差异。

(二)人民代表大会制是我国的根本政治制度

我国人民在中国共产党的领导下,在党领导的根据地和解放区,先后建立了苏维埃政权、"三三制"抗日民主政权、人民代表会议等政权形式。

我国实行的人民代表大会制,就是根据民主集中制原则,在总结革命政权建设经验的基础上,组织各级人民代表大会,并以人民代表大会为基础,建立全部国家机构,实现人民当家作主的一种根本政治制度。

我国的人民代表大会制主要包括以下的内容。

第一,国家的一切权力属于人民。人民民主专政的国家性质决定:在我国,人民,只有人民,才是国家和社会的主人。人民当家作主,最根本、最重要的是掌握国家权力。

第二,人民掌握国家权力,需要有相应的组织形式和制度来实现。人民代表大会制度体现了人民与国家权力之间的关系。这就是:人民通过民主选举代表,组成国家权力机关,行使国家权力。

第三,人民代表大会产生本级人民政府、监察委员会、人民法院和人民检察院;人民政府、人民法院和人民检察院对人民代表大会负责并报告工作,接受其监督,对其负责。

第四,人民代表大会受人民监督。人民代表大会制度最终使十几亿人民把国家的、民族的命运掌握在自己手中,这是维护人民根本利益的可靠保证,也是我们的国家比较能够经得起各种风险、克服各种困难的可靠保证。

人民代表大会制度作为我国的政权组织形式,具有以下特点。

第一,人民代表大会制度有它的实践基础,它是在人民革命斗争中创造的,是中国共产党对政权建设历史经验加以总结和提高而确定的,也是中国共产党把马克思主义国家学说运用到我国政治制度中的具体表现。

第二,人民代表大会制度贯彻民主集中制原则。在我国,由各级人民代表大会统一行使国家权力,人民政府、监察委员会、法院和检察院由人民代表大会产生,对其负责,受其监督。国家权力机关、行政机关、监察机关、审判机关、检察机关分工不同、职责不同,目标则是一致的,都是在中国共产党领导下,在各自职权范围内贯彻落实宪法、法律、法规以及党和国家的方针政策。人民代表大会统一行使国家权力,但不代行行政权、监察权、审判权、检察权。人民代表大会通过制定法律或地方性法规、作出决议,决定国家大政方针,并监督"一府一委两院"的工作。这与西方国家的"三权分立"制不同。

第三,人民代表大会制度采取一院制,而且,人民代表大会制度的范围,不仅是人民代表大会本身,也包括全部国家机关体系。

第四,人民代表大会制度在我国的政治制度中,具有重要的地位,它反映着国家政治生活的基本方面,表示了国家政治力量的源泉,是我国根本的政治制度。

60多年来特别是改革开放40多年来,我国的人民代表大会制度不断得到巩固和完善,显示出很大的适宜性。

第一,人民代表大会制度有利于保障人民当家作主。我国各级人民代表大会由民主选举的代表组成,人大代表来自各民族、各党派、各人民团体、各阶层、各地区,具有广泛的代表性。同时,宪法保证人民依法实行民主选举、民主决策、民主管理、民主监督,保证人民依法管理国家事务和社会事务、经济和文化事业,享有广泛的民主、权利和自由。

第二,人民代表大会制度有利于加强和改善中国共产党的领导。人民代表大会通过充分发扬民主,依照法定程序,把党的主张和人民意志统一起来;人大及其常委会根据中国共产党制定的大政方针和提出的立法建议,经过法定程序制定法律、地方性法规,作出决定,使党的主张成为国家意志;按照党组织推荐的干部人选,经过法定程序使其成为国家机关领导人员,并对他们进行监督;国家权力机关围绕党和国家工作大局,依法对"一府一委两院"的工作进行监督。

第三,人民代表大会制度有利于保证国家机关协调高效运转。在人民代表大会统一行使国家权力的前提下,明确划分了国家的行政权、监察权、审判权、检察权。国家机关这种合理分工,体现了民主和效率的统一,使国家的各项工作协调一致地进行。

第四,人民代表大会制度有利于维护国家统一和民族团结。我国是统一的多民族国家。在中央和地方国家机构职权的划分上,遵循在中央统一领导下,充分发挥地方的主动性、积极性的原则。在少数民族聚居地区实行区域自治,设立自治机关,行使自治权,巩固和发展平等团结互助和谐的社会主义民族关系。这是国家长治久安的重要制度保证。

在中国特色社会主义新时代,坚持和完善人民代表大会制度,首先要坚持中国共产党的领导。邓小平指出:"在中国这样一个大国,没有共产党的领导,必然四分五裂,一事无成。"①中国共产党领导是中国特色社会主义最本质的特征,人民代表大会制度是中国共产党领导和支持人民当家作主、实现党对国家和社会事务领导的政权组织形式。

其次,要坚持民主集中制的组织原则。我国国家机构的组织和活动原则是民主集中制,而不是"三权分立"。人民代表大会贯彻民主集中制原则,要求对重大问题的立法、监督,对国家事务和社会、经济、文化、社会等事务的管理,必须体现广大人民的利益和要求;另一方面,人民代表大会又在民主基础上进行集中,统一行使国家权力,形成正确的国家意志。这样,既有利于充分发挥民主,又可以提高工作效率。

要坚持中国特色社会主义政治发展道路,就必须坚持人民代表大会制度。要积极借鉴人类社会创造的文明成果包括政治文明的有益成果,但绝不搞多党轮流执政、"三权分立"。

与此同时,着眼于社会主义民主政治建设的需要,必须进一步完善人民代表大会制度,要支持和保证人民通过人民代表大会行使立法权、监督权、决定权、任免权,更好发挥人大代表作用,使各级人大及其常委会成为全面担负起宪法法律赋予的各项职责的工作机关,成为同人民群众保持密切联系的代表机关。

(三)选举制度

1. 概述

选举制度是指由法律规定的选举代表机关(或者代议机关)和其他公职人员的原则、程序和方式方法的总和。西方行政首长许

---

① 《邓小平文选》(第二卷),人民出版社 1994 年版,第 358 页。

多是选民直接选举的,所以选举制度在西方多是广义的。狭义的选举制度,是指由法律规定的选举代表机关(或者代议机关)的原则、程序和方式方法的总和。我国选举法是狭义的选举制度。

选举制度的主要体制:(1)地域代表制与职业代表制。前者按地区选举议员或代表;后者按职业团体选举代表或议员。我国全国人大代表的选举,就是地域代表制与职业代表制相结合,而以地域代表制为主。(2)多数代表制与比例代表制。前者按得票多少确定代表或议员的当选,通常是获得票数最多者当选,可再分为绝对多数制和相对多数制;后者根据政党或团体所得票数按比例选出代表或议员。

2. 我国选举制度的历史发展

中华人民共和国成立后,随着我国繁重的社会改革任务的完成和社会主义建设事业的开始,在全国进行普选、召开各级人民代表大会的条件已经成熟。1953年,中央人民政府委员会通过了《中华人民共和国全国人民代表大会及地方各级人民代表大会选举法》(以下简称《选举法》)。这部选举法是根据中华人民共和国成立前各个时期革命根据地的选举经验,根据中华人民共和国成立后政权建设经验,结合我国当时的具体情况制定的。它的基本精神是着眼于实际的民主,规定一个真正民主的选举制度。它根据当时的情况,规定了普遍、平等、直接选举和间接选举并用,举手表决和无记名投票并用等基本原则。另外,选举法还规定了实现这些基本原则的具体步骤和措施。它规定了选举委员会的组织与任务、选民登记办法、提出和确定代表候选人的步骤、投票程序、对破坏选举的制裁和选举费用由国库开支等。这部选举法规定的原则和制度,是适合我国当时情况的比较好的民主形式,对于维护和加强人民政权的建设,吸引全国人民参加各级国家机关的管理,促进社会主义事业的顺利发展,起了重要作用。

适应社会主义民主政治的发展和我国人民代表大会制度建设的需要,十一届三中全会后,我国又于1979年制定了新的《选举法》,并于1982年、1986年、1995年、2004年和2010年五次进行了修改。

1979年《选举法》与1953年《选举法》相比,主要在三个方面有了新的发展:一是将直接选举扩大到县级人大代表的选举;一是将等额选举修改为实行差额选举,三是规定各党派、人民团体和选民,可以用各种形式宣传代表候选人。

1982年12月10日,五届全国人大五次会议通过的《关于修改全国人民代表大会和地方各级人民代表大会选举法的若干规定的决议》,修改代表候选人的介绍程序,并对每个代表所代表的人口数作了有利于少数民族的调整。

1986年12月2日,六届全国人大常委会第十八次会议再次修改选举法,在下列方面进一步完善了选举制度:(1)对少数民族和华侨进一步作出照顾。(2)规定乡、民族乡、镇的选举委员会受上一级选举委员会的领导,改变过去受本级人民政府领导的规定。(3)规定直接选举代表时,选区全体选民的过半数参加投票,选举有效,代表候选人获得参加选举的选民过半数的选票即可当选。(4)对罢免代表、补选代表和代表辞职等作了规定。(5)规定选举委员会应向选民介绍代表候选人的情况;推荐代表候选人的党派、人民团体或选民可以在选民小组会议上介绍所推荐的代表候选人的情况。

适应社会主义市场经济条件下民主政治发展的要求,1995年2月28日,八届全国人大常委会第十二次会议再次通过修改选举法的决议,将《选举法》由原来的44条扩充为53条。修改后的《选举法》的发展主要表现在:(1)规定在各级人民代表大会的代表中,应逐步提高妇女代表的比例。(2)规定乡、民族乡、镇的选举委员会受上一级人民代表大会常务委员会领导。(3)明确规定了地方各级人民代表大会的代表名额,及其确定和变更的程序。(4)规定省级人民代表大会和全国人民代表大会农村每一代表所代表的人口数四倍于城市每一代表所代表的人口数,进一步缩小城乡差别。(5)规定由全国人民代表大会另行规定香港特别行政区和澳门特别行政区应选全国人民代表大会代表的名额及其产生办法。(6)规定选区的规模大小及各选区每一代表所代表的人口数应大体相等的原则。(7)规定选民名单应在选举日20天以前公布,并将初步候选人名单的公布改为在选举日15天以前公布。(8)规定县以上地方各级人民代表大会在选举上一级人大代表时,提名和酝酿代表候选人的时间不少于2天,必要时还可以进行预选。(9)进一步规定代表当选的程序。(10)规定罢免代表的程序和方法。(11)规定代表辞职的程序。

2004年10月27日,十届全国人大常委会第十二次会议《关于修改〈中华人民共和国全国人民代表大会和地方各级人民代表大会选举法〉的决定》,是对《选举法》的第四次修改。这次修改的内容主要有四点:(1)直接选举增加预选程序;(2)加大贿选处罚力度;(3)规定选举委员会可以组织代表候选人与选民见面,回答选民的问题;(4)选区50个选民或30个选民联名可罢免县级或乡镇人大代表。

2010年3月14日十一届全国人大三次会议通过的《关于修改中华人民共和国全国人民代表大会和地方各级人民代表大会选举法的决定》,是对《选举法》的第五次修改。

关于城乡按相同人口比例选举人大代表,根据我国国体、政体,实行城乡按相同人口比例选举人大代表,应当体现人人平等、民族平等和地区平等。基于以上,将选举法第16条关于全国人大代表名额分配的规定,修改为:"全国人民代表大会代表名额,由全国人民代表大会常务委员会根据各省、自治区、直辖市的人口数,按照每一代表所代表的城乡人口数相同的原则,以及保证各地区、各民族、各方面都有适当数量代表的要求进行分配。""省、自治区、直辖市应选全国人民代表大会代表名额,由根据人口数计算确定的名额数、相同的地区基本名额数和其他应选名额数构成。""全国人民代表大会代表名额的具体分配,由全国人民代表大会常务委员会决定。"将第12条、第13条、第14条关于地方各级人大代表名额分配的规定,合并为一条,修改为:"地方各级人民代表大会代表名额,由本级人民代表大会常务委员会或者本级选举委员会根据本行政区域所辖的下一级各行政区域或者各选区的人口数,按照每一代表所代表的城乡人口数相同的原则,以及保证各地区、各民族、各方面都有适当数量代表的要求进行分配。在县、自治县的人民代表大会中,人口特少的乡、民族乡、镇,至少应有代表一人。""地方各级人民代表大会代表名额的分配办法,由省、自治区、直辖市人民代表大会常务委员会参照全国人民代表大会代表名额分配的办法,结合本地区的具体情况规定。"将第25条关于直接选举中各选区每一代表所代表人口数的规定,修改为:"本行政区域内各选区每一代表所代表的人口数应当大体相等。"

关于人大代表的广泛性,增加规定:全国人大和地方各级人大代表"应当具有广泛的代表性,应当有适当数量的基层代表,特别是工人、农民和知识分子代表"。

关于选举机构,增加"选举机构"一章作为第二章,对选举委员会的产生、回避、职责和工作要求等分别作出具体规定。

关于乡镇人大代表名额,提高乡镇人大代表名额的上限,将《选举法》第 9 条第 1 款第四项关于乡、民族乡、镇的代表总名额上限作出修改,将不得超过一百三十名的规定修改为"代表总名额不得超过一百六十名"。

关于直接选举中投票选举程序的组织,增加规定:"选举委员会应当根据各选区选民分布状况,按照方便选民投票的原则设立投票站,进行选举;选民居住比较集中的,可以召开选举大会,进行选举。因患有疾病等原因行动不便或者居住分散并且交通不便的选民,可以在流动票箱投票。"

此外,还对保障选民和代表的选举权、代表候选人提供个人情况和两地代表问题、推荐代表候选人的人数、代表候选人与选民见面、接受代表辞职的程序、选民接受委托代为投票应当按照委托人的意愿、对破坏选举行为的调查处理等内容作了补充完善。

3. 我国选举制度的原则和程序

我国选举制度的基本原则,一是选举权普遍原则。主要表现在:(1) 我国公民除未满 18 周岁、依法被剥夺政治权利者外,都有选举权和被选举权,不享有选举权和被选举权者只是极少数;(2) 我国选举制度保证选民普遍地对代表有监督权和罢免权。《选举法》强调人大代表的广泛性,强调应有适量的基层代表。

二是平等原则。它指每一个选民在选举时和其他选民有同等的投票权,每一个选民在一次选举中只有一个投票权,且所有公民都必须根据平等原则参加选举。根据《选举法》,我国实行城乡按相同比例选举人大代表、在汉族与少数民族之间也实行平等原则,做到人人平等、民族平等和地区平等。

三是直接选举和间接选举并用原则。我国采取直接选举和间接选举并用的原则。对县级和县级以下的人大代表采取直接选举,对县级以上的人大代表采取间接选举。

四是差额选举。也称不等额选举,是指候选人名额多于应选人名额的选举。根据选举法,全国和地方各级人大代表候选人的名额,应多于应选代表的名额。具体是:由选民直接选举的代表候选人名额,应多于应选代表名额1/3至1倍;由地方各级人民代表大会选举上一级人大代表候选人的名额,应多于应选代表名额1/5至1/2。

五是无记名投票。它是指在选举时,投票人在选票上不署名,并亲自或依法定程序委托其他选民把选票投入指定的密封票箱。《选举法》要求选举时应当设有秘密写票处。

我国选举的组织和程序,一是主持选举的机构。凡实行间接选举的,由本级人大常委会主持;直接选举的,在县和县以下设立选举委员会主持本级人大代表的选举。《选举法》对选举委员会的产生和职责分别作出规定。

二是选区的划分。在直接选举的地方需要划分选区,以便选民分区进行选举活动。选区可按居住状况划分,也可以按生产单位、事业单位、工作单位划分。选区的规模按每一选区产生1至3名代表划分。

三是选民登记。选民登记是对公民选举权的确认和保障。经登记确认的选民资格长期有效。选民名单应在选举日的20日前公布,并发给选民证。

四是代表候选人提名。包括直接选举和间接选举。主要环节:推荐代表候选人;确定正式代表候选人。《选举法》明确"选举委员会根据选民或者代表候选人的要求,应当组织代表候选人与选民见面,介绍本人的情况,回答选民的问题"。

五是投票和选举结果的确认。直接选举时,设立投票箱、流动票箱或召开选举大会进行选举。直接选举的,选区的全体选民过半数参加投票,选举有效,代表候选人获得参加投票的选民过半数的选票时,始得当选;间接选举的,代表候选人获得全体代表过半数的选票时,始得当选。

六是对选举权的保障。主要有物质保障和法律保障,前者如规定选举经费由国库开支;后者如规定对选民名单有不同意见的可向选举委员会申诉,对选举委员会处理决定如果不服,可向人民法院起诉,人民法院作出的判决为最后决定;对于选举中出现的违法行为,依法给予行政处分、行政处罚或者刑事处分。

二、国家结构形式

(一)国家结构形式的概念和类型

1. 国家结构形式的概念

国家结构是宪法学的重要范畴,但国外学者特别是英美学者较少使用"国家结构"的概念,而是多用"政府间关系"或采用"联邦制"(或联邦主义)和"单一制"的提法。

中国学者,多根据马克思主义国家学说,将国家制度表述为国家性质和国家形式方面的制度,认为国家结构是指"国家整体与组成部分之间相互关系"。[①] 或者认为,国家结构是指"特定国家表现其国家的整体和局部之间相互关系所采取的外部总体形式"。[②]

因此,国家结构,在单一制国家是指中央与地方的关系;在联邦制国家主要是指联邦与联邦主体的关系。联邦制国家结构一般

[①] 许崇德主编:《中国宪法》(修订本),中国人民大学出版社1996年版,第237页。
[②] 《许崇德选集》(第九卷),中国民主法制出版社2009年版,第3327页。

分为三个层次:联邦、联邦主体(共和国、邦、州等)和地方。

2. 分类

一般认为,在现代国家结构中,单一制和联邦制是其基本形式。

单一制是指由若干行政区域单位或自治单位组成单一主权国家的结构形式,各组成单位都是国家不可分割的一部分。其特征是:(1)从法律体系看,国家只有一部宪法,由统一的中央立法机关或权力机关根据宪法制定法律;(2)从国家机构组成看,国家只有一个最高立法机关或权力机关,一个中央政府,一套完整的司法系统;(3)从中央与地方的权限划分看,地方接受中央的统一领导,地方政府的权力由中央政府授予,地方行政区域单位或自治单位没有脱离中央而独立的权力;(4)从对外关系看,国家是一个独立的政治实体。

目前,世界上的大多数国家是单一制国家。

联邦是由两个或多个联邦主体(州、邦、共和国等)组成的联盟国家。联邦制的主要特征是:(1)从国家的法律体系看,除有联邦宪法外,各联邦主体可以有自己的宪法;(2)从国家机构的组成看,除联邦设有联邦立法机关、行政机关和司法系统外,各联邦主体还设有自己的立法机关、行政机关和司法系统;(3)从联邦与各联邦主体的权限划分看,由联邦宪法原则或具体地划分各自的权限;(4)从对外关系看,有些国家还允许其联邦主体享有一定的外交权,可同外国签订某些方面的协定。

目前,属于联邦制的国家有美国、德国、俄罗斯、加拿大等20多个国家。

一般认为,单一制与联邦制有着如下的区别:

一是,单一制国家划分为各个一般地方或自治地方,联邦制国家则由各个联邦主体组成。一般地方或自治地方的区划多是国家根据统治需要，按一定原则进行区域划分的结果，国家主权多先于各个地方或自治地方而存在；而联邦制则多是各联邦主体先于联邦国家存在。

二是，单一制国家的一般地方或自治地方一般不是一个独立的政治实体，不具有国家主权特征；但联邦制则不同：在联邦国家成立之前，联邦主体通常是单独的享有主权的政治实体；在加入联邦之后，虽然不再有完全独立的主权，但在联邦宪法规定的范围内，联邦主体的权限仍受到宪法或法律的保障，如各联邦主体有权制定或修改本联邦主体的宪法，规定自己的政体形式和地方制度而无需联邦政府的批准；联邦主体在加入联邦之前有自己的区域范围，在加入联邦后，其区域未经同意仍然不能改动；联邦主体可以参与联邦宪法的修改；各联邦成员有加入联邦、也有退出联邦的权利。

三是，单一制和联邦制国家各有其权力来源。联邦主体在组成联邦制国家时，是各自把权力交与联邦，同时又保留了一部分管理该联邦主体事务的权力。联邦统一行使的权力和各联邦主体政府所保留的权力都由联邦宪法明确界定。所以，联邦的权力是来源于各联邦主体的参与。而在单一制国家里，国家本身是一个统一的整体，只是为了便于管理，才把领土划分成若干地方行政区域，并据以建立起地方政权。所以，一般而言，各地方行使的权力来源于中央授权，并不是地方所固有。在单一制国家里，地方的自主权或自治权是由国家整体通过宪法或法律授予的。

以上关于单一制与联邦制的关系，仅仅是一般的说明和简单的区分，而实际上，现代国家的结构是很复杂的。采用单一制或联邦制，是不同国家在自身历史发展发基础上，综合各种要素有效处理本国政务的一种形式,在单一制与联邦制之间,并不存在着不可逾越的鸿沟。

(二) 我国是统一的多民族国家

我国1982年宪法序言宣示:"中华人民共和国是全国各族人民共同缔造的统一的多民族国家。"宪法第4条第3款规定:"各少数民族聚居的地方实行区域自治,设立自治机关,行使自治权。各民族自治地方都是中华人民共和国不可分离的部分。"宪法第31条规定:"国家在必要时得设立特别行政区。在特别行政区内实行的制度按照具体情况由全国人民代表大会以法律规定。"

《民族区域自治法》第2条第3款规定:"各民族自治地方都是中华人民共和国不可分离的部分。"《香港特别行政区基本法》和《澳门特别行政区基本法》第1条,均明确香港特别行政区和澳门特别行政区是中华人民共和国不可分离的部分。《中华人民共和国国籍法》第2条也规定:"中华人民共和国是统一的多民族的国家,各民族的人都具有中国国籍。"

1982年宪法的规定表明,我国是统一的多民族国家,实行的是单一制的国家结构形式,但我国不同于一般的单一制国家,在国家结构上采取在单一制国家中建立民族自治地方和特别行政区的形式。

我国采取单一制的国家结构形式,这是中国共产党根据马克思主义国家结构理论,结合我国实际情况决定的,反映了我国各族人民的共同愿望。

首先,根据马克思主义的国家学说,在一般条件下,无产阶级应当坚持建立集中统一的国家,即单一制国家,原则上反对联邦制和分离制。只有在特定条件下,如果联邦制有助于民族问题的解决,有助于各民族从分散走向统一时,才可将联邦制作为一种例外情况加以采用。建立统一的多民族国家,符合马克思主义关于国家结构形式的基本观点。

其次,统一的多民族国家符合历史传统和我国各族人民的共同愿望。从秦代以来,我国就建立了以汉族为主体的包括许多少数民族在内的中央集权制的多民族国家,民族之间的团结和友谊是我国历史上民族关系的主流。建立单一制国家符合历史发展,也符合各族人民的要求和愿望。

再次,统一的多民族国家符合我国民族分布状况。我国汉族人口占全国人口的绝大多数,少数民族人口虽然只占少数,但分布的地区非常辽阔,造成以汉族为主体的各民族大杂居、小聚居的局面。这些都决定了我国各民族不可能单独组成独立的国家,而只能结合成一个统一的多民族的国家。

(三)我国地方制度

1. 我国的行政区域划分

行政区划是国家为政治和管理上的需要,将其国土划分为若干层级的区域。行政区划作为国家政权建设的重要组成部分,是国家治理体系的重要内容。行政区域的划分和依法管理,对维护国家统一、民族团结,推动经济社会发展,具有十分重要的意义。

马克思主义认为,按地域划分行政区而不依氏族划分部落,这是国家区别于氏族组织的一个显著特点。行政区域划分要符合国家的根本利益和政治需要,同时考虑经济、文化、地理、人口、国防、历史传统等多方面的因素。

中华人民共和国成立以来,行政区划管理制度不断健全,特别是1985年国务院《关于行政区划管理的规定》实施以来,在行政区划管理、保持行政区划稳定、促进经济社会发展方面发挥了重要作用。

依照1982年《宪法》第30条的规定,我国的行政区域划分如下:

(1) 全国分为省、自治区、直辖市;(2) 省、自治区分为自治州、县、自治县、市;

(3) 县、自治县分为乡、民族乡、镇。直辖市和较大的市分为区、县。自治州分为县、自治县、市。国家在必要时,得设立特别行政区。

中华人民共和国行政区划统计表

（截至二零一七年十二月三十日）

省级		地级		县级		乡级	
合计	行政区划单位	合计	行政区划单位	合计	行政区划单位	合计	行政区划单位
34	4 直辖市 23 省 5 自治区 2 特别行政区	334	294 地级市 7 地区 30 自治州 3 盟	2851	962 市辖区 363 县级市 1355 县 117 自治县 49 旗 3 自治旗 1 特区 1 林区	39888	2 区公所 21116 镇 9392 乡 152 苏木 984 民族乡 1 民族苏木 8241 街道

资料来源:《中华人民共和国行政区划简册》,中国地图出版社2018年版

根据1982年《宪法》,全国人大批准省、自治区和直辖市的建置;国务院批准省、自治区、直辖市的区域划分,批准自治州、县、自治县、市的建置和区域划分。《地方组织法》规定了省、自治区、直辖市、自治州、县、自治县、市、市辖区、乡、民族乡、镇设立人大和政府,区分了设区的市和不设区的市。

2018年10月10日国务院公布了《行政区划管理条例》（以下简称《条例》）。《条例》对1985年国务院《关于行政区划管理的规定》进行全面修改，共27条。《条例》落实党中央、国务院关于优化行政区划设置、加强行政区划管理重大决策部署，贯彻中央从政治上全局上综合考量、体现改革精神和完善配套措施等要求，对行政区划管理的有关问题作出明确规定。

《条例》完善了行政区划管理的基本原则和方针。《条例》规定，行政区划管理工作应当加强党的领导，加强顶层规划。行政区划应当保持总体稳定。行政区划的重大调整应当及时报告党中央。

我国是统一的多民族国家，56个民族生息繁衍在中华大地上。我国自秦兼并各诸侯国、建立统一国家、施行郡县制开始，就已形成全国统一的行政区域，历代相传略有变动，但许多行政区域有较长的独立发展的历史。行政区划是统一多民族国家凝聚力的重要体现。

中华人民共和国成立后，中央人民政府对行政区划体制进行改革，如划小省区、增设直辖市、设立大行政区。国家进入全面建设时期以后，为了减少层次，提高效率，对建国初期的行政区划进行调整，撤销大行政区，合并了一些省和直辖市。

1954年以后，我国行政区划主要实行省、市或县、乡或镇三级制。1982年以后开始地、市合并、撤地设市和撤县设市工作。但根据1982年《宪法》的规定，行政区划主要是省、县和乡或省、市、区三级。1954年《宪法》规定的"较大的市"应主要是指广州、武汉、西安、沈阳、成都等，而不是指一般的设区的市，而目前设区的市已经达到294个。考虑到1982年《宪法》与1954年《宪法》相关规定的延续性,探索实行省直接对县(市)的管理体制,体现了宪法的精神。①

因此,我国行政区划要体现改革要求,但总体上必须保持相对稳定,要从历史延续性出发,尊重历史的传统,并考虑行政区划管理的连续性。

《条例》规定,行政区划必须变更时,应当本着有利于社会主义现代化建设、有利于推进国家治理体系和治理能力现代化、有利于行政管理、有利于民族团结、有利于巩固国防的原则,坚持与国家发展战略和经济社会发展水平相适应、注重城乡统筹和区域协调、推进城乡发展一体化、促进人与自然和谐发展的方针,制订变更方案,逐级上报审批。

《条例》明确行政区划的设立、撤销以及变更隶属关系或行政区划界线时,应考虑经济发展、环境资源、人文历史、地形地貌、治理能力等情况;变更人民政府驻地时,应优化资源配置、便于提供公共服务;变更行政区划名称时,应体现当地历史、文化和地理特征。

《条例》规范了管理程序。规定地方人民政府派出机关管辖范围的确定和变更等事项,由批准设立该派出机关的人民政府审批。市、市辖区的设立标准,报国务院批准;镇、街道的设立标准,报省、自治区、直辖市人民政府批准,批准设立标准时,同时报送国务院备案。

2. 我国地方制度

我国是统一的多民族国家,在国家结构上采取在单一制国家中建立民族区域自治制度和特别行政区制度的形式。它不同于联邦制国家,没有联邦制国家中的邦、州、共和国等组成部分,也不同

---

① 任进:《行政区划管理立规强基》,载《新华社瞭望新闻周刊》2018年第49期。

于一般单一制国家。在我国,在中央政府领导下既有一般地方行政区域,又有民族自治地方和特别行政区域。我国这一国家结构形式的特点使中国的地方制度也有自己的特点。

中国地方制度的基本内容是:

(1) 根据1982年《宪法》和现行《地方组织法》的规定,地方各级人民代表大会由选民或选举单位选举产生,是地方国家权力机关;地方各级人民政府由同级人民代表大会产生,是地方国家行政机关,同时又是地方各级国家权力机关的执行机关。

(2) 地方各级人民政府对本级人大及常委会负责并报告工作,同时,对上一级国家行政机关负责并报告工作,并服从国务院统一领导;地方各级人民政府工作部门受本级人民政府领导,并且依照法律或行政法规的规定受国务院主管部门或上级人民政府主管部门的业务指导或领导。

(3) 为解决民族问题,在少数民族聚居区,建立民族自治地方,设立人民代表大会和人民政府作为自治机关,民族自治地方自治机关行使宪法规定的地方国家机关的职权,同时依照宪法、民族区域自治法和其他法律规定的权限行使自治权。

为了维护国家的统一和领土完整,保持香港和澳门的繁荣和稳定,并考虑到香港和澳门的历史和现实情况,国家设立特别行政区;特别行政区是我国的一个享有高度自治权的地方行政区域,直辖于中央人民政府,但享有高度自治权。这些都体现了地方制度的灵活多样性。

(4) 在城市和农村按居民居住地区设立居民委员会和村民委员会,作为居民和村民自我管理、自我教育和自我服务的基层群众性自治组织,体现直接民主的特点。

(5) 中国领土辽阔、人口众多,为有效治理国家,有必要多层次地建立地方机构。在中国,现有两级制(直辖市—市辖区)、三级制(直辖市—县〈市辖区〉—乡,省—地级市〈县、县级市〉—市辖区〈乡〉)、四级制(省—地级市—县〈县级市〉—乡)等地方机构,体现多层次的特点。

(6)在中央与地方关系上,遵循在中央的统一领导下,充分发挥地方的主动性、积极性的原则。地方政府职能比较广泛,涉及政治、经济、教育、科技、文化、卫生、财政、民族、民政等方面,上下级行政机关之间承担职能基本一致,在职能上分工不明显,但权限上有差异。

(四)我国民族区域自治制度

1. 概述

民族区域自治制度是指在统一的祖国大家庭内,在国家统一领导下,按照宪法规定,以少数民族聚居区为基础,建立相应的自治地方,设立自治机关,行使自治权,实行民族区域自治的民族实现当家作主,管理本民族内部地方性事务。各民族自治地方都是中华人民共和国不可分离的组成部分。

我国宪法明确规定:中华人民共和国各民族一律平等。国家保障各少数民族的合法的权利和利益,维护和发展各民族的平等团结互助和谐关系。禁止对任何民族的歧视和压迫,禁止破坏民族团结和制造民族分裂的行为。国家根据各少数民族的特点和需要,帮助各少数民族地区加速经济和文化的发展。各少数民族聚居的地方实行区域自治,设立自治机关,行使自治权。各民族自治地方都是中华人民共和国不可分离的部分。各民族都有使用和发展自己的语言文字的自由,都有保持或者改革自己的风俗习惯的自由。

我国的民族区域自治制度是从我国的具体情况出发,把民族因素和区域因素,政治因素和经济、文化因素正确地结合起来,在中央的统一领导下,少数民族在聚居地区建立自治地方,设立自治机关,行使自治权利。中华人民共和国成立以来的实践表明,民族区域自治制度既维护了我国各民族的平等团结互助和谐关系,又保障了少数民族的基本权利和地位,有力地推动了少数民族地区政治、经济和社会的全面进步,巩固了祖国的统一,促进了中华民族的振兴和发展。

民族区域自治作为解决我国民族问题的基本政策,已被我国宪法确认为国家的一项基本政治制度。

这个制度的特点,一是国家统一与民族自治相结合。在多民族社会主义国家,如何既保持国家的集中统一,同时又充分保障各少数民族平等自治权利,这是无产阶级革命政党面临的重大理论问题和现实问题。中国共产党根据中国的国情和历史条件,决定中国实行民族区域自治,建立了集中统一的中华人民共和国,同时,又充分发扬社会主义民主,用法律保障各少数民族的平等自治权利。从20世纪50年代开始,不断发展和完善民族区域自治制度,能够建立自治地方的少数民族地区都建立了自治地方。人口较少和居住分散的少数民族都先后建立了民族乡。

二是政治因素与经济因素相结合。我国的民族区域自治,主要是满足各少数民族政治上当家作主、自己管理本民族内部事务的强烈愿望。然而民族自治地方既是一级地方国家政权,同时又是经济建设的实体。所以,建立民族自治地方既要有利于各少数民族的平等自治,又要考虑有利于民族地区经济的发展。

三是民族自治与区域自治相结合。我国的民族区域自治,与西方国家的"自治"有很大的不同,不是单一的民族自治或地方自治，而是民族自治与区域自治相结合。凡少数民族聚居的地方，无论是较大的聚居区还是较小的聚居区，是单一的少数民族聚居区还是几个民族共同居住的居住区，只要符合建立自治区、自治州、自治县的条件，都可以建立相应的自治地方；在一个民族自治地方内，其他少数民族也可以在其聚居区内建立相应的自治地方。

实行民族区域自治，首先就是要建立民族自治地方。我国宪法和民族区域自治法在总结历史经验的基础上，规定了建立民族区域自治地方的基本原则。

一是以少数民族聚居区为基础。根据我国宪法和民族区域自治法的规定，依据各民族聚居的具体情况，我国建立了以一个少数民族聚居区为基础的自治地方，两个或两个以上的少数民族聚居区为基础联合建立的自治地方，以及一个较多的少数民族聚居区为基础，包括其他一个或几个人口较少的少数民族聚居区建立的自治地方。同时，依据一个少数民族聚居的情况可以建立多个自治地方；民族自治地方内其他少数民族聚居的地方，可以建立相应的自治地方；民族自治地方内依据本地方的实际情况，可以包括汉族或其他民族的聚居区和城镇。

二是尊重历史传统。在长期的历史发展中，我国各民族人民之间互相杂居，在政治、经济、文化、社会生活各方面已经形成了密不可分的亲密关系。各民族共同开拓了祖国的疆域，共同创造了悠久的历史和灿烂的文化，形成了汉族离不开少数民族、少数民族也离不开汉族的经济社会格局。因此，建立民族自治地方必须考虑历史因素。

三是各民族共同协商。在民族自治地方的建立、区域界限的划分、名称的组成等一系列问题上，必须同当地有关民族的代表充分协商后，按照法律规定的程序报请批准。根据宪法的规定，自治区的建置由全国人民代表大会批准;自治州、自治县的建置由国务院批准。

截至2017年12月,我国已建立的自治地方有:5个自治区、30个自治州和120个自治县(旗)。已经建立起来的这些民族自治地方,按其民族组成来看,主要有如下三种基本类型:

以单一的少数民族聚居区为基础建立的少数民族自治地方,如西藏自治区、宁夏回族自治区、四川省凉山彝族自治州等。其特点是区域自治的民族只有一个,在所辖区域内一般也未设立其他少数民族自治地方。

以一个大的少数民族聚居区为基础,同时包括其他一些小的少数民族聚居区,共同建立的民族自治地方,如新疆维吾尔族自治区,它是以维吾尔族聚居区为主体,同时还包括有回族、哈萨克族、锡伯族等较小的少数民族聚居区,维吾尔族作为整个自治区实行区域自治的大的少数民族,其他少数民族又建立了相应的自治州或自治县。

以两个或两个以上少数民族聚居区为基础联合建立的自治地方,如湘西土家族苗族自治州、黔东南苗族侗族自治州。在上述各民族自治地方内,通常都包括了一定数量的汉族居民。

此外,凡是相当于乡的少数民族聚居的地方,应当建立民族乡。民族乡有权依照法律和有关规定,结合本民族的具体情况和民族特点,因地制宜地发展经济、文化、教育和卫生事业。民族乡不是一级民族自治地方。

2. 自治机关

根据宪法和《民族区域自治法》,一方面,民族自治地方是中华人民共和国不可分离的部分,要维护国家的统一,保证中央人民政府的统一领导和国家法律和政策在各民族的贯彻执行;另一方面,又要保证民族自治地方自治机关充分行使自治权,照顾各民族自治地方的特点和需要,使自治地方有大于一般地方的自主权。

民族自治地方的自治机关是自治区、自治州、自治县的人民代表大会和人民政府。民族自治机关与同级的一般地方国家权力机关及行政机关实行同样的组织原则和制度,但在组成方面又具有不同于一般地方国家权力机关和行政机关的特点。

自治区、自治州、自治县的人民代表大会是各民族自治地方的国家权力机关。自治区、自治州的人民代表大会由下一级人民代表大会选出,自治县的人民代表大会由选民直接选举产生。

根据我国《宪法》和《民族区域自治法》的规定,民族自治地方的人民代表大会中,除实行区域自治的民族的代表外,其他居住在本行政区域内的民族也应当有适当名额的代表。

民族自治地方的人民代表大会常务委员会中应当有实行区域自治的民族的公民担任主任或者副主任。

根据我国《宪法》和《民族区域自治法》的规定,自治区主席、自治州州长、自治县县长由实行区域自治的民族的公民担任。

3. 自治权

1982年《宪法》和1984年颁布、2001年修订的《民族区域自治法》,总结了我国实施民族区域自治的经验,详细规定了民族自治地方的自治机关所行使的广泛的自治权。主要有:

(1) 根据本地区的实际情况,贯彻执行国家的法律和政策,如果上级国家机关的决议、决定、命令和指示不适合本地情况,经过该上级国家机关批准可以变通执行或者停止执行。

(2) 民族自治地方的人民代表大会有权依照当地民族的政治、经济和文化的特点,制定自治条例和单行条例。自治区的自治条例和单行条例报全国人大常委会批准后生效;自治州、自治县的自治条例和单行条例,报省或者自治区的人大常委会批准后生效,并报全国人大常委会备案。自治条例是确定如何实行民族区域自治,协调自治地方内的政治关系、经济关系、文化关系、民族关系以及各种权利义务关系的规范性文件。单行条例是民族自治地方为了解决某一方面的问题,照顾当地民族的特点而制定的单项法规。

(3)民族自治地方的自治机关在国家计划的指导下,自主地安排和管理地方性的经济建设事业,包括:根据本地方的特点和需要,制定经济建设的方针、政策和计划;在坚持社会主义原则的前提下,根据法律规定和本地方经济发展的特点,合理调整生产关系,改革管理体制;根据法律规定,确定本地域内草场和森林的所有权和使用权;根据法律规定和国家的统一规划,对可以由本地方开发的自然资源,优先合理开发利用;根据本地方的财力、物力和其他具体条件,自主地安排地方基本建设项目,自主地管理隶属于本地方的企事业组织;经国务院批准,可以开辟对外贸易口岸;与外国接壤的民族自治地方经国务院批准,可以开展边境贸易等。

(4)民族自治地方的自治机关有管理地方财政的自治权。凡是依照国家财政体制属于民族自治地方的财政收入,都应当由民族自治地方的自治机关自主地安排使用。

(5)民族自治地方的自治机关自主地管理本地方的教育、科学、文化、卫生、体育事业,保护和整理民族的文化遗产,发展和繁荣民族文化,包括:根据国家的教育方针,确立本地方的教育规划、教育体制和教育设施;自主地发展具有民族形式和民族特点的文化事业;自主地决定本地方的科学技术发展规划;自主地决定本地方医疗卫生事业的发展规划;自主地发展体育事业,开展民族传统体育活动等。

(6)民族自治地方的自治机关依照国家的军事制度和当地的

实际需要，经国务院批准，可以组织本地方维护社会治安的公安部队。

(7) 民族自治地方的自治机关在执行职务的时候，依照本民族自治地方自治条例的规定，使用当地通用的一种或者几种语言文字；同时使用几种通用的语言文字执行职务的，可以以实行区域自治的民族的语言文字为主。

(五) 特别行政区制度

自古以来，中国只有一个。但因为历史的原因，大陆与台湾、香港、澳门长期分离。由于这一问题的存在，国家的统一始终是我国宪法规定的目标。1982年宪法在序言中明确宣告：完成统一祖国的大业是全中国人民的神圣职责。

为了完成这一神圣职责，邓小平提出了解决国家统一问题的总的指导方针，即"一个国家，两种制度"。

"一国两制"是指在统一的社会主义国家内，在中央的统一领导下，经过最高国家权力机关决定，可以容许局部地区由于历史的原因而不实行社会主义制度和政策，依法保存不同于全国现行制度的特殊制度。

1982年宪法第31条规定："国家在必要时得设立特别行政区。在特别行政区内实行的制度按照具体情况由全国人民代表大会以法律规定"。宪法第62条规定，全国人民代表大会有权"决定特别行政区的设立及其制度"。这为设立特别行政区提供了宪法依据。

特别行政区是指在我国版图内，根据我国宪法和法律的规定专门设立的具有特殊的法律地位，实行特别的社会、经济制度，直辖于中央人民政府的行政区域。《香港特别行政区基本法》《澳门特别行政区基本法》均在第1条规定，香港和澳门特别行政区是我国不可分离的部分;第 12 条规定,特别行政区是中华人民共和国的一个享有高度自治权的地方行政区域,直辖于中央人民政府。

特别行政区与其他一般行政区相比,又有其特殊性：

第一,全国人大制定《特别行政区基本法》,规定特别行政区享有高度的自治权,包括行政管理权、立法权、独立的司法权和终审权,可以依法行使中央授予的有关对外事务权;保持财政独立,其财政收入全部用于自身需要,不上缴中央人民政府;以及中央授予的其他权力,等等。特别行政区享有自治权范围明显大于我国一般地方行政区域和民族自治地方。

第二,特别行政区保持原有资本主义制度和生活方式 50 年不变,法律基本不变。

第三,特别行政区实行"一国两制"、高度自治和港人治港、澳人治澳的方针。

(六)基层群众自治制度

基层群众自治制度是我国宪法规定和保障的基本政治制度之一。基层群众性自治组织是实现城乡居民自我管理、自我教育、自我服务的基本形式。基层群众性自治组织包括村民委员会和居民委员会。

1. 村民委员会

根据 1982 年《宪法》和 2018 年《村民委员会组织法》,村民委员会是村民自我管理、自我教育、自我服务的基层群众性自治组织,实行民主选举、民主决策、民主管理、民主监督。村民委员会办理本村的公共事务和公益事业,调解民间纠纷,协助维护社会治安,向人民政府反映村民的意见、要求和提出建议。

村民委员会与基层政权的关系：(1)乡、民族乡、镇的人民政府对村民委员会的工作给予指导、支持和帮助,但不得干预依法属于村民自治范围内的事项;(2)村民委员会协助乡、民族乡、镇的人民政府开展工作。

根据村民居住状况、人口多少,按照便于群众自治的原则设立。村民委员会的设立、撤销、范围调整,由乡、民族乡、镇的人民政府提出,经村民会议讨论同意后,报县级人民政府批准。

村民委员会由主任、副主任和委员共3至7人组成,由村民直接选举产生。村民委员会每届任期五年,村民委员会成员可以连选连任。村民委员会根据需要设人民调解、治安保卫、公共卫生等委员会。

村民会议由本村18周岁以上的村民组成。村民委员会向村民会议负责并报告工作。村民会议每年审议村民委员会的工作报告,并评议村民委员会成员的工作。涉及村民利益的事项,村民委员会必须提请村民会议讨论决定,方可办理。村民会议可以制定和修改村民自治章程、村规民约,并报乡、民族乡、镇的人民政府备案。

2. 居民委员会

根据1982年《宪法》和2018年《城市居民委员会组织法》的规定,居民委员会是居民自我管理、自我教育、自我服务的基层群众性自治组织。居民委员会的任务是:宣传宪法、法律、法规和国家政策,维护居民合法权益,教育居民履行依法应尽的义务,爱护公共财产,开展多种形式的社会主义精神文明建设活动;办理本居住地区居民的公共事务和公益事业;调解民间纠纷;协助维护社会治安;协助人民政府或其派出机关做好与居民利益相关的公共卫生、优抚救济、青少年教育各项工作;反映居民的意见、要求和提出建议。

居民委员会与基层政权的关系:(1)不设区的市、市辖区的人民政府或它的派出机关对居民委员会的工作给予指导、支持和帮助;(2) 居民委员会协助不设区的市、市辖区的人民政府或它的派出机关开展工作;(3) 市、市辖区的人民政府有关部门需要居民委员会或它的下属委员会协助进行的工作,应经市、市辖区的人民政府或它的派出机关同意并统一安排;(4) 市、市辖区的人民政府有关部门,可以对居民委员会有关的下属委员会进行业务指导。

根据居民居住状况,按照便于居民自治的原则,一般在 100 户至 700 户的范围内设立。居民委员会的设立、撤销、规模调整,由不设区的市、市辖区的人民政府决定。居民委员会由主任、副主任和委员共 5 至 9 人组成。居民委员会主任、副主任和委员,由本居住地区全体有选举权的居民或由每户派代表选举产生;根据居民意见,也可以由每个居民小组选举代表 2 至 3 人选举产生。居民委员会每届任期五年,其成员可以连选连任。居民委员会根据需要设人民调解、治安保卫、公共卫生等委员会。

居民会议由 18 周岁以上的居民组成。居民委员会向居民会议负责并报告工作。涉及全体居民利益的重要问题,居民委员会必须提请居民会议讨论决定。居民公约由居民会议讨论决定,报不设区的市、市辖区人民政府或其派出机关备案,由居民委员会监督执行。

三、国家标志

国家标志一般是指由宪法和法律规定的,代表国家的主权、独立和尊严的象征和标志,主要包括国旗、国歌、国徽和首都等。

(一)国旗

国旗作为国家的象征和标志,多由该国宪法或国旗法规定。

1949年9月27日中国人民政治协商会议第一届全体会议通过《中华人民共和国国都、纪年、国歌、国旗的决议》,其中第四项规定,中华人民共和国国旗为红地五星旗,象征中国革命人民大团结。1982年现行《宪法》第141条规定,中华人民共和国国旗是五星红旗。

图3-1 中华人民共和国国旗图案

《中华人民共和国国旗法》第5条规定,下列场所或者机构所在地应当每日升挂国旗:(1)北京天安门广场、新华门;(2)全国人大常委会、国务院、中央军事委员会、最高人民法院、最高人民检察院、中国人民政治协商会议全国委员会;(3)外交部;(4)出境入境的机场、港口、火车站和其他边境口岸,边防海防哨所。

《国旗法》还规定,国务院各部门、地方各级人大常委会、人民政府、人民法院、人民检察院、中国人民政治协商会议地方各级委员会,应当在工作日升挂国旗。全日制学校,除寒假、暑假和星期日外,应当每日升挂国旗。此外,在国庆节、国际劳动节、元旦和春节,各级国家机关和各人民团体应当升挂国旗;企业事业组织,村民委员会、居民委员会、城镇居民院(楼)以及广场、公园等公共活动场所,有条件的可以升挂国旗。不以春节为传统节日的少数民族地区,春节是否升挂国旗,由民族自治地方的自治机关规定。举行重大庆祝、纪念活动,大型文化、体育活动,大型展览会,可以升挂国旗。

升挂国旗,应当将国旗置于显著的位置。列队举持国旗和其他旗帜行进时,国旗应当在其他旗帜之前。国旗与其他旗帜同时升挂时,应当将国旗置于中心、较高或者突出的位置。在外事活动中同时升挂两个以上国家的国旗时,应当按照外交部的规定或者国际惯例升挂。在直立的旗杆上升降国旗,应当徐徐升降。升起时,必须将国旗升至杆顶;降下时,不得使国旗落地。

下半旗是当今世界通行的一种致哀方式,是一种国家行为。下半旗一般用于某些重要人士逝世或发生重大不幸事件、严重自然灾害,以表达全国人民的哀思和悼念。下半旗时,应当先将国旗升至杆顶,然后降至旗顶与杆顶之间距离为旗杆全长的1/3处;降下时,应当先将国旗升至杆顶,然后再降下。《国旗法》第14条规定了下半旗仪式的适用范围和有权决定下半旗的机构。

《国旗法》第17条规定:"不得升挂破损、污损、褪色或者不合规格的国旗。"第18条规定:"国旗及其图案不得用作商标和广告,不得用于私人丧事活动。"根据《刑法》第299条的规定,在公众场合故意以焚烧、毁损、涂划、玷污、践踏等方式侮辱中华人民共和国国旗的,处3年以下有期徒刑、拘役、管制或者剥夺政治权利。

(二)国歌

各国一般都有国歌,有的由议会或者政府以法令形式公布,有的是约定俗成并由国家加以认可的。在举行隆重集会、庆典以及国际交往等仪式时,通常以奏唱国歌的形式表达爱国之情。

我国的国歌是《义勇军进行曲》。1949年9月27日,中国人民政治协商会议第一届全体会议通过了《关于中华人民共和国国都、纪年、国歌、国旗的决议》,其中第三项规定:"在中华人民共和国的国歌未正式制定前,以《义勇军进行曲》为国歌。"1978年,五届全国人大一次会议在修改宪法的同时,通过了集体填词的《中华人民共和国国歌》,但保留《义勇军进行曲》的曲谱。1982年12月,五届全国人大五次会议根据代表和各界人士的意见,决议撤销1978年五届全国人大一次会议通过的修改国歌决议,恢复原来的歌词,并将《义勇军进行曲》确定为正式国歌。

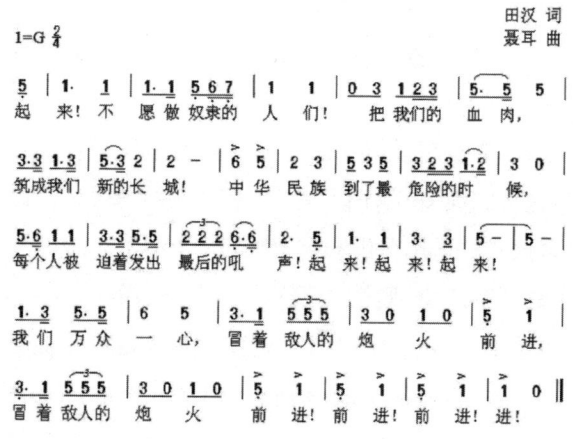

图3-2 中华人民共和国国歌

2004年修改宪法前,有关国歌的规定均在相关的决议或者决定中作出,没有在宪法中专门规定。2004年《宪法修正案》将《宪法》第四章的章名"国旗、国徽、首都"修改为"国旗、国歌、国徽、首都";在这一章关于国旗的条目中增加1款,作为第2款,即"中华人民共和国国歌是《义勇军进行曲》"。

2017年9月1日十二届全国人大常委会第二十九次会议通过的《中华人民共和国国歌法》第2条,规定中华人民共和国国歌是《义勇军进行曲》。第3条明确中华人民共和国国歌是中华人民共和国的象征和标志,一切公民和组织都应当尊重国歌,维护国歌的尊严。第4条规定了应当奏唱国歌的场合:(1)全国人民代表大会会议和地方各级人民代表大会会议的开幕、闭幕;中国人民政治协商会议全国委员会会议和地方各级委员会会议的开幕、闭幕;(2)各政党、各人民团体的各级代表大会等;(3)宪法宣誓仪式;(4)升国旗仪式;(5)各级机关举行或者组织的重大庆典、表彰、纪念仪式等;(6)国家公祭仪式;(7)重大外交活动;(8)重大体育赛事;(9)其他应当奏唱国歌的场合。第11条规定将国歌纳入中小学教育。将国歌正式写入宪法和《国歌法》的颁布实施,有利于维护国歌的权威性,增强公民的国家观念,弘扬爱国主义精神,培育和践行社会主义核心价值观。

（三）国徽

各国国徽的形状、图案各不相同、各具特色。从国徽的图案及表达的含义来说,有的是本国重要历史事件的剪影和记录,有的反映了本国的地理风貌、自然资源和环境,有的反映了本国的政体、信仰和传统政治理想,有的表达了民族的自由、解放和独立。

我国的国徽呈圆形,中间是五星照耀下的天安门,周围是谷穗和齿轮。

1950年6月18日,中国人民政治协商会议第一届全国委员会第二次会议通过了国徽图案及对该图案的说明。同年9月20日,毛泽东主席签署中央人民政府令,正式公布国徽。1954年《宪法》第105条规定:"中华人民共和国国徽,中间是五星照耀下的天安门,周围是谷穗和齿轮。"此后历部宪法均予以确认。1991年3月2日七届全国人大常委会第十八次会议通过了《中华人民共和国国徽法》,并于2009年8月27日由十一届全国人大常委会第十次会

图3-3 中华人民共和国国徽图案

议对该法进行了修正。

《国徽法》第4条规定,下列机构应当悬挂国徽:(1)县级以上各级人民代表大会常务委员会;(2)县级以上各级人民政府;(3)中央军事委员会;(4)各级人民法院和专门人民法院;(5)各级人民检察院和专门人民检察院;(6)外交部;(7)国家驻外使馆、领馆和其他外交代表机构。乡、民族乡、镇的人民政府可以悬挂国徽。国徽应当悬挂在机关正门上方正中处。此外,第5条还规定,北京天安门城楼、人民大会堂,县级以上各级人民代表大会常务委员会会议厅,各级人民法院和专门人民法院的审判庭,出入境口岸的适当场所,应当悬挂国徽。

《国徽法》规定了印章应当刻有国徽图案的有关机构和应当印有国徽图案的文书和出版物的种类。国徽及其图案不得用于商标、广告、日常生活的陈设布置、私人庆吊活动。不得悬挂破损、污损或者不合规格的国徽。根据《刑法》第299条的规定,在公众场合故意以焚烧、毁损、涂划、玷污、践踏等方式侮辱国徽的,处3年以下有期徒刑、拘役、管制或者剥夺政治权利。

(四)首都

首都,又称国都、首府、首要城市或行政首都。首都通常是一国政府所在地和政治、经济和文化活动的中心,是各类国家级机关集中驻扎地。

1949年9月27日,中国人民政治协商会议第一届全体会议通过了《关于中华人民共和国国都、纪年、国歌、国旗的决议》,其中第一项规定:"中华人民共和国的国都定于北平。自即日起,改名北平为北京。"1954年《宪法》第106条,将"国都"改称"首都"。1982年宪法第143条规定:"中华人民共和国首都是北京"。

(五)国家标志在澳门特别行政区

根据《澳门基本法》第10条,澳门特别行政区悬挂和使用中华人民共和国国旗、国徽。1993年3月31日八届全国人大一次会议通过的《澳门基本法》附件三《在澳门特别行政区实施的全国性法律》规定,《关于中华人民共和国国都、纪年、国歌、国旗、国徽的决议》、《中华人民共和国国旗法》、《中华人民共和国国徽法》等,自1999年12月20日起由澳门特别行政区在当地公布或立法实施。2017年11月4日十二届全国人大常委会第三十次会议决定,在《澳门基本法》附件三中增加全国性法律《中华人民共和国国歌法》。

1999年12月20日澳门特别行政区立法会通过第5/1999号法律《国旗、国徽及国歌的使用及保护》。

第四章 人权与公民基本权利

一、人权与公民基本权利基本原理

(一) 人权与公民基本权利的概念

凡具有中国国籍的人都是中华人民共和国公民;各民族的人都具有中国国籍。

取得中国国籍的方式:(1) 因出生而取得国籍。(2) 因加入而取得中国国籍。

公民权利是指公民作为权利主体依照宪法和法律规定可作或不可作某种行为的自由。宪法作为国家根本法,只可能对公民最基本、最重要的权利作出规定。公民基本权利是指由宪法规定的公民享有的最重要的权利。

公民基本权利和人权是两个不同而又相互联系的概念。

公民基本权利与人权不同。公民基本权利是指宪法规定的公民权利的总称。而人权并不是非要法律规定不可，甚至可以说人权本身主要不存在于法律上。人权只是基于人性的道义上的一种自然权利。因此，人权比公民基本权利的范围更广，人权还包括外国人的权利，而公民基本权利主要是指本国公民的权利。另外，人权不仅受国内法的保障，还受国际人权公约的影响，如《世界人权宣言》和《公民权利和政治权利国际公约》等，而基本权利是获得国家法律认可的权利，其表现形式通常是一国的宪法。

公民基本权利与人权的关系十分密切，表现为人权的内容可能经过国家的宪法或法律加以确认和保障，这样，人权的内容便成为法定的公民基本权利的内容。因此，人权和公民权有着联系性和重叠性。

(二) 宪法对人权的保障

1. 主要西方国家宪法对人权的保障

1776年美国的《独立宣言》，被马克思称为"人类历史上第一个人权宣言"，它把天赋人权写进资产阶级革命的政治纲领中。《独立宣言》宣称："人人生而平等，他们都从造物主那里被赋予了某些不可转让的权利，其中包括生命、自由和追求幸福的权利"，"为了保障这些权利，所以才在人民中间建立政府"。1787年美国制宪会议制定和通过《美利坚合众国宪法》（以下简称"美国宪法"）。

《美国宪法》对人权的保障，主要体现在以下几方面。

一是正当法律程序。美国《宪法修正案》第5和第14条修正案规定，"非经正当法律程序，不得剥夺任何人的生命、自由和财产"，"任何州，如未经适当法律程序，均不得剥夺任何人的生命、自由或财产"。这便是正当法律程序条款。

正当法律程序包括程序性正当法律程序和实质性正当法律程

序。宪法学主要研究实质性正当法律程序，它是美国公民权利的最重要的宪法保障条款之一。著名的案件有1905年的洛克纳诉纽约州案等。

二是平等保护。《宪法修正案》第14条规定："任何州，……亦不得对任何在其管辖下的人，拒绝给予平等的法律保护"。虽然没有相应的条款适用于联邦政府，但随着社会发展，法院不仅适用"实质性正当法律程序"，而且更把司法审查的焦点转移到"平等保护"上。著名的案件有1954年的布朗诉托皮卡教委案等。

三是表达自由。根据《宪法修正案》第1条的规定，国会不得制定"剥夺言论自由和出版自由"的法律。著名的案件有1989年的德克萨斯州诉约翰逊案等。

四是宗教信仰自由。《宪法修正案》第1条规定：国会不得制定"确立国教或禁止宗教自由"的法律。著名的案件有1962年的恩格尔诉瓦伊塔尔案等。

1789年法国的《人权宣言》是继美国《独立宣言》后的又一个人权宣言。它宣布："在权利方面，人生来是而且始终是自由平等的"，"一切政治结合的目的都在于保护人的自然的和不可侵犯的权利，这些权利是自由、财产、安全以及反抗压迫"。《人权宣言》被写进法国1791年宪法的序言之中。

1958年《法国宪法》宣布"法国人民庄严宣布忠于1789年《人权宣言》所规定并由1946年宪法的序言加以确认和补充的各项人权和国家主权的各项原则"，宣布"共和国的口号是：自由、平等、博爱"。

在德国，人权与公民基本权利有所区分：前者是所有人都享有的普遍权利；后者是公民才享有的权利。《联邦德国基本法》对基本权利的保障，主要体现在《联邦德国基本法》的以下规定中。

第四章　人权与公民基本权利

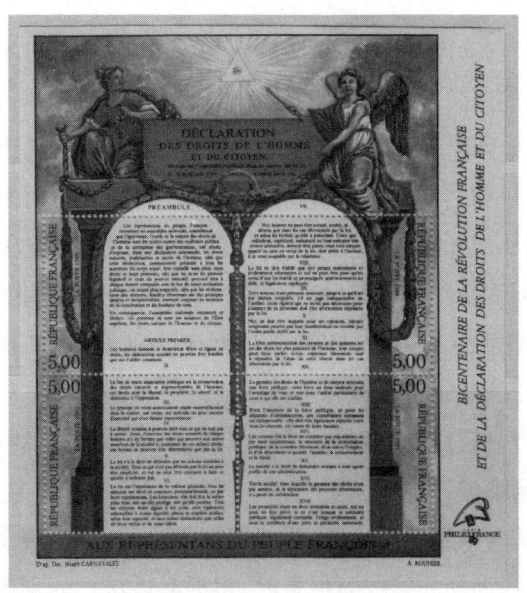

1789 年法国《人权宣言》

一是基本权利是直接有效的权利。《联邦德国基本法》第 1 条规定，"下列基本权利拘束立法、行政及司法而为直接有效之权利"。即基本权利是直接有效的权利。任何国家权力（立法、行政、司法）都不能违反有关基本权利的规定而作为或不作为。在必要情况下，人们可以就这些基本权利直接起诉至联邦宪法法院。

二是基本权利是不可废除的权利。《联邦德国基本法》第 79 条规定，"本基本法之修正应以法律为之，此项法律应明文表示修正或增补本基本法之条款"；"此项法律需要联邦议会议员 2/3 及联邦参议院投票权 2/3 之同意"；"本基本法之修正案凡影响联邦之体制、各邦共同参与立法或第 1 条与第 20 条之基本原则者，不得成立"。这些规定说明，基本权利是不可废除的，即使是 2/3 多数通过的宪法修正案，也不得触犯禁止侵犯人格尊严及法治国家的基本原则。

三是只有对基本法中明文规定可予限制的权利才能施加限制。《联邦德国基本法》第19规定,"凡基本权利依本基本法规定得以法律限制者,该法律应具有一般性,且不得仅适用于特定事件";"基本权利之实质内容绝不能受侵害。"即只有对基本法中明文规定可以限制的那些基本权利才能施加限制,如露天集会自由的基本权利就受《集会法》(第8条第2款)的限制,这些法定限制必须具有普遍适用的效力,不得只适用于个别情况;如议会周围的"禁止集会区"对所有人都有效。任何人不得侵害基本权利的核心(实质内容),尽管露天集会会受到限制,但集会自由的权利在原则上仍然得到维护。

四是基本权利的诉讼保障。《联邦德国基本法》第19条规定,"任何人之权利受公共权力侵害时,得提起诉讼。如别无其它管辖机关时,得向普通法院起诉"。根据《联邦德国基本法》第19条规定,联邦宪法法院审判"任何人声请其基本权利或其依第20条第4项、第33条、第38条、第101条、第103条及第104条所享之权利遭公权力损害所提起违宪之诉愿"。也就是说,每个公民有权在行政机关的行政行为使自己承担不公正结果或直接侵害自己的权利或人身时,提起行政复议,如果复议没有成功,公民有权向法院提起行政诉讼。如果公民认为其某项基本权利受到侵害,则可根据《联邦德国基本法》向联邦宪法法院提起宪法诉讼。

2. 我国宪法对人权和公民权利的保障

1982年现行《宪法》第33条规定,国家尊重和保障人权,从而确立了"人权"原则。

1982年宪法将"公民基本权利与基本义务"置于"国家机构"之前,表明宪法对"公民基本权利"的重视,而且宪法从第33条到第

50条的条款规定了公民基本权利。

1982年《宪法》规定,中华人民共和国公民在法律面前一律平等。任何公民享有宪法和法律规定的权利,同时必须履行宪法和法律规定的义务。

公民在行使自由和权利的时候,不得损害国家的、社会的、集体的利益和其他公民的合法的自由和权利。

根据1982年《宪法》第13条,公民的合法的私有财产不受侵犯;国家依照法律规定保护公民的私有财产权和继承权;国家为了公共利益的需要,可以依照法律规定对公民的私有财产实行征收或者征用并给予补偿。财产权是公民最重要的权利之一,宪法的规定为公民财产权的保障奠定了宪法基础。

2004年3月14日十届全国人大二次会议通过的《宪法修正案》将"国家尊重和保障人权"载入国家根本法。这表明尊重和保障人权,已经成为新时期党和国家的一项基本政策,成为一项重要宪法原则;同时,人权事业与小康社会建设,与物质文明建设、政治文明建设、精神文明建设、社会文明建设和生态文明建设协调发展,与发扬人民民主等关系密切,构成一个完整的整体。

二、我国公民基本权利和基本义务

(一)公民基本权利的主要内容

1982年《宪法》规定,"国家尊重和保障人权"。宪法关于公民的基本权利的规定体现了人权的具体内容。

1. 平等权

平等权是指公民依法享有平等权利,不因任何外在差别而加以区别对待,且享有请求国家同等保护的权利。

平等权作为一项基本权利,是行使其他政治权利和自由的基础,其主要内容包括:(1)任何公民都平等地享有宪法和法律规定的权利;(2)任何公民都平等地履行宪法和法律规定的义务;(3)所有公民的合法权益都应平等地得到保护;(4)对所有公民的违法或犯罪行为,一律平等地依法追究法律责任;(5)任何组织或个人都必须在宪法和法律的范围内活动,不享有任何特权。

2. 人身自由权利

人身自由权利指公民依法享有人身和行动完全受自己支配、不受非法侵犯的权利。人身自由是公民参与社会生活和享受其他合法权益的基础,在基本权利体系中处于先决性地位,也是公民享有其他权利的基础和前提条件。

(1)人身自由不受侵犯。公民享有不受非法搜查身体、不受非法拘禁和其他方法被剥夺、限制人身自由的权利;任何公民,非经人民检察院批准或者人民法院决定,并由公安机关执行,不受逮捕。限制或剥夺公民的人身自由必须严格按照法律规定的权限和程序行使;我国《治安管理处罚法》、《刑法》和《国家赔偿法》等法律,对侵犯人身自由的违法行为,分别规定依法给予行政处罚、刑事制裁或使之承担国家赔偿责任。

(2)公民人格尊严不受侵犯。禁止用任何方法对公民进行侮辱、诽谤和诬告陷害;我国《治安管理处罚法》、《刑法》和《民法通则》等,对侵犯人格尊严的,分别规定依法给予行政处罚、刑事制裁或者使之承担民事责任。

(3)住宅不受侵犯。禁止非法搜查或非法侵入公民的住宅。

(4)通信自由和通信秘密受法律保护。任何人不得隐匿、毁弃、私自开拆他人信件,或者非法使用窃听、窃照专用器材侵犯他人的通讯秘密等;我国《治安管理处罚法》和《刑法》等法律,对侵犯公民通信自由权利和通信秘密的,分别规定依法给予行政处罚或刑事制裁。通信自由和通信秘密也有例外的规定,根据宪法和有关法律,因国家安全或因追查刑事犯罪的需要,由公安机关(和国家安全机关)或人民检察院可以依法定程序对通信进行检查。

3. 政治权利和自由

政治权利和自由是指公民根据宪法和法律的规定享有参与国家政治生活的民主权利。宪法规定公民的政治权利十分广泛。其内容如下:

(1)选举权和被选举权。我国年满18周岁的公民,不分民族、种族、性别、职业、家庭出身、宗教信仰、教育程度、财产状况、居住期限,都有选举权和被选举权,但是依照法律被剥夺政治权利的人除外。

(2)言论自由。它是指公民依宪法享有的通过各种方式表达思想、意见和观点的自由。它包括口头和书面两种表达形式。由于言论自由可能造成不良影响,法律或行政法规对言论自由作了限制。

(3)出版自由。它是指公民依法有权通过公开出版物来表达思想、见解和意愿的自由。从实质上说,出版自由也是一种言论自由,是言论自由的扩充表现形式。公民出版自由的保障与出版工作的管理是相辅相成的。

(4)集会、游行、示威自由。三者所采用的方式方法虽不相同,但三者都是为了表达某种意愿。我国1990年制定了《集会游行示威法》以此规范公民的此项权利。

(5)结社自由。它是指公民为了一定的宗旨而依法结成某种社会团体进行活动的自由。结社可分为以营利为目的的结社和不以营利为目的的结社。我国宪法规定的结社自由是指不以营利为目的的结社,包括政治性结社和非政治性结社。国家保护社会团体依据法律、法规及其章程开展活动,任何组织和个人不得非法干涉。根据2016年《社会团体登记管理条例》,社会团体必须遵守宪法、法律、规定和国家政策,不得反对宪法确定的基本原则,不得危害国家的统一、安全和民族的团结,不得损害国家利益、社会公共利益以及其他组织和公民的合法权益,不得违背社会道德风尚。社会团体不得从事营利性经营活动。实行业务主管单位和登记管理机关双重管理体制。

4. 监督权和取得国家赔偿权

监督权是指公民对国家机关和国家工作人员进行监督的权利。监督权有两种方式:一是批评和建议权;二是申诉、控告或者检举权。取得国家赔偿权是指因国家机关和国家工作人员侵犯公民权利而受到损失的人,有依法取得赔偿的权利。

监督权行使的原则:(1)行使监督权不得捏造或者歪曲事实进行诬告陷害,否则依法给予必要的制裁。(2)对公民的申诉、控告或者检举,有关国家机关必须查清事实,负责处理,任何人不得压制和打击报复。

5. 宗教信仰自由

宗教信仰自由是指公民有信仰宗教的自由,也有不信仰宗教的自由。任何国家机关、社会团体和个人不得强制公民信仰或者不信仰宗教,不得歧视信仰宗教的公民和不信仰宗教的公民。国家保护正常的宗教活动。

宪法关于宗教信仰自由的限制性规定,一是任何人不得利用宗教进行破坏社会秩序、损害公民身体健康、妨碍国家教育制度的活动;二是宗教团体和宗教事务不受外国势力的支配。

6. 经济、社会和文化权利和自由

经济、社会和文化权利和自由,通常称为"社会权",是指公民在物质生活、社会生活和文化生活方面的基本需要能得以满足的权利和自由。公民的经济、社会和文化权利包括：

（1）财产权。公民的合法的私有财产不受侵犯；国家依法保护公民的私有财产权和继承权；国家为了公共利益的需要，可以依照法律规定对公民的私有财产实行征收或者征用并给予补偿。私有财产权主要包括物权、债权和知识产权。

（2）劳动权。狭义的劳动权是指一切有劳动能力的公民有权获得劳动就业的机会并获得相应报酬和其他劳动收入的权利；广义的劳动权，还包括劳动保护权和休息权等。宪法规定公民有劳动的权利，并明确国家通过各种途径，创造劳动就业条件，加强劳动保护，改善劳动条件，并在发展生产的基础上，提高劳动报酬和福利待遇。

（3）劳动者的休息权。是指劳动者的休息权利。劳动者依法享有休息和休养的权利。国家发展劳动者休息和休养的设施，规定职工的工作时间和休假制度。

（4）退休人员的生活保障权。国家依照法律规定实行企业事业组织的职工和国家机关工作人员的退休制度。退休人员的生活受到国家和社会的保障。

（5）获得物质帮助权。它是指公民在年老、疾病或者丧失劳动能力的情况下，享受从国家和社会获得物质帮助的权利。国家发展为公民享受这些权利所需要的社会保险、社会救济和医疗卫生事业。

（6）受教育权。宪法规定公民享有受教育的权利和义务；宪法还规定国家培养青年、少年、儿童在品德、智力、体质等方面全面发展。

（7）进行科学研究、文艺创作和其他文化活动的自由。宪法明确公民有进行科学研究、文学艺术创作和其他文化活动的自由,并规定"国家对于从事教育、科学、技术、文学、艺术和其他文化事业的公民的有益于人民的创造性工作,给以鼓励和帮助"。

7. 对特定身份的人的权利的特殊保护

(1)妇女在政治的、经济的、文化的、社会的和家庭的生活等各方面享有同男子平等的权利;国家保护妇女的权利和利益,实行男女同工同酬,培养和选拔妇女干部。(2)婚姻、家庭、母亲和儿童受国家的保护。禁止破坏婚姻自由,禁止虐待老人、妇女和儿童。(3)国家保护华侨的正当的权利和利益,保护归侨和侨眷的合法的权利和利益。(4)国家和社会保障残废军人的生活,抚恤烈士家属,优待军人家属;国家和社会帮助安排盲、聋、哑和其他有残疾的公民的劳动、生活和教育。(5)国家保护在中国境内的外国人的合法权利和利益,在中国境内的外国人必须遵守中华人民共和国的法律。中华人民共和国对于因为政治原因要求避难的外国人,可以给予受庇护的权利。

(二)公民基本义务

义务是指公民依照宪法和法律的规定从事或不从事某种行为的必要性。义务可以分为应尽义务、法定义务和实尽义务。公民的基本义务,属于法定义务,而且是最基本、最重要的一部分,即在最基本、最重要的政治、经济、文化生活中必须履行的法定义务。

1982年《宪法》第51条规定,中华人民共和国公民在行使自由和权利的时候,不得损害国家的、社会的、集体的利益和其他公民的合法的自由和权利。《宪法》第33条第4款规定,任何公民享有宪法和法律规定的权利,同时必须履行宪法和法律规定的义务。

公民基本义务的主要内容:(1)维护国家统一和全国各民族团

结;(2)遵守宪法和法律,保守国家秘密,爱护公共财产,遵守劳动纪律,遵守公共秩序,尊重社会公德;(3)维护祖国安全、荣誉和利益,不得有危害祖国安全、荣誉和利益的行为;(4)保卫祖国、抵抗侵略是中华人民共和国每一个公民的神圣职责,依法服兵役和参加民兵组织是中华人民共和国公民的光荣义务;(5)依法纳税的义务;(6)其他方面的义务。如劳动的义务;受教育的义务;父母有抚养未成年子女的义务,成年子女有赡养扶助父母的义务;夫妻双方有实行计划生育的义务。

三、促进人权事业的发展

中国共产党从诞生那一天起,就把为人民谋幸福、为人类谋发展作为奋斗目标。

中华人民共和国成立70年特别是改革开放40多年来,中华民族迎来了从站起来、富起来到强起来的伟大飞跃。这40多年中,"国家尊重和保障人权"被写入宪法,国家制定并实施了三期国家人权行动计划,发表了12个中国人权事业的进展白皮书。

中国坚持把人权的普遍性原则和当代实际相结合,走符合国情的人权发展道路,把生存权、发展权作为首要的基本人权,协调增进全体人民的经济、政治、社会、文化、环境权利,努力维护社会公平正义,促进人的全面发展。

中国逐步建立了以宪法为核心,以宪法相关法、民法商法等多个法律部门的法律为主干,由法律、行政法规、地方性法规等多个层次的法律规范构成的中国特色社会主义法律体系,涵盖人权保障各层面的法律法规已经比较完备。

截至目前,中国共参加26项国际人权文书,其中包括《经济、社会及文化权利国际公约》、《消除一切形式种族歧视国际公约》等

6项主要人权文书。

党的十八大以来,以习近平为核心的党中央,坚持以人民为中心的发展思想,从推进国家治理体系和治理能力现代化的高度,作出了全面依法治国的重大战略部署,将尊重和保障人权置于社会主义法治国家建设更加突出的位置。2017年,党的十九大确立习近平新时代中国特色社会主义思想为党的指导思想,明确提出"加强人权法治保障,保证人民依法享有广泛权利和自由"。

中国是当今世界上最大的发展中国家。中国人权事业的发展进步,不仅使中国人民享有充分的人权,而且为维护人的尊严,丰富人权文化多样性,提供了中国经验和中国方案。

人权没有最好,只有更好。实现更加充分的人权保障,中国还有很长的路要走,仍面临许多困难和挑战。中国的发展仍处于并将长期处于社会主义初级阶段,发展不平衡不充分问题突出,民生领域还有不少短板,脱贫攻坚任务艰巨,人民在就业、教育、医疗、养老、环境等方面还有更多的期盼,人权保障法治化水平仍需进一步提高。

第五章 国家机构

一、国家机构基本原理

(一)国家机构概说

1. 国家机构的概念

国家机构是一定社会的统治者为实现国家职能而建立起来的全部国家机关的总称。国家机构体现统治者的意志,反映国家性质,是履行国家职能和保障公民基本权利的组织体系。

国家机构与国家机关含义的主要区别在于,前者是指全部国家机关的集合体,后者是指某一单个的国家机关。

但在西方国家,较少使用"国家机构"一词,而较多使用"政府"(government)或者"政府机关"(governmental organs)的用语。

在马克思主义经典著作中,有时也把国家机构称为国家机器。认为国家是一个阶级统治另一个阶级的工具,统治阶级必须建立一整套法律、制度和机构,并依赖这些法律、制度和机构,实现对被统治阶级的统治。军队、警察、法庭、监狱等是国家机器的重要组成部分。

2. 国家机构的特征

第一,国家机构与国家性质相适应,国家机构的性质取决于国家性质。国家机构实质上是掌握国家权力的统治者实现国家职能的工具,国家机构具有鲜明的阶级性。

第二,国家机构是统治者为实现国家职能而建立起来的国家机关的总和,包括国家权力机关或立法机关、行政机关、司法机关等,是一个严密的组织体系。

第三,国家机构行使国家权力,包括立法权、行政权、审判权等,管理国家事务和社会事务,提供公共服务。国家机构不同于企业事业单位、社会团体和其他社会组织。

第四,当今世界各国的国家机构尽管有不同的类型,但在形式上存在某些相似性。如人民代表机关或代议机关是国家机构的重要组成部分;在国家经济、社会和文化生活中,行政机关扮演着越来越重要的角色;政党对国家机构活动产生非常重要的影响等。

3. 国家机构的组织和活动原则

国家机构伴随国家的出现而产生,但早期的国家机构较为简单。17世纪,英国资产阶级为逐步取得和巩固议会的权力,使立法权与行政权分立,形成分别执掌立法权与行政权的机关;美国独立后,依据"三权分立"原则设置国家机构,成为典型的实行"三权分立"制的国家。

社会主义国家机构的组织和活动以民主集中制为原则。由人民选举的代表组成的人民代表机关是国家的权力机关,统一行使国家权力;我国的国家行政机关、监察机关、审判机关和检察机关都由国家权力机关产生,并对它负责,受它监督。各级人民代表大会与其他国家机关之间,不是各自分立、平等分权、相互制衡的关系,而是决定与执行、监督与被监督的关系。

在现代,单一制国家设置中央国家机构,并在不同的领土单位组成地方政府,分别执行不同的职能;在联邦制国家,设置联邦国家机构和联邦主体机构,各联邦主体之下还设有地方政府。

西方国家多实行地方自治,地方政府不是地方国家机关,而是地方自治团体,地方政府依法自主地管理本地方事务,同时办理中央政府或联邦主体交办的事务。中国是统一的多民族国家,中央与地方国家机构的职权划分,遵循在中央统一领导下,充分发挥地方的主动性和积极性的原则。

(二)我国国家机构的建立和发展

1.《共同纲领》确立的国家机构

1949年9月29日中国人民政治协商会议第一届全体会议通过的《共同纲领》,确定在普选的全国人民代表大会召开之前,由全国政协的全体会议执行全国人民代表大会的职权,制定《中央人民政府组织法》,选举中央人民政府委员会,并付之以行使国家权力的职权。根据《中央人民政府组织法》,中央人民政府委员会组织政务院,作为国家政务的最高执行机关;组织人民革命军事委员会,作为国家军事的最高统辖机关;组织最高人民法院和最高人民检察署,作为国家的最高审判机关和检察机关。

在地方,凡是初解放的地区,设军事管制委员会或地方人民政府。在条件成熟的时候,召开各界人民代表会议,在普选的地方各级人民代表大会召开之前,逐渐地代行地方各级人民代表大会的职权,并组成地方人民政府委员会。

在中央与省级之间,当时还设有大行政区人民政府或军政委员会,作为各该大区所辖省市高一级的地方政权机关,同时又是中央人民政府领导地方政府工作的代表机关。1952年11月,大行政区人民政府或军政委员会一律改为行政委员会,只作为代表中央人民政府在各该地区对地方政府进行领导与监督的机关。1954年6月19日,中央决定撤销大区一级的行政机构。

2. 1954年宪法规定的国家机构

根据1954年宪法和有关组织法的规定,我国国家机构的设置如下:(1)全国人民代表大会:是最高国家权力机关,也是行使国家立法权的唯一机关;其常设机关是全国人大常委会。(2)国家主席:根据全国人大及其常委会的决定行使职权,对外代表国家接受外国使节,并统辖全国武装力量,担任国防委员会主席。(3)国务院:即中央人民政府,是最高国家权力机关的执行机关和最高国家行政机关。(4)地方各级人民代表大会和地方各级人民委员会:地方各级人民代表大会(下称"地方各级人大")是地方国家权力机关;地方各级人民委员会即各级人民政府,是地方各级人民代表大会的执行机关和地方各级国家行政机关。(5)民族自治地方的自治机关:行使宪法规定的地方国家机关的职权,同时依照宪法和法律规定的权限行使自治权。(6)人民法院和人民检察院:最高人民法院、地方各级人民法院和专门人民法院行使审判权;最高人民检察院、地方各级人民检察院和专门人民检察院行使检察权。

3. 1975年宪法对国家机构的变动

1975年宪法,在国家机构的规定上,发生了以下的主要变化:(1)取消了国家主席的建制;(2)把各级地方人民委员会改为"地方各级革命委员会";(3)把乡改为政社合一的人民公社,即既是农村的基层政权组织,又是集体经济组织;(4)把省级人民委员会的派出机关——地区专员公署改变为地方一级政权单位;(5)规定检察机关的职权由公安机关行使,实际上取消了检察机关;(6)取消了人民法院的一些重要的司法制度和原则;(7)合并或取消各级国家权力机关和行政机关的若干职权(包括民族自治机关的自治权在内)。除此之外,还规定了"全国人民代表大会是在中国共产党领导下的最高国家权力机关","中国人民解放军和民兵是中国共产党领导的工农子弟兵,是各族人民的武装力量。中国共产党中央委员会主席统率全国武装力量。"等等。

4. 1978年宪法恢复和设立的国家机构

1978年宪法在国家机构方面出现了某些变化:(1)恢复了"全国人民代表大会是最高国家权力机关"的提法;(2)恢复了人民检察院的建制;(3)恢复了人民法院的一些审判制度;(4)恢复和充实了有关国家机关的若干职权。

1979年7月1日,五届人大二次会议通过了《关于修正〈中华人民共和国宪法〉若干规定的决议》和《地方各级人民代表大会和地方各级人民政府组织法》、《人民法院组织法》、《人民检察院组织法》等法律,对于我国的国家机构作了进一步改善:(1)在县和县以上的各级人民代表大会设立常务委员会,作为地方人大闭会期间的常设机关;(2)将直接选举扩大到县级;(3)将地方各级革命委员会改为地方各级人民政府;(4)人民检察院的上下级关系由"监督"改为"领导"。

5. 1982年宪法对国家机构的健全和改革

1982年宪法进一步健全各级各类国家机构的组织和职权,也体现了国家机构改革的精神,主要有以下几个方面:(1)加强了最高国家权力机关的组织和职权。如在全国人民代表大会设立专门委员会,由它们研究、审议和拟订有关议案;(2) 恢复国家主席的建制;(3) 实行国务院总理、各部部长和委员会主任负责制,减少副总理,设立国务委员,由正副总理、国务委员、秘书长组成国务院常务会议;(4) 设立中央军事委员会;(5) 对最高国家领导人的任职期限作出明确规定,即不得超过两届,以废除领导职务的终身制;(6) 对国家权力机关、国家行政机关的职权作了更加明确和合理的规定和权限的划分,扩大了地方国家权力机关的职权,特别是充实了民族自治地方自治机关的自治权;(7) 地方各级人民政府实行省长、市长、州长、县长、区长、乡长、镇长负责制;(8) 规定人民法院和人民检察院依法独立行使职权,不受任何行政机关、社会团体和个人的干涉;(9) 在县级以上各级人民政府设立审计机关;(10) 改变农村人民公社的政社合一体制,恢复设置乡政权。

2018 年《宪法修正案》将宪法第 3 条第 3 款"国家行政机关、审判机关、检察机关都由人民代表大会产生,对它负责,受它监督"修改为"国家行政机关、监察机关、审判机关、检察机关都由人民代表大会产生,对它负责,受它监督"。

增加规定全国人民代表大会"选举国家监察委员会主任"。

增加规定全国人民代表大会有权罢免"国家监察委员会主任"。

将宪法第 65 条第 4 款"全国人民代表大会常务委员会的组成人员不得担任国家行政机关、审判机关和检察机关的职务",修改为"全国人民代表大会常务委员会的组成人员不得担任国家行政机关、监察机关、审判机关和检察机关的职务"。

将宪法第 67 条"全国人民代表大会常务委员会行使下列职权"中第六项"(六) 监督国务院、中央军事委员会、最高人民法院和最高人民检察院的工作",修改为"(六) 监督国务院、中央军事委员会、国家监察委员会、最高人民法院和最高人民检察院的工作";增加一项,作为第十一项"(十一)根据国家监察委员会主任的提请,任免国家监察委员会副主任、委员"。

将宪法第70条"全国人民代表大会设立民族委员会、法律委员会、财政经济委员会、教育科学文化卫生委员会、外事委员会、华侨委员会和其他需要设立的专门委员会",修改为"全国人民代表大会设立民族委员会、宪法和法律委员会、财政经济委员会、教育科学文化卫生委员会、外事委员会、华侨委员会和其他需要设立的专门委员会"。

将宪法第79条第2款"中华人民共和国主席、副主席每届任期同全国人民代表大会每届任期相同,连续任职不得超过两届",修改为"中华人民共和国主席、副主席每届任期同全国人民代表大会每届任期相同。"

将宪法第89条"国务院行使下列职权"中第六项"(六)领导和管理经济工作和城乡建设",修改为"(六)领导和管理经济工作和城乡建设、生态文明建设";第八项"(八)领导和管理民政、公安、司法行政和监察等工作",修改为"(八)领导和管理民政、公安、司法行政等工作"。

在宪法第100条,增加规定"设区的市的人民代表大会和它们的常务委员会,在不同宪法、法律、行政法规和本省、自治区的地方性法规相抵触的前提下,可以依照法律规定制定地方性法规,报本省、自治区人民代表大会常务委员会批准后施行"。

将宪法第101条第2款中"县级以上的地方各级人民代表大会选举并且有权罢免本级人民法院院长和本级人民检察院检察长",修改为"县级以上的地方各级人民代表大会选举并且有权罢免本级监察委员会主任、本级人民法院院长和本级人民检察院检察长"。

将宪法第103条第3款"县级以上的地方各级人民代表大会常务委员会的组成人员不得担任国家行政机关、审判机关和检察机关的职务",修改为"县级以上的地方各级人民代表大会常务委员会的组成人员不得担任国家行政机关、监察机关、审判机关和检察机关的职务"。

将宪法第104条中"监督本级人民政府、人民法院和人民检察院的工作",修改为"监督本级人民政府、监察委员会、人民法院和人民检察院的工作"。删去宪法第107条第一款"县级以上地方各级人民政府依照法律规定的权限,管理本行政区域内的监察工作"的职权。

在宪法第三章"国家机构"中增加一节,作为第七节"监察委员会";增加规定,中华人民共和国各级监察委员会是国家的监察机关。中华人民共和国设立国家监察委员会和地方各级监察委员会。监察委员会由主任、副主任若干人、委员若干人组成。监察委员会主任每届任期同本级人民代表大会每届任期相同。国家监察委员会主任连续任职不得超过两届。监察委员会的组织和职权由法律规定。中华人民共和国国家监察委员会是最高监察机关。国家监察委员会领导地方各级监察委员会的工作,上级监察委员会领导下级监察委员会的工作。国家监察委员会对全国人大及其常委会负责。地方各级监察委员会对产生它的国家权力机关和上一级监察委员会负责。监察委员会依照法律规定独立行使监察权,不受行政机关、社会团体和个人的干涉。监察机关办理职务违法和职务犯罪案件,应当与审判机关、检察机关、执法部门互相配合,互相制约。

国家机构体系是中国特色社会主义制度的重要组成部分,必须适应新时代坚持和发展中国特色社会主义的要求,以国家治理体系和治理能力现代化为导向深化改革,并统筹党和其他机构的改革,构建系统完备、科学规范、运行高效的党和国家机构职能体系,既发挥宪法的规范和保障作用,又在改革中完善宪法的有关规定。

(三)国家机构组织、活动原则和相互关系

1982年宪法以后的修正案对国家机构体系作了部分调整,进一步完善了国家机构。

我国的国家机构体系包括全国人大及其常委会、国家主席、国务院、中央军事委员会、地方各级人民代表大会和地方各级人民政府、民族自治地方的自治机关、监察委员会、人民法院和人民检察院。

1. 我国国家机构的组织和活动原则

我国国家机构的组织和活动应当遵循以下原则,一是党的领导原则。中国共产党领导是中国特色社会主义最本质的特征,是中国特色社会主义制度的最大优势,党是最高政治领导力量。中国共产党按照总揽全局、协调各方的原则,在同级各种组织包括各级国家机关中发挥领导核心作用。中国共产党在宪法和法律的范围内活动,并保证国家的立法、司法、行政、监察机关积极主动地、独立负责地、协调一致地工作。

二是民主集中制原则。民主集中制原则是我国宪法的一项基本原则,同时也是国家机构的组织和活动原则。一方面,国家机构建立在充分民主的基础上,对国家重大问题的立法和决定,对国家事务和社会、经济、文化事务的管理,必须符合广大人民的利益和要求;另一方面,国家机构又在民主基础上进行集中,各级人民代表大会统一行使国家权力,产生的其他国家机关对其负责,受其监督。

三是为人民服务原则。根据宪法,国家的一切权力属于人民。人民通过人民代表大会行使国家权力,同时,人民依照法律规定,通过各种途径和形式,管理国家事务,管理经济和文化事业,管理社会事务。一切国家机关和国家机关工作人员必须依靠人民的支持,经常保持同人民的密切联系,倾听人民的意见和建议,自觉接受人民的监督,努力为人民服务。从本质上看,人民是国家的主人,而国家机关工作人员是人民的公仆。必须坚持人民主体地位,健全人民当家作主制度体系,完善体制机制,为人民依法管理国家事务、管理经济文化事业、管理社会事务提供更有力的保障。

四是权责统一原则。我国国家机构行使宪法和法律规定的对国家、社会、经济、文化等事务的管理职权,同时,一切国家机关实行工作责任制。如果国家机关违法或不当行使职权,应承担相应的法律责任。要健全党和国家监督体系,完善对权力运行的监督制约机制;各级国家机关及其工作人员要带头尊法学法守法用法,不得有超越宪法法律的特权,绝不允许以言代法、以权压法、逐利违法、徇私枉法。

五是精简和效率原则。根据宪法的规定,一切国家机关实行精简的原则,不断提高工作质量和效率。必须克服机构重叠、职责交叉、权责脱节、职责划分不够科学、职责缺位和效能不高、一些领域权力运行制约和监督机制不够完善,滥用职权、以权谋私等问题,深化国家机构改革,改革机构设置,优化职能配置,转变政府职能和管理方式,提高效率效能,不断提高国家机关的管理水平和服务质量,反对官僚主义。

六是法治原则。宪法最主要的功能,是确认、规范和制约国家权力,保证国家机构按照宪法规定的原则、方式和程序行使权力、履行职责。要坚持依法治国、依法执政、依法行政共同推进,坚持法治国家、法治政府、法治社会一体建设,依法依规完善国家机构职能,依法履行职责,依法管理机构和编制,完善国家机构组织法,既发挥法治规范和保障作用,做到重大改革于法有据,又通过改革加强和完善法治。

2. 国家机关之间的相互关系

省级地方国家权力机关、行政机关、监察机关与全国人大及其常委会、国务院及其部门、国家监察委员会的关系,主要表现在:

(1) 全国人大及其常委会与省级人大及其常委会之间的关系。宪法第67条规定全国人大常委会有权撤销省、自治区、直辖市国家权力机关制定的同宪法、法律和行政法规相抵触的地方性法规和决议。

根据《地方组织法》第44条第1款,县级以上地方各级人大及其常委会的首要任务是保证宪法、法律、行政法规、上级人大及其常委会决议在本行政区域内的遵守和执行。由于宪法、法律的解释权在中央,地方人大常委会在执行中遇到的问题,全国人大常委会可以给予指导。

省级人大常委会受全国人大常委会委托,组织本级人大选举产生的全国人大代表开展闭会期间的活动。另外,全国人大常委会举行会议时,各省、自治区、直辖市的人大常委会主任或者副主任一人列席会议;全国人大常委会根据需要,可以委托省、自治区、直辖市的人大常委会对有关法律、法规在本行政区域内的实施情况进行检查等。

(2) 国务院与省级人民政府之间的主要关系。根据宪法,国务院统一领导全国地方各级国家行政机关的工作，规定中央和省、自治区、直辖市的国家行政机关的职权的具体划分，批准省、自治区、直辖市的区域划分。按照《地方组织法》，省级人民政府在对本级人大及其常委会负责并报告工作的同时，对国务院负责并报告工作，并服从国务院统一领导，办理国务院交办的有关事项。国务院有权改变或撤销省级人民政府的不适当的规章、决定和命令等。

（3）国务院主管部门与省级人民政府之间的主要关系。国务院主管部门制定的部门规章与地方政府规章之间具有同等效力，在各自的权限范围内施行。部门规章与地方政府规章之间对同一事项的规定不一致时，由国务院裁决。

国务院主管部门受国务院统一领导。但有的部门有权依法监督省级人民政府。如审计署有权对省级人民政府预算的执行情况和决算以及其他财政收支情况，进行审计监督。

根据《地方组织法》，省、自治区、直辖市人民政府应协助设立在本行政区域内不属于自己管理的国家机关、企业、事业单位进行工作。

（4）国务院主管部门与省级人民政府工作部门的关系。省、自治区、直辖市的人民政府各工作部门受人民政府统一领导，并且依照法律或者行政法规的规定受国务院主管部门的业务指导或者领导。

（5）监察机关之间的关系。国家监察委员会领导地方各级监察委员会的工作，上级监察委员会领导下级监察委员会的工作。国家监察委员会对全国人大及其常委会负责，地方各级监察委员会对产生它的国家权力机关和上一级监察委员会负责。

二、全国人民代表大会

(一) 概述

西方国家实行"三权分立"制度,议会或国会是指相对于行政机关和司关而言、主要通过选举方式产生的国家机关。从法律地位来看,各国情况不尽相同。在有些国家,议会或国会是国家的最高权力机关,而在另外一些国家,议会或国会仅仅是国家的立法机关。

而在中国,各级人民代表大会是实现一切权力属于人民原则的人民代表机关,是各级国家权力机关。

一般来说,各国议会或国会、代表机关,从组织结构的形式来说,可以分为单一结构与复合结构两种。凡代表机关或议会或国会仅由一院组成的,为单一结构;如由两院或多院组成,则是复合结构。

许多西方国家采用两院制,如英国、美国、法国、日本、意大利、德国、俄罗斯等。

如根据《美国宪法》,美国国会由参议院和众议院组成。参议院由各州自行选举,每州不论大小各选出两名参议员,现在参议院由100名参议员组成。参议院议长由美国副总统担任。每位参议员的任期为六年,但每两年选举一次,每次选举要有1/3参议员被重新选举。众议院议员总数为435名,由根据人口密度划分的国会选举区选举各自的议员,众议员任期两年。

又如根据《俄罗斯联邦宪法》,联邦会议由联邦委员会和国家杜马组成。俄罗斯联邦每个主体有两名代表参加联邦委员会:国家权力代表机关和国家权力执行机关各1人。国家杜马由450名议员组成。国家杜马选举产生，任期4年。联邦委员会的组成程序和国家杜马议员的选举程序由联邦法律规定。

采用一院制的国家，如丹麦、瑞典、芬兰、希腊、西班牙。而社会主义国家采用一院制。

(二) 全国人民代表大会

1. 性质、地位、组成和任期

1982年宪法规定全国人民代表大会是最高国家权力机关，从而明确了全国人民代表大会的性质和地位。

现行宪法第59条规定，全国人民代表大会由省、自治区、直辖市、特别行政区和军队选出的代表组成。各少数民族都应当有适当名额的代表。

根据现行宪法，全国人民代表大会每届任期5年。

2. 职权

根据现行宪法，全国人民代表大会行使的职权，大致可分为六个方面：

(1) 修改宪法和监督宪法实施的权力。宪法的修改，由全国人大常委会或1/5以上的全国人民代表大会代表提议，并由全国人民代表大会以全体代表的2/3以上的多数通过。全国人民代表大会于1975年、1978年和1982年三次全面修改了宪法，并先后于1988年、1993年、1999年、2004年和2018年五次对1982年宪法的若干条文进行了修改。为了维护宪法尊严，保障宪法实施，宪法还规定，全国人民代表大会行使监督宪法的实施的职权。

(2) 制定和修改基本法律的权力。根据现行宪法的规定，全国人民代表大会行使国家立法权，有权制定和修改刑事、民事、国家机构的和其他的基本法律。

（3）对中央国家机关组成人员的选举、决定人选和罢免的权力。全国人民代表大会选举并有权罢免全国人大常委会组成人员；选举并有权罢免国家主席、副主席；根据国家主席的提名，决定国务院总理的人选；根据国务院总理的提名，决定副总理、国务委员、各部部长、各委员会主任、审计长和秘书长的人选，并有权罢免上述人员；选举中央军事委员会主席；根据中央军事委员会主席的提名，决定中央军事委员会其他组成人员的人选，并有权罢免上述人员；选举并有权罢免国家监察委员会主任；选举并有权罢免最高人民法院院长；选举并有权罢免最高人民检察院检察长。

（4）决定重大国家事项的权力。全国人民代表大会审查和批准国民经济和社会发展计划和计划执行情况的报告；审查和批准国家的预算和预算执行情况的报告；批准省、自治区和直辖市的建置；决定特别行政区的设立及其制度；决定战争和和平的问题。

（5）对其他中央国家机关的监督权。全国人大常委会对全国人民代表大会负责并报告工作；全国人民代表大会有权改变或撤销全国人大常委会不适当的决定；国务院对全国人民代表大会负责并报告工作；中央军事委员会主席对全国人民代表大会负责；国家监察委员会对全国人民代表大会负责；最高人民法院和最高人民检察院对全国人民代表大会负责。

（6）应当由最高国家权力机关行使的其他职权。

3. 会议制度和主要工作程序

全国人民代表大会会议一般每年举行一次，于每年第一季度由全国人大常委会召集。

国务院的组成人员、中央军事委员会的组成人员、最高人民法院院长和最高人民检察院检察长，列席全国人民代表大会会议；其他有关机关、团体的负责人，经全国人大常委会决定，可以列席全国人民代表大会会议。全国人民代表大会会议一般公开举行。

工作程序主要有以下几项。

第一，议案的提出。主席团、全国人大常委会、全国人大各专门委员会、国务院、中央军事委员会、最高人民法院、最高人民检察院、1个代表团或30名以上的代表联名，可以向全国人民代表大会提出属于全国人民代表大会职权范围内的议案。

第二，审议工作报告、审查国家计划和国家预算。全国人民代表大会每年举行会议时，全国人大常委会、国务院、最高人民法院、最高人民检察院向会议提出的工作报告，经各代表团审议后，会议可以作出相应的决议。

第三，选举。全国人大常委会委员长、副委员长、秘书长、委员的人选，国家主席、副主席的人选，中央军事委员会主席的人选，国家监察委员会主任的人选，最高人民法院院长和最高人民检察院检察长的人选，由主席团提名，经各代表团酝酿协商后，再由主席团根据多数代表的意见，确定正式候选人名单，交大会会议，由全体代表选举产生。

第四，决定人选。国务院总理的人选，由国家主席提名，国务院副总理、国务委员、各部部长、各委员会主任、审计长和秘书长的人选由总理提名，中央军事委员会副主席、委员的人选由中央军事委员会主席提名，由全国人民代表大会会议决定。

第五，罢免。主席团、3个以上代表团或1/10以上的代表，可以提出对全国人大常委会的组成人员，国家主席、副主席，国务院的组成人员，中央军事委员会的组成人员，最高人民法院院长和最高人民检察院检察长的罢免案。

第六，询问和质询。在全国人民代表大会审议议案和有关报告时，有关部门应当派负责人员到会，听取意见，回答代表提出的询问。全国人民代表大会会议期间，1个代表团或30名以上的代表联名，可以书面提出对国务院和国务院各部门的质询案。

全国人民代表大会举行会议时，全国人民代表大会代表，可以依照法律规定的程序就监察工作中的有关问题提出询问或者质询。

4. 全国人民代表大会专门委员会和调查委员会

专门委员会是全国人民代表大会的常设工作机构。它的任务是在全国人大及其常委会的领导下，研究、审议、拟订有关议案。十三届全国人民代表大会设有10专门委员会：民族委员会、宪法和法律委员会、监察和司法委员会、财政经济委员会、教育科学文化卫生委员会、外事委员会、华侨委员会、环境与资源保护委员会、农业与农村委员会和社会建设委员会。全国人民代表大会认为需要的时候可以设立其他专门委员会。各委员会由主任委员一人、副主任委员和委员若干人组成。[①]

调查委员会是全国人大（或其常委会）对属于其职权范围内的事项，需要作出决议、决定，但有关重大事实不清而依照法定程序成立的调查组织。全国人民代表大会认为必要时，可以组织关于特定问题的调查委员会。主席团、3个以上的代表团或者1/10以上的代表联名，可以提议组织关于特定问题的调查委员会。调查委员会由主任委员、副主任委员若干人和委员若干人组成。调查委员会应当向全国人民代表大会提出调查报告，全国人民代表大会根据调查委员会的报告，可以作出相应的决议。

[①] 十九届中国共产党中央委员会第三次全体会议审议通过的《关于深化党和国家机构改革的方案》中，提出将"全国人民代表大会法律委员会"更名为"全国人民代表大会宪法和法律委员会"。2018年3月11日十三届全国人大一次会议表决通过宪法修正案，将宪法第70条中的"全国人民代表大会法律委员会"更名为"全国人民代表大会宪法和法律委员会"。

5. 全国人民代表大会代表

全国人民代表大会代表,简称全国人大代表,是按照法律规定选举产生的最高国家权力机关的组成人员,代表人民的利益和意志,依照宪法和法律赋予全国人大的各项职权,参加行使国家权力。

全国人大代表享有如下权利:出席会议,参加审议各项议案、报告和其他议题,发表意见,依法联名提出议案、质询案、罢免案等,提出对各方面工作的建议、批评和意见,参加选举、表决,获得依法执行代表职务所需的信息和各项保障等权利。人大代表享有言论免责权,在人大各种会议上的发言和表决,不受法律追究。人大代表享有身份保障权,非经人大主席团(闭会期间为人大常委会)的许可,不受逮捕或者刑事审判;如果因为是现行犯被拘留,执行拘留的机关应当立即向人大主席团或人大常委会报告。

全国人大代表应当履行如下义务:模范地遵守宪法和法律,保守国家秘密,协助宪法和法律的实施,按时出席会议,认真审议各项议案、报告和其他议题,发表意见,做好会议期间各项工作,积极参加统一组织的视察、专题调研、执法检查等履职活动,加强履职学习和调研,不断提高执行代表职务的能力,与原选区选民或者原选举单位和人民群众保持密切联系,听取和反映他们的意见和要求,努力为人民服务,自觉遵守社会公德,廉洁自律,公道正派,勤勉尽责等。

根据1982年《宪法》第77条的规定,全国人大代表受原选举单位的监督。原选举单位有权依照法律规定的程序罢免本单位选出的代表。

《全国人民代表大会和地方各级人民代表大会代表法》还规定了包括全国人大代表在内的各级人大代表在人大会议期间的工

作、闭会期间的活动、执行代表职务的保障和对人大代表的监督等内容。

（三）全国人大常委会

1. 性质、地位、组成和任期

全国人大常委会，是全国人民代表大会的常设机关，对全国人大负责并报告工作。在全国人大闭会期间，部分行使最高国家权力机关职权。

全国人大常委会由委员长、副委员长若干人、秘书长、委员若干人组成，由全国人民代表大会从代表中选出。其中，应当有适当名额的少数民族代表。常务委员会的组成人员不得担任国家行政机关、监察机关、审判机关和检察机关的职务；如果担任上述职务，必须向常务委员会辞去常务委员会的职务。

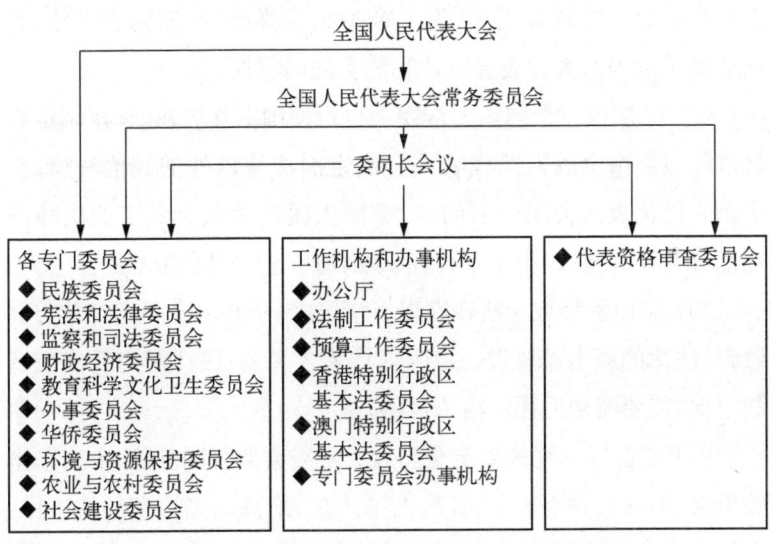

图5-1　全国人民代表大会及其常务委员会组织架构

全国人大常委会每届任期同全国人民代表大会每届任期相同,它行使职权到下届全国人民代表大会选出新的常务委员会为止。委员长、副委员长连续任职不得超过两届。

全国人大常委会委员长主持全国人大常委会的工作,召集全国人大常委会会议。委员长、副委员长、秘书长组成委员长会议,处理常务委员会的重要日常工作。

此外,常务委员会还设立代表资格审查委员会、香港特别行政区基本法委员会、澳门特别行政区基本法委员会、法制工作委员会、预算工作委员会及办公厅等机构。

2. 职权

根据宪法和有关法律规定,全国人大常委会的职权可以归纳为以下七个方面:

(1) 解释宪法和监督宪法实施的权力。根据宪法的规定,全国人大常委会有权解释宪法;为了维护宪法尊严,保障宪法实施,宪法还赋予全国人大常委会监督宪法实施的职权。

(2) 立法权。全国人大常委会也行使国家立法权,有权制定和修改除应当由全国人民代表大会制定的法律以外的其他法律;在全国人民代表大会闭会期间,对全国人民代表大会制定的法律进行部分补充和修改,但是不得同该法律的基本原则相抵触。

(3) 法律解释权。法律有以下情况之一的,由全国人大常委会解释:法律的规定需要进一步明确具体含义的;法律制定后出现新的情况,需要明确适用法律依据的。

(4) 监督权。宪法规定全国人大常委会监督国务院、中央军事委员会、国家监察委员会、最高人民法院、最高人民检察院的工作,有权撤销国务院制定的同宪法、法律相抵触的行政法规、决定和命令以及省、自治区、直辖市国家权力机关制定的同宪法、法律和行政法规相抵触的地方性法规和决议。根据《立法法》、《各级人民代表大会常务委员会监督法》和其他法律，全国人大常委会监督"一府一委两院"的方式有：听取和审议国务院、国家监察委员会、最高人民法院和最高人民检察院的专项工作报告；审查和批准决算，听取和审议国民经济和社会发展计划、预算的执行情况报告，听取和审议审计工作报告；法律法规实施情况的检查；行政法规、地方性法规、自治条例和单行条例的审查；询问和质询；特定问题调查。

（5）重大国家事项决定权。全国人大常委会在全国人民代表大会闭会期间，审查和批准国民经济和社会发展计划、国家预算在执行过程中所必须作的部分调整方案；决定同外国缔结的条约和重要协定的批准和废除；规定军人和外交人员的衔级制度和其他专门衔级制度；规定和决定授予国家的勋章和荣誉称号；决定特赦；在全国人民代表大会闭会期间，如果遇到国家遭受武装侵犯或必须履行国际间共同防止侵略的条约的情况，决定战争状态的宣布；决定全国总动员或局部动员；决定全国或个别省、自治区、直辖市进入紧急状态。

（6）人事任免权。全国人大常委会在全国人民代表大会闭会期间，根据国务院总理的提名，决定部长、委员会主任、审计长、秘书长的人选；根据中央军事委员会主席的提名，决定中央军事委员会其他组成人员的人选；根据国家监察委员会主任的提请，任免国家监察委员会副主任、委员；根据最高人民法院院长的提请，任免最高人民法院副院长、审判员、审判委员会委员和军事法院院长；根据最高人民检察院检察长的提请，任免最高人民检察院副检察长、检察员、检察委员会委员和军事检察院检察长，并且批准省、自治区、直辖市人民检察院检察长的任免；决定外驻全权代表的任免。

(7) 全国人大授予的其他职权。除上述职权外,全国人大常委会还主持全国人大代表的选举;召集全国人大会议;在全国人民代表大会闭会期间,领导各专门委员会的工作等。

3. 会议制度和工作程序

全国人大常委会集体行使职权,必须通过召集和举行会议,依照法定程序,作出决定。全国人大常委会会议一般每两个月举行一次。有特殊需要,可以临时召集会议。全国人大常委会会议由委员长召集并主持。委员长可以委托副委员长主持会议。全国人大常委会举行会议,必须有常委会全体组成人员过半数出席。

常委会举行会议时,国务院、中央军委、最高人民法院、最高人民检察院负责人,不是常委会委员的专门委员会组成人员,各省、自治区、直辖市人大常委会主任或副主任一人,列席会议。全国人大代表、其他有关部门负责人,经邀请可以列席会议。列席会议人员有发言权,没有表决权。

为了充分发扬民主,提高会议效率,全国人大常委会会议分为全体会议、分组会议和联组会议三种形式。三种会议形式各有不同作用。全体会议是全国人大常委会全体组成人员参加的会议,主要任务是听取专项工作报告和对议案的说明,对常委会会议审议的各项议案进行表决。分组会议是全国人大常委会组成人员按组进行审议讨论的会议。分组会议人数较少,便于委员充分发表意见,这是常委会审议讨论各项议案和报告的主要形式。联组会议是在分组会议基础上召开的各组联席会议,主要任务是交流分组会议审议的情况和意见,对议案和报告所涉及的主要问题,特别是有意见分歧的问题,展开进一步的讨论、辩论和协商,以使审议更加深入,求得比较一致的意见。

工作程序主要有以下几项。

第一，议案的提出。委员长会议、国务院、中央军事委员会、最高人民法院、最高人民检察院、全国人民代表大会各专门委员会、常务委员会组成人员10人以上联名，可以向常务委员会提出属于常务委员会职权范围内的议案。

第二，听取和审议专项工作报告。全国人大常委会每年选择若干关系改革发展稳定大局和群众切身利益、社会普遍关注的重大问题，有计划地安排听取和审议国务院、国家监察委员会、最高人民法院和最高人民检察院的专项工作报告。

第三，审查和批准决算，听取和审议国民经济和社会发展计划、预算的执行情况报告。国家的国民经济和社会发展计划、预算经全国人民代表大会批准后，在执行过程中需要作部分调整的，国务院应将调整方案提请全国人大常委会审查和批准。全国人大常委会每年审查和批准决算的同时，听取和审议国务院提出的审计机关关于上一年度预算执行和其他财政收支的审计工作报告。

第四，法律实施情况的检查。全国人大常委会每年选择若干关系改革发展稳定大局和群众切身利益、社会普遍关注的重大问题，有计划地对有关法律实施情况组织执法检查。

第五，规范性文件备案审查。根据《中华人民共和国立法法》的规定，行政法规报全国人大常委会备案；省、自治区、直辖市的人大及其常委会制定的地方性法规，报全国人大常委会和国务院备案；设区的市、自治州的人大及其常委会制定的地方性法规，由省、自治区的人大常委会报全国人大常委会和国务院备案；自治州、自治县制定的自治条例和单行条例，由省、自治区、直辖市的人大常委会报全国人大常委会和国务院备案。《立法法》和《各级人民代表大会常务委员会监督法》还分别对行政法规、地方性法规、自治条例和单行条例以及最高人民法院、最高人民检察院作出的属于审判、检察工作中具体应用法律的解释等的备案审查程序,作了具体规范。

第六,质询和询问。在全国人大常委会会议期间,常务委员会组成人员10人以上联名,可以向常务委员会书面提出对国务院及国务院各部、各委员会、最高人民法院、最高人民检察院的质询案。全国人大常委会会议审议议案和有关报告时,国务院或者有关部门、最高人民法院或者最高人民检察院应当派有关负责人员到会,听取意见,回答询问。

全国人民代表大会常务委员会举行会议时,全国人民代表大会常务委员会组成人员,可以依照法律规定的程序就监察工作中的有关问题提出询问或者质询。

第七,特定问题调查。委员长会议、1/5以上常务委员会组成人员书面联名,可以向全国人大常委会提议组织关于特定问题的调查委员会。调查委员会由主任委员、副主任委员和委员组成。调查委员会应当向全国人大常委会提出调查报告。常务委员会根据报告,可以作出相应的决议、决定。

三、国家主席

(一)国家元首概述

国家元首在英语中表述是 head of state。可以说,有国家就有国家元首。但其涵义在古今有着明显的差异。古代(主要是君主制下)的国家元首,实际上就是独揽立法、行政、司法等全部国家权力的君主。现代世界各国,除极少数国家外,国家元首已不再是全部最高国家权力的垄断者。

关于国家元首的涵义,一般认为,国家元首是国家对内对外的最高代表，也即国家的象征。国家元首作为一定政权组织的组成部分或作为国家的最高代表，按照宪法规定的权限，履行其国家首脑的职能。

国家元首的宪法地位，一是通过宪法确定。如《意大利共和国宪法》第 87 条规定："共和国总统为国家元首并代表国家之团结一致。"又如《俄罗斯联邦宪法》第 80 条规定："俄罗斯联邦总统是国家元首。俄罗斯联邦总统是俄罗斯联邦宪法、人和公民的权利和自由的保障，按照俄罗斯联邦宪法规定的程序，为维护俄罗斯联邦主权、独立和国家完整而采取措施，保证国家权力机关协调地行使职能并相互配合。俄罗斯联邦总统根据俄罗斯联邦宪法和联邦法律确定国家内外政策的基本方针。俄罗斯联邦总统作为国家元首在国内和国际关系中代表俄罗斯联邦。"

二是也有一些国家没有在宪法中明文规定国家元首的职位，但不难看出谁是该国的国家元首。例如《美国宪法》虽未明文规定美国总统是国家元首，但宪法关于总统的地位和职权的一系列规定，表明总统是美国的国家元首。

国家元首，作为国家对内对外的最高代表，主要有公布法律、发布命令、召集会议、外交、统率武装力量、任免、赦免以及荣典等职权。

（二）我国国家主席制度的建立和发展

我国国家主席制度自中华人民共和国成立以来，经历了诸多发展和变化。这期间，经过 50 年代的摸索，60、70 年代的政治动荡和 80 年代以来的改革开放，国家主席制度是党和国家领导体制的重要组成部分。

1954 年宪法设置中华人民共和国主席，并规定国家主席由全国人民代表大会选举产生。国家主席根据全国人民代表大会及其常务委员会的决定,公布法律和法令,任免国务院总理、副总理、各部部长、各委员会主任、秘书长,任免国防委员会副主席、委员,授予国家的勋章和荣誉称号,发布大赦令和特赦令,发布戒严令,宣布战争状态,发布动员令;对外代表中华人民共和国,接受外国使节;根据全国人民代表大会常务委员会的决定,派遣和召回驻外全权代表,批准同外国缔结的条约。国家主席统率全国武装力量,担任国防委员会主席,在必要的时候召开最高国务会议,并担任最高国务会议主席。①

1975年宪法取消国家主席设置。同时,将原属于国家主席的对外方面的职权,规定由全国人大常委会行使;而原属国家主席的对内方面的大部分职权,则被取消。

1978年宪法仍未恢复国家主席的设置。在全国武装力量的统率权、国务院总理人选的提名权的归属方面,承袭1975年宪法的规定。而将接受外国使节、根据全国人大或其常委会决定批准同外国缔结条约、派遣和召回驻外全权代表的职权,改由全国人大常委会委员长行使。另外,还恢复了由委员长行使公布法律和法令以及授予国家荣誉称号的职权。

1982年修改宪法,恢复设置了国家主席和国家副主席。对此,彭真指出:"建国以来的实践证明,设立国家主席对健全国家体制

---

① 刘少奇在《关于中华人民共和国宪法草案的报告》中指出:"适应我国的实际情况,并根据中华人民共和国成立以来建设最高国家权力机关的经验,我们的国家元首职权由全国人民代表大会所选出的全国人民代表大会常务委员会和中华人民共和国主席结合起来行使。我们的国家元首是集体的国家元首。"《刘少奇选集》(下卷),人民出版社1985年版,第140—141页。

是必要的,也比较符合我国各族人民的习惯和愿望。"①

2004年3月14日,十届全国人大二次会议通过的宪法修正案第二十八条增加规定国家主席代表中华人民共和国"进行国事活动"。

2018年3月11日,十三届全国人大一次会议通过的宪法修正案第四十五条,将宪法第79条第3款"中华人民共和国主席、副主席每届任期同全国人民代表大会每届任期相同,连续任职不得超过两届",修改为"中华人民共和国主席、副主席每届任期同全国人民代表大会每届任期相同。"

(三)国家主席的产生、任期和职权

1. 产生、任职资格

根据1982年宪法的规定,国家主席、副主席由全国人民代表大会选举。有选举权和被选举权的年满四十五周岁的中华人民共和国公民可以被选为国家主席、副主席。国家副主席协助主席工作。国家副主席受主席的委托,可以代行主席的部分职权。国家主席缺位的时候,由副主席继任主席的职位。国家副主席缺位的时候,由全国人民代表大会补选。国家主席、副主席都缺位的时候,由全国人民代表大会补选;在补选以前,由全国人大常委会委员长暂时代理主席职位。

2. 任期

国家主席、副主席每届任期同全国人民代表大会每届任期相

---

① 彭真在1982年4月22日在五届全国人大常委会第二十三次会议上所作的《关于中华人民共和国宪法修改草案的说明》和1982年11月26日在五届全国人大五次会议上所作的《关于中华人民共和国宪法修改草案的报告》,载彭真:《论新时期的社会主义民主与法制建设》,中央文献出版社1989年版,第112页、第161页。

同。国家主席、副主席行使职权到下届全国人民代表大会选出的主席、副主席就职为止。

中国共产党、中华人民共和国、中国人民解放军领导人"三位一体"的领导体制是中国共产党在长期执政实践中逐步探索出的治国理政的成功经验。"党的总书记、国家主席、军委主席三位一体这样的领导体制和领导形式,对我们这样一个大党、大国来说,不仅是必要的,而且是最妥当的办法"。①

党的总书记、国家主席、军委主席"三位一体",作为一个长期形成的体制,对1982年宪法的主要发展:一是,1982年宪法对中华人民共和国主席没有像1954年宪法规定"中华人民共和国主席担任国防委员会主席"那样,规定"中华人民共和国主席担任中华人民共和国中央军事委员会主席",但1993年开始的党的总书记、国家主席、军委主席"三位一体",使国家主席兼任军委主席;二是1982年宪法对中华人民共和国主席有"连续任职不得超过两届"的规定,而对中央军事委员会主席,没有"连续任职不得超过两届"的规定,但1993年开始的党的总书记、国家主席、军委主席"三位一体",使国家主席与军委主席合而为一,由于国家主席"连续任职不得超过两届",这使国家主席兼任的军委主席连续任职也不会超过两届。

从《中国共产党章程》和后来历次修正后的规定看,对党的中央委员会规定每届任期5年,对党的中央委员会总书记和党的中央军事委员会主席,都没有作出"连续任职不得超过两届"的规定。1982年宪法第93条第4款对中华人民共和国中央军事委员会规定每届任期同全国人大每届任期相同,没有规定连续任职不得超

---

① 江泽民:《我的心永远同人民军队在一起》(2004年9月20),载《江泽民文选》(第三卷),人民出版社2006年版,第603页。

过两届。这次修改宪法,对国家主席的相关规定也采取上述做法,使党的总书记、党的中央军委主席、国家中央军委主席、国家主席的任职规定保持一致,可以更好体现"三位一体"作为一个长期形成的体制在我国宪法制度中的应有地位,这是符合我国国情、保证党和国家长治久安的制度设计,有利于坚持和加强党的全面领导,有利于完善党和国家领导制度,有利于坚持和维护以习近平同志为核心的党中央权威和集中统一领导,是中国特色社会主义政治优势和制度优势的重要体现。

这次征求意见和在基层调研过程中,许多地区、部门和广大党员干部群众一致呼吁修改宪法中国家主席任职期限的有关规定。党的十八届七中全会和党的十九大召开期间,与会委员代表在这方面的呼声也很强烈。[①] 将宪法第三章国家机构第 79 条第 3 款"中华人民共和国主席、副主席每届任期同全国人民代表大会每届任期相同,连续任职不得超过两届"中"连续任职不得超过两届"删去,这是"党中央在全面总结党和国家长期历史经验基础上,从新时代坚持和发展中国特色社会主义全局和战略高度提出的健全党和国家领导体制的重大举措"。[②]

在我国进入了中国特色社会主义新时代、取得举世瞩目的成就、同时也面临改革进入深水区的挑战的历史节点,修改国家主席任职期限方面的规定,有利于在纷繁复杂的国内、国际形势下,将深化改革、扩大开放、惩治腐败、治理环境、"一带一路"建设和构建人类命运共同体等宏伟目标一以贯之地推进下去。

应当指出,删去 1982 年宪法中关于国家主席、副主席"连续任

[①] 《王晨作关于中华人民共和国宪法修正案(草案)的说明》,载《人民日报》2018 年 3 月 6 日。
[②] 《保证党和国家长治久安的重大制度安排》,载《人民日报》2018 年 3 月 1 日。

职不得超过两届"的规定,并不意味着改变党和国家领导干部退休制,也不意味着领导干部终身制。从上个世纪80年代起,我国干部退休制度已经建立并在实践中不断完善。1982年党的十二大通过的党章至2017年党的十九大修改的党章都明确规定:"党的各级领导干部,无论是由民主选举产生的,或是由领导机关任命的,他们的职务都不是终身的,都可以变动或解除。""年龄和健康状况不适宜继续担任工作的干部,应当按照国家的规定退、离休"。

3. 职权

国家主席的职权主要有以下几个方面:(1)公布法律,发布命令:法律在全国人民代表大会或全国人大常委会通过后,由国家主席公布施行。国家主席根据全国人大及其常委会的决定,发布特赦令,宣布进入紧急状态,宣布战争状态,发布动员令。(2)任免权:国家主席向全国人民代表大会提名国务院总理的人选;根据全国人民代表大会决定的人选任免国务院总理、副总理、国务委员、各部部长、各委员会主任、审计长、秘书长;在全国人民代表大会闭会期间,根据国务院总理的提名和全国人大常委会决定的人选,任免部长、委员会主任、审计长、秘书长。(3)外事权:国家主席代表中华人民共和国,进行国事活动,接受外国使节;根据全国人大常委会的决定,派遣和召回驻外全权代表,批准和废除同外国缔结的条约和重要协定。(4)授予荣誉权:国家主席根据全国人大及其常委会决定,授予国家的勋章和荣誉称号。

四、国务院

(一)国家行政机关概述

对政府一词,学术界有广义和狭义两种不同的解释。广义的政府不仅指行政机关,也包括立法机关、司法机关。狭义的政府,即国家行政机关。

在大多数西方国家,"政府"一词主要是在广义上使用,美国的"政府"涵盖联邦及各州立法、行政和司法机关;英国的"政府"范围相对狭窄,主要是指中央和地方的行政机关。

西方国家主要实行内阁制政府、总统制政府、半总统制政府等体制。其中以内阁制政府和总统制政府为最主要类型。

如英国的内阁是联合王国政府的核心,是实际上的最高国家行政机关。内阁主要由首相挑选的中央政府中一些重要部门的大臣(如外务大臣、国防大臣、财政大臣等)和执政党各派领袖人物组成,人数大约 20 名。以是否作为政府部门为标准,内阁成员包括各部门大臣和非部门大臣。按照英国的宪法惯例,通常由在下议

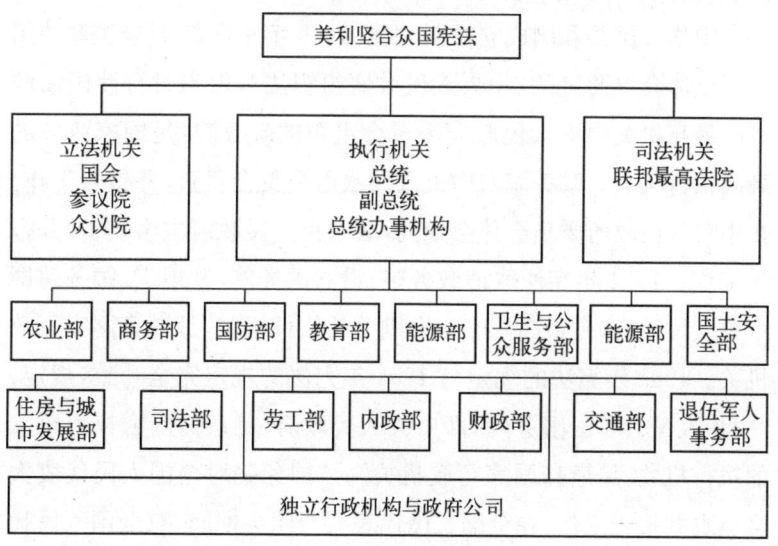

图 5-2 美国政府行政机关

资料来源:https://www.whitehouse.gov/about-the-white-house/the-executive-branch/

院中占多数席位的政党领袖组阁；每次大选后，英王照例授权多数党领袖组阁，并根据其提出的名单任命内阁成员。英国政府部门可以分为内阁各部与非内阁部门。

又如，美国联邦行政机关中，总统是国家元首又是政府首脑。根据《美国宪法》，"行政权属于美利坚合众国总统"。《美国宪法》对是否设立辅助总统行使行政权力的机构未作规定。实践中，协助总统行使职权的机构主要是内阁及其各部、总统办事机构，此外，美国还有一些独立行政机构与政府公司。

（二）国务院的性质、地位

在中国，政府即行政机关，是指依法行使国家行政权，负责对国家行政事务进行领导、组织和管理的国家机关。

中华人民共和国成立初期，根据1949年9月27日全国政协第一届全体会议通过的《中央人民政府组织法》，由当时行使国家政权的最高机关中央人民政府委员会组织的政务院，是国家政务的最高执行机关。政务院对中央人民政府委员会负责，并报告工作。在中央人民政府委员会休会期间，对中央人民政府主席负责，并报告工作。1954年宪法取消政务院，设立国务院，并规定，国务院即中央人民政府，是最高国家权力机关的执行机关，是最高国家行政机关。1982年宪法的规定与1954年宪法的规定完全一致，规定："中华人民共和国国务院，即中央人民政府，是最高国家权力机关的执行机关，是最高国家行政机关。""国务院对全国人民代表大会负责并报告工作；在全国人民代表大会闭会期间，对全国人民代表大会常务委员会负责并报告工作。"从而明确了国务院的性质和国务院在国家机构体系中的地位。

（1）国务院即中央人民政府，是相对于地方各级人民政府而言的。作为一个统一的多民族国家,与联邦制国家中联邦与各联邦主体的关系不同,我国的国家整体与部分的关系是中央与地方的关系。在全国,中央人民政府只有一个,即国务院才是中央人民政府,它对外以中国政府名义进行活动,对内则同地方各级人民政府组成国家行政机关体系。

(2) 国务院是最高国家权力机关的执行机关,即国务院是最高国家权力机关全国人民代表大会及其常设机关全国人大常委会的执行机关。作为最高国家权力机关的执行机关,国务院不能违反最高国家权力机关制定的法律、通过的决议去处理国家行政事务,也不能行使宪法和法律未作规定或授予的职权。

(3) 国务院是最高国家行政机关,表明国务院除了具有最高国家权力机关执行机关的性质外,还具有行政机关的性质以及国务院在国家行政机关体系中的最高地位。

(三) 国务院的组成和任期

中华人民共和国成立初期,国家政务的最高执行机关政务院由中央人民政府委员会任命总理一人、副总理若干人、秘书长和政务委员若干人组成。政务委员得兼任各委员会的主任委员和各部部长。

1954年宪法取消了政务委员,规定国务院由总理、副总理若干人、各部部长、各委员会主任和秘书长组成。与建国初期政务院的组成人员比较可见,除不设政务委员外,还把各部部长和各委员会主任也列为国务院组成人员。1975年宪法和1978年宪法取消了秘书长一职,国务院组成人员不再包括秘书长。1982年3月8日五届全国人大常委会第二十二次会议通过的《关于国务院机构改革问题的决议》和1982年宪法规定增设国务委员,

1982年宪法并恢复了1954年宪法中关于秘书长作为国务院组成人员的规定,还增设了审计长一职。

根据宪法和《国务院工作规则》,国务院由总理、副总理若干人、国务委员若干人、各部部长、各委员会主任、审计长、中国人民银行行长和秘书长组成。国务院总理的人选由国家主席提名,全国人民代表大会决定,国家主席任免;国务院副总理、国务委员、各部部长、各委员会主任、审计长、秘书长的人选,由国务院总理提名,全国人民代表大会决定,国家主席任免;在全国人民代表大会闭会期间,根据国务院总理提名,全国人大常委会决定,国家主席可任免部长、委员会主任、审计长、秘书长。国务委员的职位相当于国务院副总理级,是国务院常务会议组成人员。根据1982年《国务院组织法》的规定,国务委员受总理委托,负责某些方面的工作或专项任务,并且可以代表国务院进行外事活动。国务院秘书长在总理的领导下,负责处理国务院的日常工作。

国务院每届任期与全国人民代表大会每届任期相同。总理、副总理、国务委员连续任职不得超过两届。

(四)国务院领导体制和会议制度

国务院的领导体制经历了一个发展变化的过程。建国初期的政务院从总体上看,属于集体讨论决定和集体负责的领导体制,并主要通过召开政务会议形式行使职权,开展领导工作(政务会议每周举行一次;总理根据需要或有1/3以上的政务委员的请求,得提前或延期召开会议)。但政务院也略具有首长制的因素,如政务院总理主持政务院全院事宜,副总理和秘书长协助总理执行职务;总理负责召集政务会议,单独签署或由总理签署并由有关各委员会、部、会、院、署、行的首长副署有关决议和命令。

按照1954年宪法和1954年《国务院组织法》，国务院也实行集体讨论和决定、集体负责的领导体制，如国务院组成人员包括总理、副总理、各部部长、各委员会主任、秘书长，国务院全体会议由总理、副总理、各部部长、各委员会主任、秘书长组成，每月举行一次，必要时由总理临时召集；国务院常务会议由总理、副总理、秘书长组成；国务院发布的决议和命令，必须经国务院全体会议或国务院常务会议通过。但国务院带有较多首长制的因素，如宪法规定总理领导国务院的工作，副总理协助总理工作，总理主持国务院会议；由国务院总理提名副总理、各部部长、各委员会主任和秘书长的人选等。

1975年宪法规定全国人民代表大会根据中共中央的提议任免国务院总理和国务院组成人员，未对国务院领导体制作出规定。

1978年宪法恢复了1954年宪法的有关规定，如规定总理主持国务院工作，副总理协助总理工作等，但实际上主要实行集体负责制。

根据1982年宪法和1982年《国务院组织法》的规定，国务院实行总理负责制；各部、各委员会实行部长、主任负责制。

总理负责制表现为：(1) 国务院总理的人选由国家主席提名、全国人大决定、国家主席任命。基于国家主席和全国人大的特殊地位，国家主席提名和任命、全国人大决定，意味着总理受命于国家组织政府，承担总理国家行政事务的职责，并代表国务院对全国人大及其常委会负责。(2) 国务院其他组成人员的人选，由总理提名，全国人民代表大会决定，在全国人民代表大会闭会期间，由全国人大常委会决定（副总理和国务委员除外），国家主席任命；(3) 总理领导国务院的工作，副总理、国务委员会协助总理工作；副总理、国务委员按分工负责处理分管工作；受总理委托，负责其他方面的工作或专项任务,并可代表国务院进行外事活动;(4)总理召集和主持国务院全体会议和国务院常务会议;(5)国务院发布的决定、命令和行政法规,向全国人民代表大会或全国人大常委会提出的议案,任免人员,由总理签署。

部长、委员会主任负责制表现为:各部部长、各委员会主任领导本部门的工作,召集和主持部务会议或委员会会议、委务会议,签署上报国务院的重要请示、报告和下达的命令、指示;副部长、副主任协助部长、主任工作。

国务院实行总理负责制的同时,还实行一定形式的会议制度。根据《国务院组织法》和2018年《国务院工作规则》,国务院会议分为国务院全体会议和国务院常务会议。

国务院全体会议由国务院全体成员,即总理、副总理、国务委员、各部部长、各委员会主任、中国人民银行行长、审计长、秘书长组成,由总理召集和主持。国务院全体会议的主要任务是:(1)讨论决定国务院工作中的重大事项;(2)部署国务院的重要工作。国务院全体会议根据需要可安排有关部门、单位负责人列席会议。

国务院常务会议是国务院的日常领导工作机构,在总理主持下,负责对国务院职权范围内的各项重要工作进行领导和决策。国务院常务会议由总理、副总理、国务委员、秘书长组成,由总理召集和主持。国务院常务会议的主要任务是:(1)讨论决定国务院工作中的重要事项;(2)讨论法律草案、审议行政法规草案;(3)通报和讨论其他重要事项。国务院常务会议一般每周召开一次,根据需要可安排有关部门、单位负责人列席会议。

根据法律和国务院的决定,国务院各部、委员会可以在本部门的权限内发布命令、指示和规章,但各部、各委员会工作中的方针、政策、计划和重大行政措施,应向国务院请示报告,由国务院决定。

国务院各部门提请国务院研究决定的重大事项,都必须经过深入调查研究,并进行合法性、必要性、科学性、可行性和可控性评估论证;涉及相关部门的,应当充分协商;涉及地方的,应当事先征求意见;涉及重大公共利益和公众权益、容易引发社会稳定问题的,要进行社会稳定风险评估,并采取听证会等多种形式听取各方面意见。

国务院在作出重大决策前,根据需要通过多种方式,直接听取民主党派、社会团体、专家学者、社会公众等方面的意见和建议。

提请国务院全体会议和国务院常务会议讨论的议题,由国务院分管领导同志协调或审核后提出,由国务院办公厅汇总报总理确定;会议文件由总理批印。

(五)国务院职权

根据现行宪法,国务院的职权共18项,包括宪法列举的17项职权以及全国人大及其常委会授予的其他职权。

国务院的职权主要有以下几个方面。

一是根据宪法和法律,规定行政措施,制定行政法规,发布决定和命令。行政法规的名称一般称"条例",也可以称"规定"、"办法"等。国务院根据全国人大及其常委会的授权决定制定的行政法规,称"暂行条例"或"暂行规定"。

二是向全国人民代表大会或全国人大常委会提出议案。

三是规定各部和各委员会的任务和职责,统一领导各部和各委员会的工作,并且领导不属于各部和各委员会的全国性的行政工作;统一领导全国地方各级国家行政机关的工作,规定中央和省、自治区、直辖市的国家行政机关的职权的具体划分;编制和执行国民经济和社会发展计划和国家预算;批准省、自治区、直辖市的区域划分，批准自治州、县、自治县、市的建置和区域划分；依照法律规定决定省、自治区、直辖市的范围内部分地区进入紧急状态等。

四是领导和管理经济工作和城乡建设、生态文明建设、教育、科学、文化、卫生、体育、计划生育工作和民政、公安、司法行政等工作以及管理对外事务，领导和管理国防建设事业和民族事务。[①]

五是保障少数民族的平等权利和民族自治地方的自治权利，保护华侨的正当的权利和利益，保护归侨和侨眷的合法的权利和利益。

六是有权改变或撤销各部、各委员会发布的不适当的命令、指示和规章，有权改变或撤销地方各级国家行政机关的不适当的决定和命令。

七是全国人大及其常委会授予国务院的其他职权。如根据《立法法》的规定，应当制定法律的事项尚未制定法律的，全国人大及其常委会有权作出决定，授权国务院可以根据实际需要，对其中的部分事项先制定行政法规，但是有关犯罪和刑罚、对公民政治权利的剥夺和限制人身自由的强制措施和处罚、司法制度等事项除外。

（六）国务院机构设置

《宪法》、《国务院组织法》及《国务院行政机构设置和编制管理条例》对国务院机构作了规定，经几次改革后，国务院共设置以下的行政机构：

[①] 根据2018年3月11日十三届全国人大一次会议审议通过的《中华人民共和国宪法修正案》第46条，宪法第89条"国务院行使下列职权"中第六项"（六）领导和管理经济工作和城乡建设"被修改为"（六）领导和管理经济工作和城乡建设、生态文明建设"；第八项"（八）领导和管理民政、公安、司法行政和监察等工作"修改为"（八）领导和管理民政、公安、司法行政等工作"。

1. 国务院办公厅

是国务院依《国务院组织法》的规定设立的协助国务院领导处理国务院日常工作的行政机构。国务院办公厅由秘书长领导,并设副秘书长若干人,协助秘书长工作。国务院秘书长受总理领导。

2. 国务院组成部门

是依法分别履行国务院基本的行政管理职能的行政机构。包括:(1) 各部:设部长1人、副部长2至4人。(2) 各委员会:设主任1人、副主任2至4人、委员5至10人。(3) 中国人民银行:设行长1人、副行长若干人。(4) 审计署。

3. 国务院直属特设机构

国务院国有资产监督管理委员会,根据国务院授权对中央企业履行出资人职责。

4. 国务院直属机构

是主管国务院某项专门业务、具有独立的行政管理职能的行政机构。每个机构设负责人2至5人。

5. 国务院办事机构

是协助国务院总理办理专门事项、不具有独立的行政管理职能的行政机构。每个机构设负责人2至5人。

6. 国务院部委管理的国家局

是由国务院组成部门、直属机构管理、主管特定业务的、行使行政管理职能的行政机构。

7. 国务院议事协调机构

议事协调机构承担跨国务院行政机构的重要业务工作的组织协调任务,一般不设实体办事机构,议定事项由有关的行政机构按各自的职责负责办理。

此外,国务院还设立新华通讯社、中国科学院、中国社会科学院、中国工程院、国务院发展研究中心、中央广播电视总台、中国气象局、中国银行保险监督管理委员会、中国证券监督管理委员会等直属事业单位。

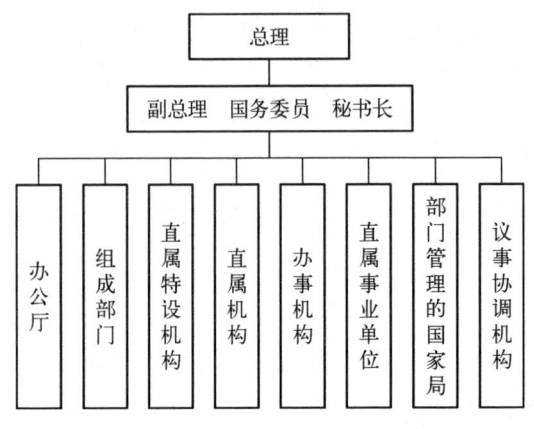

图 5‑3　国务院及其机构设置①

五、中央军事委员会

（一）军事制度概述

根据马克思主义国家学说,军队是国家政权不可缺少的重要组成部分,在国家生活中有着极为重要的作用。作为国家根本法的宪法,应对军队和军事领导机关作相应的规定,军队和军事领导机关理应在宪法中有它的地位。

世界各国的大多数宪法对军队的领导机关有明确规定。大致可以分为拥有军事领导权的个人和集体领导机关。如根据1958年《法国宪法》的规定,共和国总统为军队统帅,主持最高国

---

① 参见《国务院组织法》和2018年《国务院工作规则》。

防会议和国防委员会的会议;政府掌管武装力量,总理对国防负责并任命军职人员。根据1949年《联邦德国基本法》,联邦国防部长对武装力量拥有命令和指挥权。依《美国宪法》第2条第2款,总统为合众国陆海军和奉调为合众国服现役的各州民兵的总司令。

从各国实践看,许多国家在宪法基础上制定国防基本法,以此实施宪法中对武装力量及其领导机关的规定。如我国1997年《国防法》、1985年《加拿大国防法》等。

1947年《中国人民政治协商会议共同纲领》规定:"中华人民共和国的武装力量,即人民解放军、人民公安部队和人民警察,是属于人民的武力。其任务为保卫中国的独立和领土主权的完整,保卫中国人民的革命成果和一切合法权益"。《共同纲领》还设专章规定"军事制度",内容涉及军队的组成、领导体制和主要任务等。1954年宪法第20条规定:"中华人民共和国的武装力量属于人民,它的任务是保卫人民革命和国家建设的成果,保卫国家的主权、领土完整和安全",并规定了国防委员会的设置。1975年宪法和1978年宪法也对我国武装力量的组成、任务和领导机关等内容作了规定。

根据1982年宪法第29条,中华人民共和国的武装力量属于人民,它的任务是巩固国防,抵抗侵略,保卫祖国,保卫人民的和平劳动,参加国家建设事业,努力为人民服务。国家加强武装力量的革命化、现代化和正规化的建设,增强国防力量。宪法还对我国武装力量的领导机关、组成以及领导体制等作了规定。

我国武装力量由中国人民解放军现役部队和预备役部队、中国人民武装警察部队和民兵组成。

中国人民解放军现役部队是国家的常备军,主要担负防卫作战任务,必要时可以依照法律规定协助维护社会秩序。预备役部队平时按照规定进行训练,必要时可以依照法律规定协助维护社会秩序,战时根据国家发布的动员令转为现役部队。

中国人民武装警察部队在中共中央、中央军事委员会的领导指挥下,担负国家赋予的安全保卫任务以及防卫作战、抢险救灾、参加国家经济建设等任务。[1] 民兵在军事机关的指挥下,担负战备勤务、防卫作战任务,协助维护社会秩序。

《共同纲领》和1954年以来的宪法以及《国防法》的有关规定,为我国的军事制度奠定了宪法和法律基础。

(二)中央军事委员会的设立

中国人民解放军是中国共产党缔造和领导的人民军队。中共中央军事委员会是中国共产党在领导革命战争中逐步形成的最高军事领导机关。

根据《共同纲领》和《中央人民政府组织法》的规定,中央人民政府委员会组织人民革命军事委员会作为国家最高军事领导机关,统一管辖并指挥中国人民解放军和人民公安部队,党内不再设中央军事委员会。1954年宪法规定设立中华人民共和国国防委员会,但国防委员会"在实质上是一个有利于对敌斗争的统一战线性质的组织"。[2] 1954年9月28日,中共中央政治局决定,在中央政治局和书记处之下,成立中共中央军事委员会,担负整个军事工作的领导。

---

[1] 中国人民武装警察部队于1982年6月19日组建,作为国家武装力量的组成部分,受国务院、中央军委统一领导。根据《中共中央关于调整中国人民武装警察部队领导指挥体制的决定》,自2018年1月1日零时起,武警部队由党中央、中央军委集中统一领导,不再列国务院序列。
[2] 参见《中共中央关于成立党的军事委员会的决议》(1954年9月28日)。

1975年宪法和1978年宪法取消国家主席和国防委员会的设置,规定由中国共产党中央委员会主席统率全国武装力量。

1982年宪法总结新中国成立以来的历史经验,根据我国的实际情况和需要,规定设立中华人民共和国中央军事委员会领导全国武装力量。中华人民共和国中央军事委员会和中共中央军事委员会,均简称"中央军委",两个机构组成人员、领导机构相同。

设立国家的中央军事委员会是有关国家体制和军事领导体制的重要改革。在国家的中央军事委员会成立后,中共中央军事委员会仍然作为党中央的军事领导机关。这样的领导机制,既保证了党对军队的领导,又加强了军队各方面的工作,有利于军队的革命化、现代化和正规化建设。

(三) 中央军事委员会的性质、地位、组成、任期和领导体制

现行宪法第93条规定:"中华人民共和国中央军事委员会领导全国武装力量。"这一规定表明,中央军事委员会是国家最高军事指挥机关,领导全国武装力量。

现行宪法将"中央军事委员会"单列一节,规定中央军事委员会主席对全国人民代表大会及其常务委员会负责,中央军事委员会在国家机构体系中处于从属于最高国家权力机关的地位。

宪法规定,中央军事委员会由主席、副主席若干人、委员若干人组成。中央军事委员会主席由全国人民代表大会选举产生;中央军事委员会其他组成人员的人选,根据中央军事委员会主席的提名,由全国人民代表大会决定;在全国人民代表大会闭会期间,中央军事委员会其他组成人员的人选,根据中央军事委员会主席的提名,由全国人大常委会决定。全国人民代表大会有权罢免中央军事委员会主席和中央军事委员会其他组成人员。

中央军事委员会每届任期同全国人民代表大会每届任期相同。

现行宪法第93条第3款规定:"中央军事委员会实行主席负责制。"这一规定表明,中央军事委员会在组织形式上是一个集体组成的国家机关,但其领导体制是首长负责制。主要表现在:

一是,中央军事委员会其他组成人员的人选,由中央军事委员会主席提名,全国人民代表大会决定;在全国人民代表大会闭会期间,由中央军事委员会主席提名,全国人大常委会决定。

二是,中央军事委员会主席对全国人大及其常委会负责。

三是,中央军事委员会领导全国武装力量,有关重大问题必须经中央军事委员会讨论决定,中央军事委员会主席领导中央军事委员会的工作。

(四)中央军事委员会的职权

根据《国防法》第13条,中央军事委员会行使下列职权:(1)统一指挥全国武装力量;(2)决定军事战略和武装力量的作战方针;(3)领导和管理中国人民解放军的建设,制定规划、计划并组织实施;(4)向全国人民代表大会或全国人大常委会提出议案;(5)根据宪法和法律,制定军事法规,发布决定和命令;(6)决定中国人民解放军的体制和编制;(7)依照法律、军事法规的规定,任免、培训、考核和奖惩武装力量成员;(8)批准武装力量的武器装备体制和武器装备发展规划、计划,协同国务院领导和管理国防科研生产;(9)会同国务院管理国防经费和国防资产;(10)法律规定的其他职权。

此外,中共中央和中央军事委员会领导中国人民武装警察部队。

六、监察委员会

(一)监察体制概述

1. 监察组织的由来和法律地位

监察,是指对机关或工作人员的监督、考察及处理。为保证公职人员廉洁奉公,古今中外都十分重视监察法律制度。西方不少国家除实行分权外,还建立了议会行政监察专员制度,由独立监督行政权运行且不受党派影响的监察专员,负责处理对政府部门违法和不当行政的申诉,并享有调查、报告及对个案处理和建议权;监察专员多由议会或政府首脑任命,向其汇报工作。瑞典首建监察专员制度并于1810年制定《监察专员法》。根据1974年《瑞典王国政府组织法》第12章监督权第12条的规定,议会应选出一名或数名督察专员,负责根据议会的指示对公务员执行法律与其他法规的情况实施监督。

中国监察制度形成于战国时期;秦汉初具规模,中央设御史台;汉代以监察地方长吏为主;唐设御史台作为中央监察机关,有权弹劾百官、参决大狱、监督府库支出等;明清时改设都察院。孙中山主张的独立于立法、行政、司法、考试的监察权,是对百官弹劾纠举、实施监督的权力。南京国民政府采"五权宪法",设监察院,主要负弹劾、审计之责,并公布《监察院组织法》。

1949年中共中央决定设党的各级纪委作为党内监督机关,同时根据起临时宪法作用的《共同纲领》,在县市以上各级政府内,设人民监察机关,以监督各级国家机关和各种公务人员是否履行其职责,并纠举其中之违法失职的机关和人员。但1959年监察部被撤。

根据1982年《宪法》的规定,国务院领导和管理监察工作,县级以上地方各级人民政府依照法律规定的权限,管理本行政区域内的监察工作。1983年中国共产党纪律检查机关恢复重建,1986年恢复设立行政监察机关。1993年2月,根据《中共中央、国务院批转关于中央纪委、监察部机关合署办公和机构设置有关问题的请示的通知》(中发〈1993〉4号):"中央纪委、监察部合署,实行一套工作机构、两个机关名称的体制。合署后的中央纪委履行党的纪律检查和政府行政监察两项职能,对党中央全面负责"。地方各级监察机关与党的纪委合署后,实行由所在政府和上级纪检监察机关双重领导体制。根据1979年《刑事诉讼法》的规定,贪污贿赂犯罪和国家工作人员的渎职犯罪等,由人民检察院立案侦查。各级人民检察院相继设立反贪污贿赂、反渎职侵权和职务犯罪预防部门。1997年八届全国人大常委会第二十五次会议制定并于2010年6月25日由十一届全国人大常委会第十五次会议修订了《行政监察法》。2007年国务院设立国家预防腐败局,其后,县级以上地方各级人民政府也设立国家预防腐败局。

2. 监察体制改革与修改宪法、制定监察法

原有的纪检监察体制对加强党风廉政建设、深入开展反腐败工作,发挥了重要作用,但随着反腐败工作的深入推进,对公职人员监督方面的不足,也逐步显现出来,如反腐败资源力量分散、监察范围较窄、体现专责和集中统一不够及法纪衔接不畅等问题。

根据党中央决策部署,2016年12月十二届全国人大常委会第二十五次会议通过《关于在北京市、山西省、浙江省开展国家监察体制改革试点工作的决定》。根据党的十九大精神,在认真总结三省市试点工作经验的基础上,2017年11月十二届全国人大常委会第三十次会议通过《关于在全国各地推开国家监察体制改革试点

工作的决定》,国家监察体制改革试点工作在全国有序推开。

监察体制改革的任务是加强党对反腐败工作的统一领导,整合政府的行政监察、预防腐败和检察机关查处贪污贿赂、失职渎职以及预防职务犯罪等工作力量,成立监察委员会,与各级党的纪律检查委员会合署办公,实现对所有行使公权力的公职人员监察全覆盖。截至2018年3月底,国家和省、市、县四级监察委员会全部组建成立。

十三届全国人大一次会议2018年3月11日对1982年《宪法》作出部分修改。此次宪法修改共有21条,其中11条与国家监察体制改革相关,如在总纲中明确监察机关由同级人大产生,对它负责,受它监督;将第89条"国务院行使下列职权"中第八项"(八)领导和管理民政、公安、司法行政和监察等工作",修改为"(八)领导和管理民政、公安、司法行政等工作";将第104条中"监督本级人民政府、人民法院和人民检察院的工作",修改为"监督本级人民政府、监察委员会、人民法院和人民检察院的工作";删去第107条第一款"县级以上地方各级人民政府依照法律规定的权限,管理本行政区域内的监察工作"的规定。

在宪法第三章"国家机构"中增加一节,作为第七节"监察委员会",增加规定监察委员会的性质、组成、任期、领导体制以及监察委员会依法独立行使监察权,不受行政机关、社会团体和个人的干涉等内容。

《宪法修正案》的通过和实施,为制定监察法提供了宪法依据。2018年3月20日,十三届全国人大一次会议表决通过《监察法》,将宪法修改所确立的监察制度进一步具体化。

此外,2018年10月26日,十三届全国人大常委会第六次会议通过《关于修改刑事诉讼法的决定》。其中,完善了与《监察法》的衔接机制，调整了人民检察院侦查职权。①

（二）监察委员会的性质、组成、任期、产生和领导体制

根据现行《宪法》，各级监察委员会是国家的监察机关。设立国家监察委员会和地方各级监察委员会。监察委员会由主任、主任若干人、委员若干人组成。监察委员会主任每届任期同本级人民代表大会每届任期相同。国家监察委员会主任连续任职不得超过两届。

中华人民共和国国家监察委员会是最高监察机关。国家监察委员会领导地方各级监察委员会的工作，上级监察委员会领导下级监察委员会的工作。

国家监察委员会对全国人大及其常委会负责。地方各级监察委员会对产生它的国家权力机关和上一级监察委员会负责。

监察委员会依照法律规定独立行使监察权，不受行政机关、社会团体和个人的干涉。

（三）监察权限、范围和监察措施

根据《监察法》，监察委员会依法履行监督、调查、处置职责：（1）对公职人员开展廉政教育，对其依法履职、秉公用权、廉洁从政从业以及道德操守情况进行监督检查；（2）对涉嫌贪污贿赂、滥用职权、玩忽职守、权力寻租、利益输送、徇私舞弊以及浪费国家资财等职务违法和职务犯罪进行调查；（3）对违法的公职人员依法作出政务处分决定；对履行职责不力、失职失责的领导人员进行问责；

---

① 将人民检察院立案侦查的范围修改为"对诉讼活动实行法律监督中发现的司法工作人员利用职权实施的非法拘禁、刑讯逼供、非法搜查等侵犯公民权利、损害司法公正的犯罪"。

(4)对涉嫌职务犯罪的,将调查结果移送人民检察院依法审查、提起公诉;(5)向监察对象所在单位提出监察建议。

监察机关对下列公职人员和有关人员进行监察:中国共产党机关、人民代表大会及其常务委员会机关、人民政府、监察委员会、人民法院、人民检察院、中国人民政治协商会议各级委员会机关、民主党派机关和工商业联合会机关的公务员,以及参照《中华人民共和国公务员法》管理的人员;法律、法规授权或者受国家机关依法委托管理公共事务的组织中从事公务的人员;国有企业管理人员;公办的教育、科研、文化、医疗卫生、体育等单位中从事管理的人员;基层群众性自治组织中从事管理的人员;其他依法履行公职的人员。

监察机关可以采取谈话、讯问、询问、查询、冻结、调取、查封、扣押、搜查、勘验检查、鉴定、留置等措施开展调查。

监察机关根据监督、调查结果,对有职务违法行为但情节较轻的公职人员,按照管理权限,直接或委托有关机关、人员,进行谈话提醒、批评教育、责令检查,或予以诫勉;对违法的公职人员依法作出警告、记过、记大过、降级、撤职、开除等政务处分决定;对不履行或不正确履行职责负有责任的领导人员,按照管理权限对其直接作出问责决定,或向有权作出问责决定的机关提出问责建议;对涉嫌职务犯罪的,监察机关经调查认为犯罪事实清楚,证据确实、充分的,制作起诉意见书,连同案卷材料、证据一并移送人民检察院依法审查、提起公诉;对监察对象所在单位廉政建设和履行职责存在的问题等提出监察建议。监察机关经调查,对没有证据证明被调查人存在违法犯罪行为的,应撤销案件。

(四)监察机关与审判机关、检察机关互相配合、互相制约

对监察机关移送的案件,人民检察院依照《刑事诉讼法》对

被调查人采取强制措施。① 人民检察院经审查,认为犯罪事实已经查清,证据确实、充分,依法应当追究刑事责任的,应当作出起诉决定。对监察机关移送的案件,人民检察院经审查,认为需要补充核实的,应当退回监察机关补充调查,必要时可自行补充侦查;对于有刑事诉讼法规定的不起诉的情形的,经上一级人民检察院批准,依法作出不起诉的决定;监察机关在收集、固定、审查、运用证据时,应与刑事审判关于证据的要求和标准相一致。

七、人民法院和人民检察院

(一)司法体制概述

1. 司法机关的组织及法律地位

司法机关是指行使司法权的国家机关,狭义仅指法院,广义还包括检察机关。一般认为,在西方国家,司法权与是立法、行政相并列的、独立的权力,司法机关主要是指法院。由于各国的、政治制度、历史文化传统等因素的不同,各国法院的法律地位呈现出多样性,法院组织之间也存在差异性,但在西方国家,"通常强调司法

---

① 2018年10月26日,十三届全国人大常委会第六次会议通过《关于修改刑事诉讼法的决定》。其中,完善了与《监察法》的衔接机制,在涉及监察体制改革的衔接部分,增加规定:"人民检察院对于监察机关移送起诉的案件,依照本法和监察法的有关规定进行审查。人民检察院经审查,认为需要补充核实的,应当退回监察机关补充调查,必要时可以自行补充侦查。对于监察机关移送起诉的已采取留置措施的案件,人民检察院应当对犯罪嫌疑人先行拘留,留置措施自动解除。人民检察院应当在拘留后的十日以内作出是否逮捕、取保候审或者监视居住的决定。在特殊情况下,决定的时间可以延长一日至四日。人民检察院决定采取强制措施的期间不计入审查起诉期限。"

权与立法权、行政权的严格分立,强调法院行使审判权的独立性,国家权力相互之间的制约性十分突出。总体上讲,法院在国家政治生活中居于举足轻重的地位,其对整个公共权力的调控作用明显"。①

美国法院组织分为联邦和州两个系统。联邦法院系统分地区法院、上诉法院和最高法院三级②;美国各州法院系统很不统一,一般分地方法院、州上诉法院和州最高法院,但名称和结构不统一。

英国的法院按审理案件的性质可分为民事和刑事两大系统。民事法院系统由四级法院组成:郡法院;高等法院,分为王座庭、家事庭和大法官庭(王座法庭又分别设行政庭和上诉庭);上诉法院(民事庭)和最高法院。刑事法院系统分为以下四级法院:地方法院,青少年法院作为地方法院分支,受理被告为 10~17 岁的案件;刑事法院;上诉法院(刑事庭)和最高法院。此外,英国还有一些特别设立的专门法院如反垄断法院、验尸官法院、专业法庭和军事法庭。

联邦德国法院系统由不同的法院组成,它包括宪法法院体系、普通法院体系、行政法院体系、财税法院体系、社会福利法院体系和劳工法院体系,其中普通法院体系由刑事审判和民事审判两部

---

① 韩大元:《中国司法制度的宪法构造》,载《中国人民大学学报》2009 年第 3 期。
② 在美国,每个州至少有一个地区法院,较大的州可能设立 2—4 个地区法院。地区法院是初审管辖法院;美国 50 州划分为 11 个司法巡回区,此外,首都华盛顿哥伦比亚特区作为一个巡回区,每个巡回区设立一个联邦上诉法院,共 12 个上诉法院。另外还有一个特别的"联邦巡回区",其上诉法院称为联邦巡回上诉法院,也在哥伦比亚特区,管辖范围涉及全国,但通常审理涉及国际贸易、专利、商标、政府合同、向政府机关索赔的案件,以及对所有地区法院、权利申诉法院、国际贸易法院和退伍军人权利上诉法院所作判决不服的上诉案件。联邦最高法院是唯一直接由宪法明确规定而设立的法院,也是联邦法院中的最后上诉法院。美国联邦最高法院的管辖权分初审管辖权和上诉管辖权。此外,联邦法院系统还包括权利申诉法院、国际贸易法院、税务法庭等。

分机构组成。普通法院体系包括地方法院、州法院、州高级法院和联邦法院四级。

法国法院系统由不同的法院组成,它包括宪法委员会、特别高等法院、共和国法院、普通法院体系、行政法院体系,以及商事法院、劳动法院、社会保障法院、农事法院等其他特别法院体系。其中普通法院体系是狭义的司法组织,又由刑事和民事审判两部分机构组成。

我国的司法权是统一的国家权力的一部分。在我国,以前把公安、法院、检察院统称为司法机关,现在比较有共识的观点是司法机关包括法院、检察院。① 法院是国家的审判机关,检察院是国家的法律监督机关,都是同级人大产生的国家机关。

2. 我国司法体制改革和组织法修改

我国《人民法院组织法》和《人民检察院组织法》是规定人民法院、人民检察院机构设置及其职责权限的重要法律,是我国司法制度的支柱性法律。

《人民法院组织法》和《人民检察院组织法》自 1979 年颁布施行以来,分别在 1983 年、1986 年、2006 年和 1983 年、1986 年作了局部修改。《人民法院组织法》和《人民检察院组织法》明确了我国审判机关、检察机关在国家机构中的性质、地位、作用和职责,对构建人民法院、人民检察院组织体系、加强审判和法律监督工作、确立中国特色社会主义司法制度,发挥了重要作用。

40 年来,随着我国经济社会飞速发展,民主法治建设日臻完善,先后出台和修订完善了刑事、民事和行政诉讼法等相关法律。尤其是全面依法治国的深化和国家监察体制改革、司法体制改革

---

① 蔡定剑:《宪法精解》,法律出版社 2006 年版,第 436 页。

的推进，审判机关、检察机关的机构设置、职权配置、审判权和检察权运行方式和保障机制等都发生了深刻变化，这些都需要在《人民法院组织法》和《人民检察院组织法》中予以体现。

2018年10月26日，十三届全国人大常委会第六次会议修订通过了《人民法院组织法》和《人民检察院组织法》。新修订的《人民法院组织法》和《人民检察院组织法》，进一步明确了人民法院、人民检察院的性质和任务，完善了人民法院、人民检察院工作原则、机构设置和内设机构、职权、组成人员以及行使职权的方式、办案组织和保障机制等有关规定。

(二) 人民法院

1. 人民法院的性质、任务、工作原则和体制

人民法院是国家的审判机关。

人民法院通过审判刑事案件、民事案件、行政案件以及法律规定的其他案件，惩罚犯罪，保障无罪的人不受刑事追究，解决民事、行政纠纷，保护个人和组织的合法权益，监督行政机关依法行使职权，维护国家安全和社会秩序，维护社会公平正义，维护国家法制统一、尊严和权威，保障中国特色社会主义建设的顺利进行。

人民法院依照宪法、法律和全国人大常委会的决定设置。

人民法院依照法律规定独立行使审判权，不受行政机关、社会团体和个人的干涉。人民法院审判案件在适用法律上一律平等，不允许任何组织和个人有超越法律的特权，禁止任何形式的歧视。人民法院坚持司法公正，以事实为根据，以法律为准绳，遵守法定程序，依法保护个人和组织的诉讼权利和其他合法权益，尊重和保障人权。人民法院实行司法公开，法律另有规定的除外。

人民法院实行司法责任制，建立健全权责统一的司法权力运

行机制。

最高人民法院对全国人大及其常委会负责并报告工作。地方各级人民法院对本级人大及其常委会负责并报告工作。各级人大及其常委会对本级人民法院的工作实施监督。

最高人民法院是最高审判机关,监督地方各级人民法院和专门人民法院的审判工作,上级人民法院监督下级人民法院的审判工作。

2. 人民法院机构设置和审判组织

人民法院分为:最高人民法院、地方各级人民法院和专门人民法院。地方各级人民法院分为高级人民法院、中级人民法院和基层人民法院;专门人民法院包括军事法院和海事法院、知识产权法院、金融法院等。

最高人民法院可以设巡回法庭,审理最高人民法院依法确定的案件。

高级人民法院包括省、自治区、直辖市高级人民法院;中级人民法院包括省、自治区辖市的中级人民法院,在直辖市内设立的中级人民法院,自治州中级人民法院,在省、自治区内按地区设立的中级人民法院;基层人民法院包括县、自治县、不设区的市和市辖区人民法院。基层人民法院根据地区、人口和案件情况,可以设立若干人民法庭。

人民法院根据审判工作需要,可以设必要的专业审判庭。法官员额较少的中级人民法院和基层人民法院,可以设综合审判庭或不设审判庭。

人民法院根据审判工作需要,可以设综合业务机构。法官员额较少的中级人民法院和基层人民法院,可以不设综合业务机构。

人民法院审理案件,由合议庭或者法官一人独任审理。合议庭由法官组成,或由法官和人民陪审员组成,成员为三人以上单数。合议庭由一名法官担任审判长。院长或庭长参加审理案件时,由自己担任审判长。各级人民法院设审判委员会。审判委员会由院长、副院长和若干资深法官组成,成员应当为单数。

3. 人民法院人员组成

人民法院的审判人员由院长、副院长、审判委员会委员和审判员等人员组成。

人民法院院长负责本院全面工作,监督本院审判工作,管理本院行政事务。人民法院副院长协助院长工作。

最高人民法院院长由全国人大选举,副院长、审判委员会委员、庭长、副庭长和审判员由院长提请全国人大常委会任免。最高人民法院巡回法庭庭长、副庭长,由最高人民法院院长提请全国人大常委会任免。

地方各级人民法院院长由本级人大选举,副院长、审判委员会委员、庭长、副庭长和审判员由院长提请本级人大常委会任免。

在省、自治区内按地区设立的和在直辖市内设立的中级人民法院院长,由省、自治区、直辖市人大常委会根据主任会议的提名决定任免,副院长、审判委员会委员、庭长、副庭长和审判员由高级人民法院院长提请省、自治区、直辖市人大常委会任免。

人民法院院长任期与产生它的人民代表大会每届任期相同。各级人大有权罢免由其选出的人民法院院长。在地方人大闭会期间,本级人大常委会认为人民法院院长需要撤换的,应报请上级人大常委会批准。

人民法院的法官、审判辅助人员和司法行政人员实行分类管理。法官实行员额制。法官员额根据案件数量、经济社会发展情况、人口数量和人民法院审级等因素确定。

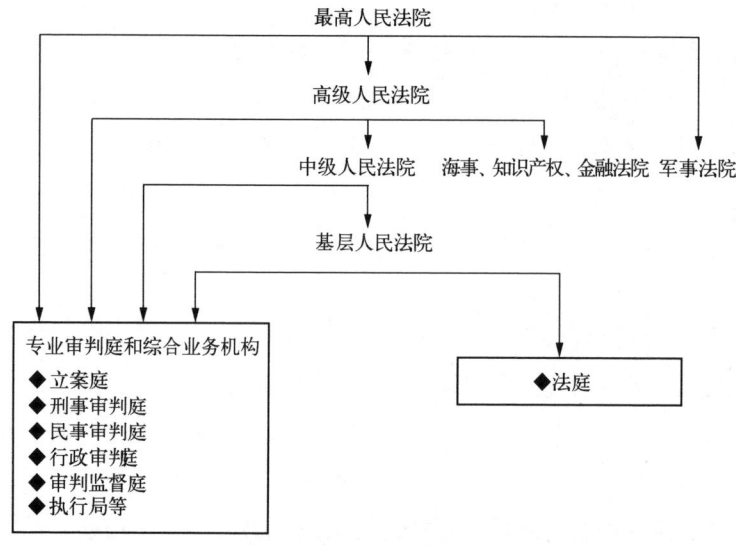

图 5-4 我国人民法院组织机构

资料来源:《中华人民共和国宪法》和《中华人民共和国人民法院组织法》

(三)人民检察院

1. 人民检察院的性质、任务、工作原则和体制

人民检察院是国家的法律监督机关。

人民检察院通过行使检察权,追诉犯罪,维护国家安全和社会秩序,维护个人和组织的合法权益,维护国家利益和社会公共利益,保障法律正确实施,维护社会公平正义,维护国家法制统一、尊严和权威,保障中国特色社会主义建设的顺利进行。人民检察院依照宪法、法律和全国人大常委会的决定设置。

人民检察院依照法律规定独立行使检察权,不受行政机关、社会团体和个人的干涉。人民检察院行使检察权在适用法律上一律平等,不允许任何组织和个人有超越法律的特权,禁止任何形式的歧视。人民检察院坚持司法公正,以事实为根据,以法律为准绳,遵守法定程序,尊重和保障人权。人民检察院实行司法公开,法律另有规定的除外。

人民检察院实行司法责任制,建立健全权责统一的司法权力运行机制。

最高人民检察院对全国人大及其常委会负责并报告工作。地方各级人民检察院对本级人大及其常委会负责并报告工作。各级人大及其常委会对本级人民检察院的工作实施监督。

最高人民检察院是最高检察机关,领导地方各级人民检察院和专门人民检察院的工作,上级人民检察院领导下级人民检察院的工作。

2. 人民检察院机构设置和办案组织

人民检察院分为:最高人民检察院、地方各级人民检察院和军事检察院等专门人民检察院。

地方各级人民检察院分为:省级人民检察院,包括省、自治区、直辖市人民检察院;设区的市级人民检察院,包括省、自治区辖市人民检察院,自治州人民检察院,省、自治区、直辖市人民检察院分院;基层人民检察院,包括县、自治县、不设区的市、市辖区人民检察院。

省级人民检察院和设区的市级人民检察院根据检察工作需要,经最高人民检察院和省级有关部门同意,并提请本级人大常委会批准,可以在辖区内特定区域设立人民检察院,作为派出机构。

人民检察院根据检察工作需要,可以在监狱、看守所等场所设立检察室,行使派出它的人民检察院的部分职权,也可以对上述场所进行巡回检察。

省级人民检察院设立检察室,应当经最高人民检察院和省级有关部门同意。设区的市级人民检察院、基层人民检察院设立检察室,应当经省级人民检察院和省级有关部门同意。

人民检察院根据检察工作需要,设必要的业务机构。检察官员额较少的设区的市级人民检察院和基层人民检察院,可以设综合业务机构。

人民检察院办理案件,根据案件情况可以由一名检察官独任办理,也可以由两名以上检察官组成办案组办理。

由检察官办案组办理的,检察长应当指定一名检察官担任主办检察官,组织、指挥办案组办理案件。

各级人民检察院设检察委员会。检察委员会由检察长、副检察长和若干资深检察官组成,成员应当为单数。

3. 人民检察院人员组成

人民检察院的检察人员由检察长、副检察长、检察委员会委员和检察员等人员组成。

人民检察院检察长领导本院检察工作,管理本院行政事务。人民检察院副检察长协助检察长工作。

最高人民检察院检察长由全国人大选举,副检察长、检察委员会委员和检察员由检察长提请全国人大常委会任免。

地方各级人民检察院检察长由本级人大选举,副检察长、检察委员会委员和检察员由检察长提请本级人大常委会任免。地方各级人民检察院检察长的任免,须报上一级人民检察院检察长提请本级人大常委会批准。省、自治区、直辖市人民检察院分院检察长、副检察长、检察委员会委员和检察员,由省、自治区、直辖市人民检察院检察长提请本级人大常委会任免。

人民检察院检察长任期与产生它的人民代表大会每届任期相同。

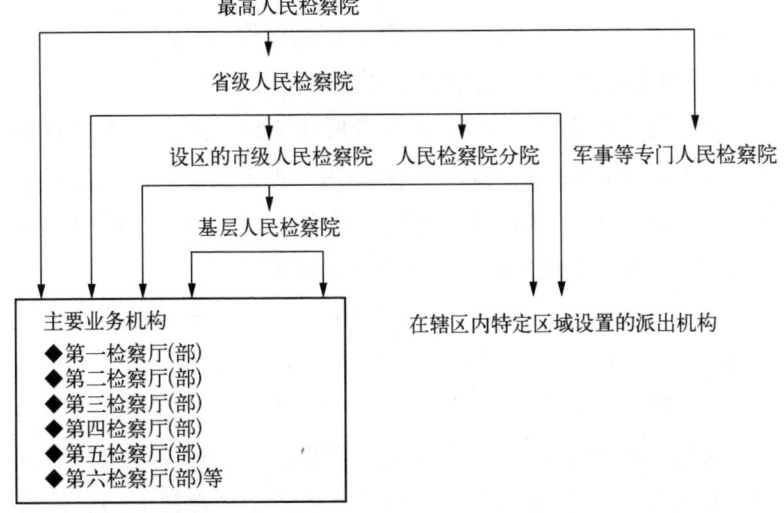

图 5-5 我国人民检察院组织机构

资料来源:《中华人民共和国宪法》和《中华人民共和国人民检察院组织法》

全国人大常委会和省、自治区、直辖市人大常委会根据本级人民检察院检察长的建议,可以撤换下级人民检察院检察长、副检察长和检察委员会委员。

人民检察院的检察官、检察辅助人员和司法行政人员实行分类管理。检察官实行员额制。

八、地方国家机构

(一)地方国家机构概述

地方国家机构是一国宪法体系的重要组成部分,具有重要的宪法地位。

斯蒂芬·L·埃尔金指出:"关于立宪政府政治结构理论的重

要组成部分,必须是关于地方政府制度的设计。"①

但西方国家不使用"地方国家机构"的用语,而较多使用"地方政府"、"地方议会"、"地方当局"等用语。

关于地方政府的涵义,各国学者所述不尽一致。西方学者多作广义的理解。如《剑桥百科全书》认为:"地方政府是在宪法上从属于全国性政府、区域性政府或联邦制政府下的一整套政治机构,它有权在国家有限的领域范围内履行某种职能"。②

《美国百科全书》将"地方政府"解释为:"某一全国性政府的政治分治机构,或联邦制下某一地域性政府的分治机构。"③

《国际社会科学百科全书》这样表述地方政府:"地方政府一般可以说是一种公共组织,它有权决定和管理一个较小地域内的有限公共政治,这一地域是某个区域性政府或全国性政府的分治机构。地方政府在政府机构体系中位于底层,全国政府位于最高层,中间部分则为中间政府(州、地区、省)。"④

因此,所谓地方政府,系指一个国家区域内设置的机构,在联邦国家,则仅指州(省、邦)以下的县、市、镇政府,州(省、邦)作为中间政府,本身不是地方政府。

各国学者对地方政府的分类,有代表性的是两种,一种是从地方与中央或上级关系角度所作的分类。如《布莱克维尔政治学百科全书》的作者认为:地方政府按享有的职权、地位,可以分为有充分自主权、相应的地位和独立合法性的地方政府和没有充分自主

---

① (美)斯蒂芬·L·埃尔金等编:《新宪政论》,三联书店1997年版,第165页。
② Cambridge Encyclopedia(London: Cambridge University Press,2000),p658.
③ Encyclopedia Americana, Volume 17(New York: Grolier, 1997), p637.
④ International Encyclopediaof the Social Science, Volumn 9 - 10(London: Macmillan, 1968), p451.

权、相应的地位和独立合法性的地方政府。①

另一种从地方政府与当地居民关系角度所作的分类。如塞缪尔·休姆斯认为,地方政府根据其是否具有代议性,可以分为非代议地方政府、半代议地方政府和代议性地方政府。②

对地方政府分类还可以有以下方法:(1)按职能,可分为具有多重职能的地方政府和具有单独职能的地方政府;(2)按所属国家的结构形式,可分为单一制国家地方政府和联邦制国家地方政府;(3)按层级,可分为多级制地方政府和一级制地方政府;(4)按与其他组织的关系程度,可分为独立型地方政府和非独立型地方政府。③

西方国家实行地方自治,地方政府是一个公共团体。如根据1985年《欧洲地方自治宪章》第3条,地方自治是指"地方政府在法律规定的范围内,确定并管理属于其各自职责内的、以本区域内居民的利益为目的的重要公共事务的权利和能力";"这种权利应通过以直接、平等、普遍选举权基础上实行的秘密投票方式自由选出的议员组成的地方议会来行使,且地方议会包括对其负责的地方执行机关。但上述条款在任何情况下,均不得影响采用法律允许的地方居民大会、公民投票或其他任何形式的公民直接参与。"可见,宪章规定的地方自治是指地方公共团体自治和居民自治。

1993年《世界地方自治宣言》第3条规定:"地方自治是指地方政府决定并管理属于其各自职责内的、以本区域内居民的利益为

---

① (英)戴维·米勒,韦农·波格丹诺编:《布莱克维尔政治学百科全书》,中国问题研究所等组织翻译,中国政法大学出版社1992年版,第421页。
② Samual Humes, Local Governance and National Power: A Worldwide Comparisonof Tradition and Changein Local Government(Harvester Wheat sheaf,1991),p. 203.
③ 任进:《比较地方政府制度》(21世纪政治学系列教材),北京大学出版社2008年版,第10—11页。

目的的公共事务的权利和责任。"同时规定:"这项权利应由居民个人和在平等、普遍选举权基础上自由选出的有任期的代议机构来行使,且地方主要行政长官应由居民按照上述原则选举产生或由代议机构参与任命。"同样,明确地方自治是指地方公共团体自治和居民自治。

(二) 我国地方人大及其常委会

1. 地方人大

根据《宪法》和《地方各级人民代表大会和地方各级人民政府组织法》(以下简称《地方组织法》)的规定,中国的省、自治区、直辖市、自治州、县、自治县、市、市辖区、乡、民族乡、镇设立人民代表大会。地方各级人民代表大会都是地方国家权力机关。本级的地方国家行政机关、审判机关和检察机关都由人民代表大会产生,在本行政区域内要对它负责,受它监督。因此,地方各级人民代表大会在本行政区域内处于重要地位。地方各级人民代表大会作为本行政区域内代表人民行使国家权力的机关,具有广泛的职权、代表性和一定自主性,所以地方各级人民代表大会之间、全国人民代表大会与地方各级人民代表大会之间,不是领导与被领导的关系。

地方各级人民代表大会由代表组成。省、自治区、直辖市、自治州、设区的市的人民代表大会代表由下一级的人民代表大会选举;县、自治县、不设区的市、市辖区、乡、民族乡、镇的人民代表大会代表由选民直接选举。地方各级人民代表大会每届任期5年。

县级以上地方各级人民代表大会的职权,概括起来,分为:

(1) 保证国家统一意志和上级国家权力机关决议的贯彻,即在本行政区域内,保证宪法、法律、行政法规和上级人民代表大会及其常务委员会决议的遵守和执行,保证国家计划和国家预算的执行；

（2）选举和罢免，即选举本级人民代表大会常务委员会的组成人员；选举省长、副省长，自治区主席、副主席，市长、副市长，州长、副州长，县长、副县长，区长、副区长；选举本级监察委员会主任；选举本级人民法院院长和人民检察院检察长；选出的人民检察院检察长，须报经上一级人民检察院检察长提请该级人民代表大会常务委员会批准；选举上一级人民代表大会代表。

地方各级人民代表大会有权罢免本级人民政府的组成人员。县级以上的地方各级人民代表大会有权罢免本级人民代表大会常务委员会的组成人员和由它选出的监察委员会主任、人民法院院长、人民检察院检察长。罢免人民检察院检察长，须报经上一级人民检察院检察长提请该级人民代表大会常务委员会批准。

（3）决定重大的地方国家事务，即审查和批准本行政区域内的国民经济和社会发展计划、预算以及它们执行情况的报告；讨论、决定本行政区域内的政治、经济、教育、科学、文化、卫生、环境和资源保护、民政、民族等工作的重大事项；

（4）监督其他地方国家机关的工作，即听取和审查本级人大常委会的工作报告；听取和审查本级人民政府和人民法院、人民检察院的工作报告；改变或撤销本级人大常委会的不适当的决议；撤销本级人民政府的不适当的决定和命令。

除以上职权外，省、自治区、直辖市和设区的市级的人大可以制定和颁布地方性法规。

乡、民族乡、镇的人民代表大会的职权，概括起来，可分为：

（1）保证国家统一意志和上级国家权力机关决议的贯彻，即在本行政区域内，保证宪法、法律、行政法规和上级人民代表大会及其常务委员会决议的遵守和执行；

(2) 选举本级人民代表大会主席、副主席；选举乡长、副乡长、镇长、副镇长；

(3) 决定重大地方性事务，即根据国家计划，决定本行政区域内的经济、文化事业和公共事业的建设计划；审查和批准本行政区域内的财政预算和预算执行情况的报告；决定本行政区域内的民政工作的实施计划。

(4) 监督，即听取和审查乡、民族乡、镇的人民政府的工作报告；撤销乡、民族乡、镇的人民政府的不适当的决定和命令。

(5) 保护各种权利，即保护社会主义的全民所有的财产和劳动群众集体所有的财产，保护公民私人所有的合法财产，维护社会秩序，保障公民的人身权利、民主权利和其他权利；保护各种经济组织的合法权益；保障少数民族的权利；保障宪法和法律赋予妇女的男女平等、同工同酬和婚姻自由等各项权利。

除以上的职权外，乡、民族乡、镇的人民代表大会有权在职权范围内通过和发布决议。

2. 县级以上地方各级人大常委会

1979年7月1日五届全国人大二次会议通过的《关于修正〈中华人民共和国宪法〉若干规定的决议》，同意县和县以上的地方各级人民代表大会设立常务委员会，并明确县和县以上的地方各级人民代表大会常务委员会是本级人民代表大会的常设机关，对本级人民代表大会负责并报告工作。1982年宪法重新加以确认。

省、自治区、直辖市、自治州、设区的市的人民代表大会常务委员会由本级人民代表大会在代表中选举主任、副主任若干人、秘书长、委员若干人组成。县、自治县、不设区的市、市辖区的人民代表大会常务委员会由本级人民代表大会在代表中选举主任、副主任若干人和委员若干人组成。

常务委员会的组成人员不得担任国家行政机关、审判机关和检察机关的职务；如果担任上述职务，必须向常务委员会辞去常务委员会的职务。

县级以上的地方各级人民代表大会常务委员会每届任期同本级人民代表大会每届任期相同，为五年，它行使职权到下届本级人民代表大会选出新的常务委员会为止。

县级以上地方各级人民代表大会常务委员会的职权，概括起来，分为：

（1）在本行政区域内，保证宪法、法律、行政法规和上级人民代表大会及其常务委员会决议的遵守和执行；

（2）领导或主持本级人民代表大会代表的选举；召集本级人民代表大会会议；

（3）讨论、决定本行政区域内的政治、经济、教育、科学、文化、卫生、环境和资源保护、民政、民族等工作的重大事项；根据本级人民政府的建议，决定对本行政区域内的国民经济和社会发展计划、预算的部分变更；决定授予地方的荣誉称号。

（4）在本级人民代表大会闭会期间，决定副省长、自治区副主席、副市长、副州长、副县长、副区长的个别任免；在省长、自治区主席、市长、州长、县长、区长和人民法院院长、人民检察院检察长因故不能担任职务的时候，从本级人民政府、人民法院、人民检察院副职领导人员中决定代理的人选；决定代理检察长，须报上一级人民检察院和人民代表大会常务委员会备案；根据省长、自治区主席、市长、州长、县长、区长的提名，决定本级人民政府秘书长、厅长、局长、委员会主任、科长的任免，报上一级人民政府备案；根据监察委员会主任的提名，决定本级监察委员会副主任、委员的任免；按照人民法院组织法和人民检察院组织法的规定，任免人民法院副院长、庭长、副庭长、审判委员会委员、审判员,任免人民检察院副检察长、检察委员会委员、检察员,批准任免下一级人民检察院检察长;省、自治区、直辖市的人大常委会根据主任会议的提名,决定在省、自治区内按地区设立的和在直辖市内设立的中级人民法院院长的任免,根据省、自治区、直辖市的人民检察院检察长的提名,决定人民检察院分院检察长的任免;在本级人民代表大会闭会期间,决定撤销个别副省长、自治区副主席、副市长、副州长、副县长、副区长的职务;决定撤销由它任命的本级人民政府其他组织人员和人民法院副院长、庭长、副庭长、审判委员会委员、审判员,人民检察院副检察长、检察委员会委员、检察员,中级人民法院院长,人民检察院分院检察长的职务;在本级人民代表大会闭会期间,补选上一级人民代表大会出缺的代表和罢免个别代表;

(5)监督本级人民政府、监察委员会、人民法院和人民检察院的工作,联系本级人民代表大会代表,受理人民群众对上述机关和国家工作人员的申诉和意见;撤销下一级人民代表大会及其常务委员会的不适当的决议;撤销本级人民政府的不适当的决定和命令。

除以上五个方面的职权外,省、自治区、直辖市和设区的市级的人大及其常委会可以制定和颁布地方性法规。

(三)地方各级人民政府

1. 性质、地位、组成

根据1982年宪法和现行《地方组织法》,省、自治区、直辖市、自治州、县、自治县、市、市辖区、乡、民族乡、镇分别设立人民政府。地方各级人民政府是地方各级人民代表大会的执行机关,是地方各级国家行政机关。

作为地方各级人民代表大会的执行机关,地方各级人民政府对本级人民代表大会负责并报告工作;县级以上的地方各级人民政府在本级人民代表大会闭会期间,对本级人民代表大会常务委员会负责并报告工作。

作为地方国家行政机关,地方各级人民政府对上一级国家行政机关负责并报告工作,并接受和服从国务院的统一领导。

地方各级人民政府每届任期与本级人民代表大会每届任期相同,为5年。

省、自治区、直辖市、自治州、设区的市的人民政府分别由省长、副省长,自治区主席、副主席,市长、副市长,州长、副州长和秘书长、厅长、局长、委员会主任等组成;县、自治县、不设区的市、市辖区的人民政府分别由县长、副县长,市长、副市长,区长、副区长和局长、科长等组成;乡、民族乡的人民政府设乡长、副乡长,民族乡的乡长由建立民族乡的少数民族公民担任;镇人民政府设镇长、副镇长。

地方各级人民政府分别实行省长、自治区主席、市长、州长、县长、市长、区长、乡长、镇长负责制,省长、自治区主席、市长、州长、县长、市长、区长、乡长、镇长分别主持地方各级人民政府的工作,召集和主持本级人民政府全体会议和常务会议。政府工作中的重大问题,须经常务会议或全体会议讨论决定。

2. 职权

县级以上的地方各级人民政府的职权,概括起来,可分为:

(1)执行本级人民代表大会及其常务委员会的决议,以及上级国家行政机关的决定和命令,执行国民经济和社会发展计划、预算。(2)规定行政措施,发布决定和命令。(3)领导所属各工作部门和下级人民政府的工作;管理本行政区域内的经济、教育、科学、文化、卫生、体育事业、环境和资源保护、城乡建设事业和财政、民政、公安、民族事务、司法行政、计划生育等行政工作；依照法律的规定任免、培训、考核和奖惩国家行政机关工作人员。（4）保护社会主义全民所有的财产和劳动群众集体所有的财产，保护公民私人所有的合法财产，维护社会秩序，保障公民的人身权利、民主权利和其他权利；保护各种经济组织的合法权益；保障少数民族的权利和尊重少数民族的风俗习惯；帮助本行政区域内各少数民族聚居的地方依照宪法和法律实行区域自治，帮助各少数民族发展政治、经济和文化的建设事业；保障宪法和法律赋予妇女的男女平等、同工同酬和婚姻自由等各项权利。（5）改变或撤销所属各工作部门不适当的命令、指示和下级政府不适当的决定、命令。（6）办理上级国家行政机关交办的其他事项。

除以上六个方面的职权外，省、自治区、直辖市和设区的市级的人民政府可以制定规章。

《地方组织法》对乡、民族乡、镇的人民政府的职权，也作了列举性的规定，共七项。概括起来，可分为：（1）执行本级人民代表大会的决议和上级国家行政机关的决定和命令，执行本行政区域内的经济和社会发展计划、预算；（2）发布决定和命令；（3）管理本行政区域内的经济、教育、科学、文化、卫生、体育事业和财政、民政、公安、民族事务、司法行政、计划生育等行政工作；（4）保护社会主义的全民所有的财产和劳动群众集体所有的财产，保护公民私人所有的合法财产，维护社会秩序，保障公民的人身权利、民主权利和其他权利；保护各种经济组织的合法权益；保障少数民族的权利和尊重少数民族的风俗习惯；保障宪法和法律赋予妇女的男女平等、同工同酬和婚姻自由等各项权利；（5）办理上级国家行政机关交办的其他事项。

3. 机构设置

1982年《宪法》对地方各级人民政府的机构设置未作规定,只提及"各工作部门"。

根据《地方组织法》第64条的规定,地方各级人民政府根据工作需要和精干的原则,设立必要的工作部门。这类工作部门在省一级一般分为组成部门和直属机构两类。在省和自治区,一般称厅、局、委员会,在直辖市称局、委员会。省级以下工作部门不再分为组成部门和直属机构,在自治州、县、自治县、市、市辖区称局、科。2003年地方机构改革后,在省级和设区的市级设立"直属特设机构"国有资产管理委员会。

地方各级人民政府的工作部门具体包括哪些部门或机构,法律没有规定,实践中可以分为组成部门和非组成部门。

地方各级人民政府组成部门的厅长、局长、委员会主任等正职人员,由县级以上地方各级本级人民代表大会常务委员会分别根据省长、自治区主席、市长、州长、县长、区长的提名,决定任命,是本级地方人民政府组成人员,参加地方各级人民政府全体会议;非组成部门,如直属特设机构、直属机构、单设办事机构的议事协调机构等,其正职人员由本级人民政府任命,不属于本级地方人民政府组成人员,也不参加地方各级人民政府全体会议。

《地方组织法》第64条第3款和第4款规定:"省、自治区、直辖市的人民政府的厅、局、委员会等工作部门的设立、增加、减少或者合并,由本级人民政府报请国务院批准,并报本级人民代表大会常务委员会备案。自治州、县、自治县、市、市辖区的人民政府的局、科等工作部门的设立、增加、减少或者合并,由本级人民政府报请上一级人民政府批准,并报本级人民代表大会常务委员会备案。"可见,法律没有具体规定哪些机构是组成部门哪些是非组成部门,实践中,一般根据是否由上一级人民政府批准并报本级人民代表大会常务委员会备案,其正职人员是否由县级以上地方各级人民代表大会常务委员会根据政府行政首长提名决定任命并为本级地方人民政府组成人员,来加以确定。

1982年《宪法》、现行《地方组织法》和《审计法》,均规定县级以上的地方各级人民政府设立审计机关。地方各级审计机关依照法律的规定独立行使审计监督权,对本级人民政府和上一级审计机关负责。这是唯一由宪法和法律规定必须设立的地方人民政府部门。

根据《地方组织法》第65条的规定,各厅、局、委员会、科分别设厅长、局长、主任、科长,必要时可以设副职。办公厅、办公室设主任,必要时可设副主任。省、自治区、直辖市、自治州、设区的市的人民政府设秘书长1人,副秘书长若干人。

《地方组织法》第66条规定:"省、自治区、直辖市的人民政府的各工作部门受人民政府统一领导,并且依照法律或者行政法规的规定受国务院主管部门的业务指导或者领导。自治州、县、自治县、市、市辖区的人民政府的各工作部门受人民政府统一领导,并且依照法律或者行政法规的规定受上级人民政府主管部门业务指导或者领导"。

根据上述规定,地方各级人民政府工作部门,根据其与上级人民政府主管部门的关系也可分为两类:

一是受本级人民政府统一领导,并且受国务院或上级人民政府主管部门业务指导的工作部门。这类工作部门在地方人民政府工作部门中占大多数,如教育、民政等部门。

二是受本级人民政府统一领导,并且受国务院或上级人民政府主管部门领导的工作部门,如审计、公安、国家安全、统计等部门。这类工作部门通常称为"双重领导部门"。

关于省级人民政府的派出机关,《地方组织法》第 68 条规定:"省、自治区的人民政府在必要的时候,经国务院批准,可以设立若干派出机关。"这种派出机关称"行政公署"。1954 年《地方各级人民代表大会和地方各级人民委员会组织法》称之为"专员公署",其所辖区域称"专区"。1975 年《宪法》把"专区"改为"地区",规定在地区也设立人民代表大会和革命委员会,改变了专员公署作为省人民政府派出机关的性质。根据 1978 年《宪法》的规定,地区不设人民代表大会,并将"专员公署"改为"行政公署",恢复了其作为省人民政府(革命委员会)的派出机关的性质。

1983 年以来,在经济比较发达的地方实行地市合并、市管县的体制,从而撤销了一大批地区和行政公署。1986 年修改《地方组织法》以后,法律上不再使用"行政公署"名称。

根据《地方组织法》第 68 条,县、自治县的人民政府在必要时,经省、自治区、直辖市的人民政府批准,可以设若干区公所,作为它的派出机关。

1950 年 12 月 30 日政务院公布的《区人民政府及区公所组织通则》第三章"区公所",专门规定了区公所的性质、组成、任务、组织和会议制度等内容,明确区公所不属一级政权,而是县人民政府的派出机关;区公所设区长 1 人,副区长、秘书及助理员若干人,均由县人民政府委派,区公所因工作需要得设各种经常的及临时的委员会;区公所的职责任务是:执行县人民政府交办事项,并承县人民政府之命,指导、监督与协调所辖乡人民政府的工作。

《地方组织法》第 68 条还规定,市辖区、不设区的市的人民政府,经上一级人民政府批准,可以设立若干街道办事处,作为它的派出机关。

第六章　澳门基本法原理

一、澳门问题的由来与澳门特别行政区的设立

（一）澳门问题的由来

澳门地处中国南部海岸边缘，珠江和西江三角洲的南端，包括澳门半岛、氹仔岛和路环岛，总面积为 32.8 平方公里（2016 年）。

澳门自古以来就是中国领土。16 世纪中叶以后被葡萄牙逐步占领。1840 年鸦片战争后，葡萄牙人乘清朝政府战败之机，相继侵占了澳门南面的氹仔岛和路环岛。1887 年，当时的葡萄牙政府迫使清朝政府先后签订了《中葡会议草约》和《中葡北京条约》，规定"葡国永驻管理澳门以及属澳之地与葡国治理它处无异"。此后，葡萄牙一直占领澳门并把澳门划为葡萄牙领土，作为葡萄牙的一个"海外省"。1974 年葡萄牙"4·25"革命后，葡萄牙宣布实施非殖民地政策，承认澳门是中国领土而不是葡萄牙殖民地。1976 年《葡

萄牙宪法》规定:澳门是在葡萄牙管辖下的特殊地区。

中国人民从来不承认上述不平等条约。中华人民共和国成立后,中国政府曾多次阐明澳门是中国的领土,澳门问题属于历史遗留下来的问题,并一贯主张在适当时机通过谈判和平解决,在未解决之前暂时维持现状。

改革开放以后,以邓小平为首的党的中央第二代领导集体提出"一国两制"的构想,并在解决香港和澳门问题的实践中加以运用。1984年12月,中国国家主席李先念对葡萄牙共和国进行了友好访问,并就澳门问题同葡萄牙领导人交换了意见。1985年5月,葡萄牙总统埃亚内斯应邀访华。两国领导人就解决澳门问题进行了磋商,双方认为谈判解决澳门问题的时机已经成熟。5月20日,双方发表中葡新闻公报,宣布中华人民共和国政府和葡萄牙共和国政府经过友好磋商,决定于1986年6月最后一周在北京开始就解决历史遗留下来的澳门问题进行会谈。

(二) 中葡《关于澳门问题的联合声明》

在多次会谈基础上,1987年3月26日,中国和葡萄牙两国政府在北京草签了《关于澳门问题的联合声明》。同年4月13日,中葡两国政府在北京正式签署了《关于澳门问题的联合声明》。6月23日,中华人民共和国六届人大常委会第二十一次会议通过决定,批准了《联合声明》,同时指出,解决历史上遗留下来的澳门问题,符合包括澳门同胞在内的全国人民的心愿。

《联合声明》指出,中华人民共和国政府和葡萄牙共和国政府满意地回顾了两国建交以来两国政府和两国人民之间的友好关系的发展,一致认为,由两国政府通过谈判妥善解决历史遗留下来的澳门问题,有利于澳门的经济发展和社会稳定,并有助于进一步加强两国之间的友好合作关系,为此,经过两国政府代表团的会谈,同意发表声明。《联合声明》共7款。其主要内容是:澳门(包括澳门半岛、氹仔岛和路环岛,以下称澳门)是中国领土,中国政府将于1999年12月20日对澳门恢复行使主权;中国政府根据"一个国家,两种制度"的方针,设立澳门特别行政区,直辖于中央人民政府,除外交和国防事务属中央人民政府管理外,享有高度的自治权,包括行政管理权、立法权、独立的司法权和终审权;澳门特别行政区政府和立法机关均由当地人组成;其现行的社会、经济制度不变,生活方式不变,法律基本不变;澳门可以以"中国澳门"的名义单独同各国保持和发展经济、文化关系,并签订有关协定,其财政独立,不向中央政府交税。上述基本政策,将在《澳门特别行政区基本法》中明文规定,并在50年内不变。

正文之外,还有两个附件和两个备忘录。附件一为《中华人民共和国政府对澳门的基本政策的具体说明》,把声明中所提到的基本政策予以具体化。附件二为《关于过渡时期的安排》,规定成立中葡联合联络小组和中葡土地小组,在联合声明生效之日起至1999年12月19日止的过渡时期内继续进行友好合作,以为澳门政权的交接创造更妥善的条件。另外,中葡两国在澳门居民的国籍问题上存在分歧,因此双方各以备忘录的形式表明本国的立场。

(三) 设立特别行政区的宪法依据和指导方针

《澳门基本法》序言载明,为了维护国家的统一和领土完整,有利于澳门的社会稳定和经济发展,考虑到澳门的历史和现实情况,国家决定,在对澳门恢复行使主权时,根据《中华人民共和国宪法》第31条的规定,设立澳门特别行政区,并按照"一个国家,两种制度"的方针,不在澳门实行社会主义的制度和政策。

【背景资料】
中华人民共和国政府在《中葡联合声明》中阐明的基本方针政策

（一）根据中华人民共和国宪法第三十一条的规定，中华人民共和国对澳门恢复行使主权时，设立中华人民共和国澳门特别行政区。

（二）澳门特别行政区直辖于中华人民共和国中央人民政府，除外交和国防事务属中央人民政府管理外，享有高度的自治权。澳门特别行政区享有行政管理权、立法权、独立的司法权和终审权。

（三）澳门特别行政区政府和澳门特别行政区立法机关均由当地人组成。原在澳门任职的中国籍和葡籍及其他外籍公务(包括警务)人员可以留用。澳门特别行政区可以任用或聘请葡籍和其他外籍人士担任某些公职。

（四）澳门现行的社会，经济制度不变；生活方式不变；法律基本不变。澳门特别行政区依法保障澳门居民和其他人的人身、言论、出版、集会、结社、旅行和迁徙、罢工、选择职业、学术研究、宗教信仰和通信以及财产所有权等各项权利和自由。

（五）澳门特别行政区自行制定有关文化、教育和科技政策，并依法保护在澳门的文物。澳门特别行政区政府机关，立法机关和法院，除使用中文外，还可使用葡文。

（六）澳门特别行政区可同葡萄牙和其他国家建立互利的经济关系。葡萄牙和其他国家在澳门的经济利益将得到照顾。在澳门的葡萄牙后裔居民的利益将依法得到保护。

（七）澳门特别行政区可以以"中国澳门"的名义单独同各国、各地区及有关国际组织保持和发展经济、文化关系，并签订有关协定。澳门特别行政区政府可以自行签发出入澳门的旅行证件。

> （八）澳门特别行政区将继续作为自由港和单独关税地区进行经济活动。资金进出自由。澳门元作为澳门特别行政区的法定货币，继续流通和自由兑换。
>
> （九）澳门特别行政区保持财政独立。中央人民政府不向澳门特别行政区征税。
>
> （十）澳门特别行政区的社会治安由澳门特别行政区政府负责维持。
>
> （十一）澳门特别行政区除悬挂中华人民共和国国旗和国徽外，还可使用区旗和区徽。
>
> （十二）上述基本政策和本联合声明附件一所作的具体说明，将由中华人民共和国全国人民代表大会以中华人民共和国澳门特别行政区基本法规定之，并在五十年内不变。

1982年《中华人民共和国宪法》第31条的规定是："国家在必要时得设立特别行政区。在特别行政区内实行的制度按照具体情况由全国人民代表大会以法律规定"。

宪法第31条体现了"一国两制"的伟大构想。所谓"一国两制"即"一个国家，两种制度"的简称，是指在统一的中华人民共和国内，依照全国人民代表大会制定的法律，允许局部特定的地区保留其原有社会制度，不实行社会主义制度。

"一国两制"一开始是针对台湾问题提出的，但在法律上首先用于解决香港和澳门问题。

1979年元旦，全国人大常委会发表《告台湾同胞书》；1979年9月全国人大常委会委员长叶剑英发表《有关和平统一台湾的九条方针政策》。邓小平1983年6月26日在北京会见美国新泽西州西东大学教授杨力宇时，谈到实现中国大陆和台湾和平统一的一些设想。他说，问题的核心是祖国统一。和平统一已成为国共两党的共同语言。但不是我吃掉你,也不是你吃掉我。我们希望国共两党共同完成民族统一,大家都对中华民族作出贡献。邓小平不赞成台湾"完全自治"的提法,他说:自治不能没有限度,即有限度就不能"完全"。①

1982年9月邓小平会见来华访问的撒切尔夫人时,明确表示可以用"一国两制"的构想解决历史上遗留下来的香港问题。1984年10月3日邓小平表示澳门问题的解决当然也是澳人治澳、"一国两制②"。

"一国两制"内容非常丰富,概括起来主要有以下五个方面:坚持国家统一,维护国家主权和领土完整;国家主体必须是社会主义;特别行政区实行高度自治;在特别行政区,原有的社会经济制度不变,生活方式不变,法律基本不变;③实行"港人治港"、"澳人治澳"。基本法的制定实现了"一国两制"从构想到全国性法律的过程。《澳门基本法》是一部准确体现"一国两制"方针的全国性法律。

作为"一国两制"的重要体现,《澳门基本法》不仅在序言中明确国家在对澳门恢复行使主权时,根据《中华人民共和国宪法》第31条的规定,设立澳门特别行政区,并按照"一个国家,两种制度"的方针,不在澳门实行社会主义的制度和政策,而且在总则中规定,澳门特别行政区不实行社会主义的制度和政策,保持原有的资

---

① 《邓小平谈中国大陆和台湾和平统一设想》,载《人民日报》1983年7月30日。
② 中共中央文献研究室编:《邓小平年谱(1975—1997)》(下),中央文献出版社2004年版,第999页。
③ 1984年10月3日邓小平在会见港澳同胞国庆观礼团时,指出:"我们在协议中说五十年不变,就是五十年不变。我们这一代不会变,下一代也不会变。到了五十年以后,大陆发展起来了,那时还会小里小气地处理这些问题吗?所以不要担心变,变不了"。载《邓小平文选》第三卷,人民出版社1993年版,第73页。

本主义制度和生活方式,50年不变。还规定,澳门特别行政区的行政机关、立法机关和司法机关,除使用中文外,还可使用葡文,葡文也是正式语文。

澳门特别行政区除悬挂和使用中华人民共和国国旗和国徽外,还可悬挂和使用澳门特别行政区区旗和区徽。澳门特别行政区的区旗是绘有五星、莲花、大桥、海水图案的绿色旗帜。澳门特别行政区的区徽,中间是五星、莲花、大桥、海水,周围写有"中华人民共和国澳门特别行政区"和葡文"澳门"。

实践充分证明,作为中国特色社会主义理论体系重要组成部分的"一国两制"方针,具有强大的生命力;作为中国特色社会主义道路重要组成部分的祖国和平统一道路,具有强大的生命力。

图 6-1　中华人民共和国澳门特别行政区区旗图案

图 6-2　中华人民共和国澳门特别行政区区徽图案

(四)设立澳门特别行政区的意义

1993年3月31日,八届全国人大一次会议通过了《关于设立澳门特别行政区的决定》,决定自1999年12月20日起设立澳门特别行政区;澳门特别行政区的区域包括澳门半岛、氹仔岛和路环岛。

1999年12月20日,我国政府对澳门恢复行使主权,成立中华人民共和国澳门特别行政区,结束了长达400多年外国殖民统治历史,澳门的法律地位发生了根本性的变化。

国家在澳门实施"一国两制"的方针政策,授予特别行政区高度自治权,澳门同胞从此真正成为这块土地的主人,担负起依照《澳门基本法》管理好澳门的重大责任。

《澳门基本法》正式开始实施,澳门进入"一国两制"、"澳人治澳"、高度自治的历史新时期。这是继香港回归之后,国家成功实施"一国两制"方针、实现祖国和平统一大业的又一里程碑。

澳门回归祖国,开辟了澳门历史新纪元,澳门的发展从此进入到一个崭新的时代。

二、《澳门基本法》的制定

(一)基本法起草委员会和咨询委员会的成立

为了落实"一国两制"伟大构想,将其内容以法律形式固定下来,《中葡联合声明》签署后,中国即着手进行《澳门特别行政区基本法》的起草工作。1988年4月13日,七届全国人大一次会议通过决定,成立澳门特别行政区基本法起草委员会,负责《澳门基本法》的起草工作。根据该决定,澳门特别行政区基本法起草委员会向全国人大负责,在全国人大闭会期间向全国人大常委会负责。1988年9月5日七届全国人大常委会第三次会议通过了澳门特别行政区基本法起草委员会名单,正式组成了包括内地和澳门的专家和各界代表共48人的澳门特别行政区基本法起草委员会(其中澳门委员22人,包括2名"土生葡人")。另外,为了更好地了解澳门社会对基本法的意见,1989年5月28日还成立了由澳门各界代表人士共90人组成的澳门基本法咨询委员会。

澳门特别行政区基本法起草委员会从1988年9月5日成立并正式开始工作,到1993年1月15日澳门基本法(草案)获基本法起草委员会第九次全体会议通过为止,时间长达4年4个月,在此期间先后共举行了9次全体会议、70次专题小组会议、3次主任委员扩大会议和3次区旗区徽图案评选委员会会议;还先后两次就基本法(草案)征求意见稿和基本法(草案)向澳门各界人士和内地各省、自治区、直辖市及中央各部门、各政党、各人民团体广泛征求意见。总之,澳门基本法(草案)是在全体起草委员的共同努力和澳门社会各阶层及内地有关方面的积极参与和支持下完成的,整个起草过程都体现了开放和民主协商的精神。①

1993年3月31日,八届全国人大一次会议通过了《中华人民共和国澳门特别行政区基本法》及其三个附件,同时,还通过了《关于中华人民共和国澳门特别行政区基本法的决定》、《关于设立中华人民共和国澳门特别行政区的决定》和《关于澳门特别行政区第一届政府、立法会和司法机关产生办法的决定》等文件。

---

① 姬鹏飞:《关于中华人民共和国澳门特别行政区基本法(草案)和有关文件及起草工作的说明》(1993年3月20日在第八届全国人民代表大会第一次会议上)。

（二）澳门基本法的结构、核心内容和意义

1. 结构和核心内容

《澳门基本法》包括序言、总则、中央和澳门特别行政区的关系、居民的基本权利和义务、政治体制、经济、文化和社会事务、对外事务、基本法的解释和修改及附则，共9章，145条。还有三个附件：《澳门特别行政区行政长官的产生办法》、《澳门特别行政区立法会的产生办法》和《在澳门特别行政区实施的全国性法律》。

《澳门基本法》从我国国情以及澳门的历史与现实出发，为澳门特别行政区规定了一套有特色的制度和体制。

这当中最重要的一条，是明确澳门特别行政区的法律地位，既表明澳门特别行政区处于国家的全面管治权之下，又赋予澳门特别行政区高度的自治权。澳门特别行政区的高度自治权不是澳门固有的而是中央授予的。

另一条，是确定澳门特别行政区以行政长官为主导的政治体制，行政与立法既互相制衡，又互相配合，司法独立。既保留了澳门原有政治体制中行之有效的部分，也适应了澳门回归祖国后的现实需要。

2. 意义

《澳门基本法》序言载明："根据中华人民共和国宪法，全国人民代表大会特制定中华人民共和国澳门特别行政区基本法，规定澳门特别行政区实行的制度，以保障国家对澳门的基本方针政策的实施"。序言明白无误地表明，依据宪法制定的基本法，其核心内容是规定澳门特别行政区实行的制度，规定这一制度的目的是

保障国家对澳门的基本方针政策的实施。①

《澳门基本法》是全国人民代表大会以宪法为依据、以"一国两制"方针为指导,在澳门同胞广泛参与下制定的全国性法律,在澳门特别行政区具有宪制性地位,体现了包括澳门同胞在内的全国各族人民的共同意志,是各方面都要一体遵循的行为规范。它把"一国两制"伟大构想和国家对澳门的一系列方针政策用法律的形式固定下来,为澳门的顺利回归、平稳过渡和长期繁荣稳定提供了坚实的法律保障。

三、《澳门基本法》的立法依据、性质和地位

(一)《澳门基本法》的立法依据

《澳门基本法》的立法依据是实施"一国两制"方针面临的重大宪法理论和实践问题。1982年12月4日五届全国人大五次会议审议通过的《中华人民共和国宪法》第31条规定:"国家在必要时得设立特别行政区。在特别行政区内实行的制度按照具体情况由全国人民代表大会以法律规定。"根据《宪法》第62条第13项,全国人民代表大会有权"决定特别行政区的设立及其制度"。因此,《澳门基本法》是对《宪法》有关规定的具体化。

《澳门基本法》在其序言中宣布,为了维护国家的统一和领土完整,有利于澳门的社会稳定和经济发展,考虑到澳门的历史和现实情况,国家决定,在对澳门恢复行使主权时,根据中华人民共和国宪法第31条的规定,设立澳门特别行政区,并按照"一个国家,

---

① 《中央有关部门发言人及负责人关于基本法问题的谈话和演讲》,中国民主法制出版社2011年版,第166页。

两种制度"的方针,不在澳门实行社会主义的制度和政策。并指出,根据中华人民共和国宪法,全国人民代表大会特制定中华人民共和国澳门特别行政区基本法,规定澳门特别行政区实行的制度,以保障国家对澳门的基本方针政策的实施。

而且,《澳门基本法》在第一章"总则"第11条中规定,根据中华人民共和国宪法第31条,澳门特别行政区的制度和政策,包括社会、经济制度,有关保障居民的基本权利和自由的制度,行政管理、立法和司法方面的制度,以及有关政策,均以本法的规定为依据。

(二)《澳门基本法》的性质和地位

根据《宪法》的规定,在澳门特别行政区内实行的制度按照具体情况由全国人民代表大会以法律规定,这一规定决定了《澳门基本法》在中国法律体系中的特殊地位。《澳门基本法》是全国人民代表大会以宪法为依据、以"一国两制"方针为指导制定的全国性法律,在澳门特别行政区具有宪制性地位。

1.《澳门基本法》是基本法律

根据《宪法》和《中华人民共和国立法法》的规定,我国的法律体系由宪法、法律、行政法规、地方性法规、民族自治地方的自治条例和单行条例等组成。其中,法律分为全国人大制定的基本法律和全国人大常委会制定的法律。《澳门基本法》是由全国人大制定和颁布的,属于基本法律。

2.《澳门基本法》是主要调整澳门特别行政区内社会关系的全国性法律

《澳门基本法》虽然在名称上被冠以"澳门"字样,但《澳门基本法》的适用范围不限于澳门特别行政区,它体现了包括澳门同胞在内的全国各族人民的共同意志,是各方面都要一体遵循的行为规范。从内容上看,《澳门基本法》不仅详细规定了澳门特别行政区享有的高度自治权,也对中央与澳门特别行政区的关系及澳门特别行政区与各省、自治区、直辖市的关系等内容作了具体的规定。这些规定不仅对澳门特别行政区有效,对中央政府以及各省、直辖市、自治区也有效。当然就实际情况而言,《澳门基本法》主要调整的是澳门特别行政区区域内的社会关系,其发生效力的情况大部分在澳门特别行政区区域之内。

3.《澳门基本法》是澳门特别行政区各项制度和政策的依据

《澳门基本法》第11条规定:"根据中华人民共和国宪法第三十一条,澳门特别行政区的制度和政策,包括社会、经济制度,有关保障居民的基本权利和自由的制度,行政管理、立法和司法方面的制度,以及有关政策,均以本法的规定为依据。"这些规定表明,《澳门基本法》是澳门特别行政区各项制度和政策的依据。

4.《澳门基本法》在澳门特别行政区具有宪制性地位

根据法律效力等级的不同,法律可分为宪制性法律和普通法律。宪制性法律包括宪法和起宪法作用的法律。就法律的效力等级而言,宪制性法律高于普通法律。《澳门基本法》是规定澳门特别行政区根本制度和澳门居民基本权利和义务的法律,是澳门特别行政区各项立法的基础。根据《澳门基本法》,澳门原有的法律、法令、行政法规和其他规范性文件,除同基本法相抵触或经澳门特别行政区的立法机关或其他有关机关依照法定程序作出修改者外,予以保留;澳门特别行政区的任何法律、法令、行政法规和其他规范性文件均不得同基本法相抵触。这表明《澳门基本法》在澳门特别行政区法律体系中的宪制性地位。

(三)《澳门基本法》与《宪法》的关系

澳门自回归之日起即进入了我国统一的国家治理体系,其宪制基础发生根本性的变化。中央政府依据宪法和《澳门基本法》对澳门特别行政区实行管治,与之相应的特别行政区制度和政治体制得以确立。《澳门基本法》取代原先的《澳门组织章程》,《中华人民共和国宪法》取代《葡萄牙共和国宪法》。《中华人民共和国宪法》和《澳门基本法》共同构成澳门特别行政区的宪制基础。

宪法是国家根本法,是全国各族人民共同意志的体现,是特别行政区制度的法律渊源,在特别行政区具有最高法律地位。

关于宪法与基本法的关系,所谓"基本法与宪法脱钩论"(基本法根据宪法制定是可以的,但基本法一旦制定就要与宪法脱钩,特别行政区只按照基本法办事,不适用宪法)和"宪法透过基本法适用于澳门论"(基本法已经包含有宪法的精神,适用基本法也就等于适用了宪法)的观点是不正确的。一般认为:中国宪法作为一个整体对特别行政区是有效的,但由于国家对澳门实行"一国两制"的政策,宪法中的某些具体条文,主要是关于社会主义制度和政策的规定,不适用于澳门。

《澳门基本法》是全国人大制定的基本法律,是一部全国性法律,对澳门而言,则是一部宪制性法律,效力仅次于宪法。基本法在澳门的这种宪制性地位,主要体现在两个方面:一是《澳门基本法》规定的澳门特别行政区的政制架构等内容,本来应该是由《宪法》规定的,但因为1982年修订《宪法》时,"一国两制"方针虽已提出,但《宪法》还来不及对未来的特别行政区的政制架构作出具体规定,只能通过《宪法》第31条的规定留待基本法作出具体规定;二是《澳门基本法》在特别行政区具有凌驾地位,其效力高于澳门特别行政区法律，是特别行政区立法的依据和基础。根据《澳门基本法》第 8 条的规定，澳门原有法律凡抵触基本法的，应由全国人大常委会宣布不采用为特别行政区法律。根据《澳门基本法》第 11 条规定，特别行政区制定的任何法律都不得同基本法相抵触，这一规定与宪法第 5 条关于一切法律、行政法规和地方性法规都不得同宪法相抵触的规定一样，充分说明了《澳门基本法》在澳门特别行政区的宪制性地位。

同时，认为只有《澳门基本法》适用澳门，《宪法》不适用或只有《宪法》第 31 条适用澳门，也是不正确的。宪法是国家主权在法律制度上的最高表现形式，如《宪法》不能在全国范围内适用，就限制了一个国家的主权行使范围；《宪法》是国家根本法，具有最高法律效力，《宪法》在全国范围内实施，必须总体上适用于澳门；《澳门基本法》序言指出，《澳门基本法》是根据宪法制定的，而不是仅仅根据宪法第 31 条。《宪法》在特别行政区的适用，集中体现在两个方面：一是宪法中有关确认和体现国家主权、统一和领土完整的规定，即体现"一国"的规定，适用于澳门特别行政区同适用于内地各省、自治区和直辖市是一样的。我国是单一制国家，只有一个最高国家权力机关、一个最高国家行政机关和一个最高国家军事领导机关，宪法关于全国人大及其常委会、国家主席、国务院和中央军委的规定，关于国防、外交的规定，关于国家标志的规定，关于国籍的规定等，这些体现"一国"的规定都是适用于澳门特别行政区的。二是由于国家对澳门实行"一国两制"方针，澳门特别行政区实行资本主义制度不变，《宪法》在澳门施行与在内地施行有所不同：《宪法》有关社会主义制度的规定不在澳门施行。如果认为只有《澳门基本法》适用而作为《澳门基本法》立法依据的《宪法》却不适用，《澳门基本法》就成了无源之水、无本之木。

(四)《澳门基本法》的合宪性

《澳门基本法》是全国人大根据《宪法》制定的基本法律,必须符合《宪法》的规定才能有效。根据《宪法》的规定,社会主义制度是我国的根本制度,禁止任何组织或者个人破坏社会主义制度;一切法律都不得同宪法相抵触。但《宪法》同时规定,国家在必要时得设立特别行政区,在特别行政区内实行的制度按照具体情况由全国人大以法律规定。为了进一步明确《澳门基本法》的法律地位,1993年3月31日八届全国人大一次会议在通过《澳门基本法》的同时,还通过《关于中华人民共和国澳门特别行政区基本法的决定》,其中对其合宪性作特别的规定,指出:"澳门特别行政区基本法是根据《中华人民共和国宪法》按照澳门的具体情况制定的,是符合宪法的。澳门特别行政区设立后实行的制度、政策和法律,以澳门特别行政区基本法为依据。"

四、《澳门基本法》的特色

(一)《澳门基本法》和《香港基本法》的共性

澳门和香港作为回归后的两个特别行政区,其法律地位是相同的,国家对这两个特别行政区实行的"一国两制"的基本方针政策也是基本相同的。比较澳门和香港两个基本法,两者在总体结构、主要原则上大体相同。如,在总则中规定,特别行政区是国家不可分离的部分;实行高度自治,享有行政管理权、立法权、独立的司法权和终审权;不实行社会主议的制度和政策,保持原有的资本主义制度和生活方式不变,特别行政区的行政机关和立法机关由永久性居民组成;保护私有财产权;原有法律基本保留等。又如,在中央与特别行政区关系方面,规定特别行政区是一个享有高度自治权的地方行政区域,直辖于中央人民政府;中央人民政府负责管理与特别行政区有关的外交事务,授权特别行政区依法自行处理有关的对外事务;中央人民政府负责管理特别行政区的防务,特别行政区政府负责维持本地的社会治安;中央人民政府任免特别行政区的行政长官、政府主要官员等;特别行政区依法自行处理行政事务;特别行政区享有立法权,其制定的法律须报全国人大常委会备案;部分全国性法律在特别行政区公布或立法实施;特别行政区法院除原有法律制度和原则对法院审判权的限制以及对涉及国防、外交等国家行为的案件无管辖权外,对所有案件均有审判权和终审权;中央人民政府所属各部门、各省、自治区、直辖市均不得干预特别行政区依基本法自行管理的事务,这些部门或地区如需在特别行政区设立机构,须征得特别行政区政府同意并经中央人民政府批准等。再如,在居民的基本权利和义务方面,规定特别行政区居民依法享有选举权和被选举权;享有言论、信仰、新闻、出版、结社、集会、游行、示威、组织和参加工会、罢工的自由;有通讯、婚姻、迁徙、选择职业和工作的自由;有从事教育、学术研究、文学艺术创作的自由;居民的人身自由、人格尊严、住宅不受侵犯等。还有,在政治体制方面,从有利于特别行政区的稳定发展,兼顾社会各阶层的利益,循序渐进地发展民主制度的原则出发,确定行政机关、立法机关和司法机关之间既互相配合又互相制衡的原则,规定了行政长官、行政机关、立法机关和司法机关的职权。另外,在经济、文化和社会事务方面,强调保护个人、法人财产所有权和外来投资,并对特别行政区的财政、税收、金融、贸易、工商、航运、民用航空等政策作了规定,明确特别行政区保持财政独立和自由港的地位及为单独的关税地区;规定特别行政区政府可以自行制定教育、医疗卫生、科学技术、文化、新闻、出版、体育、宗教、专业、社会福利等方面的政策。

(二)《澳门基本法》的特色

《澳门基本法》在充分体现"一国两制"前提下,也较多地反映了澳门的特点,主要表现在以下几个方面。

一是关于澳门土地问题的规定。由于澳门现在还存在一小部分私有土地,针对这一情况,《澳门基本法》第7条规定:"澳门特别行政区境内的土地和自然资源,除在特别行政区成立前已依法确认的私有土地外,属于国家所有。"这一规定,是《澳门基本法》的一个显著特点,也是我国土地所有权制度的一个例外。我国宪法明确规定:"城市的土地属于国家所有。农村和城市郊区的土地,除由法律规定属于国家所有的以外,属于集体所有;宅基地和自留地、自留山,也属于集体所有"。这就是说,依据我国的土地制度,土地属于国家或集体所有。香港回归前只有一个教堂是永远租地,属于教堂所有,其他土地都属于英女王所有,实即国有。因此,《香港基本法》第7条规定香港特别行政区境内的土地属于国家所有。根据澳门目前存在的一小部分土地属于私人所有的情况,《澳门基本法》作出了特别的规定。

二是关于澳门居民权利和自由的特殊规定。《澳门基本法》中关于澳门居民的权利和自由的规定,比《香港基本法》相同条文规定得更具体、广泛,有些甚至在《香港基本法》中是没有的。如《澳门基本法》第28条规定:"澳门居民不受任意或非法的逮捕、拘留、监禁。对任意或非法的拘留、监禁,居民有权向法院申请颁发人身保护令。……禁止对居民施行酷刑或予以非人道的对待"。《澳门基本法》还规定,澳门居民除其行为依照当时法律明文规定为犯罪和应受惩处外，不受刑罚处罚；澳门居民在被指控犯罪时，享有尽早接受法院审判的权利，在法院判罪之前均假定无罪；澳门居民的人格尊严不受侵犯；禁止用任何方法对居民进行侮辱、诽谤和诬告陷害；澳门居民享有个人的名誉权、私人生活和家庭生活的隐私权；在澳门的葡萄牙后裔居民的利益依法受澳门特别行政区的保护，他们的习俗和文化传统应受尊重。《澳门基本法》的上述规定，都是从澳门的实际情况和需要出发的。

三是关于是否规定设立死刑的问题。对于在特别行政区是否设立死刑问题，《香港基本法》第28条明文规定禁止任意或非法剥夺居民的生命，而《澳门基本法》针对澳门的实际情况，考虑到澳门各界人士在此问题上的意见，对是否设立死刑问题未作规定。主要是基于两点：一是由于澳门现行法律规定不实行死刑，根据《澳门基本法》关于澳门原有法律除与基本法相抵触者外予以保留的规定，澳门回归后仍可继续不实行死刑。二是由于《澳门基本法》并未明确规定澳门特别行政区不设立死刑，因此，如果根据客观形势需要设立死刑，澳门特别行政区立法机关修改原有的不实行死刑的制度，规定实行死刑，也不违背《澳门基本法》。由此可见，基本法针对澳门实际，对是否设立死刑采取了十分慎重的态度.将此问题的设置权留由澳门特别行政区自行立法决定。

四是关于行政长官和主要官员等任职资格的规定。在香港回归过渡期间，英国违背诺言，于1989年12月20日单方面宣布给予5万户香港居民的完全英国公民地位。有鉴于此，为了使"一国两制"、"港人治港"的方针真正落到实处，《香港基本法》在特别行政区行政长官、主要官员、立法会主席、行政会议成员、终审法院和高等法院的首席法官等任职资格的条件中有"在外国无居留权"的明确规定，而澳门没有出现类似情况，《澳门基本法》只在行政长官任职资格的条件上,规定"在任职期内不得具有外国居留权",对于行政会委员、立法会主席、政府主要官员、各级法院和终审法院院长等都没有"在外国无居留权"的规定。

五是其他有关规定。在司法机关设置方面,《香港基本法》第63条规定:"香港特别行政区律政司主管刑事检察工作,不受任何干涉"。根据这一规定,香港特区刑事检察工作由政府的一个部门负责,而《澳门基本法》则把检察院作为司法机关的一个组成部分。《澳门基本法》第90条规定:"澳门特别行政区检察院独立行使法律赋予的检察职能,不受任何干涉"。

关于宣誓效忠,因为在签署《中葡联合声明》时,葡萄牙在其备忘录中声明:"凡按照葡萄牙立法,在1999年12月19日前因具有葡萄牙公民资格而持有葡萄牙护照的澳门居民,该日后可继续使用之"。实际上就是承认双重国籍,而中国是不承认双重国籍的。针对澳门这一实际情况,《澳门基本法》在宣誓效忠问题上,作出了有别于《香港基本法》的规定。①

此外,澳门经济一个重要的特色,即旅游博彩业历史悠久,博彩业缴纳的税项成为澳门特别行政区政府财政收入的主要来源之一。针对澳门经济的这一特点,《澳门基本法》第118条规定:"澳门特别行政区根据本地整体利益自行制定旅游娱乐业的政策。"

---

① 《香港基本法》第104条规定,香港特别行政区行政长官、主要官员、行政会议成员、立法会议员、各级法官和其他司法人员在就职时必须依法宣誓拥护中华人民共和国香港特别行政区基本法,效忠中华人民共和国香港特别行政区。而《澳门基本法》第101条规定,澳门特别行政区长官、主要官员、行政会委员、立法会议员、法官和检察官必须拥护中华人民共和国澳门特别行政区基本法,尽忠职守,廉洁奉公,效忠中华人民共和国澳门特别行政区,并依法宣誓。《澳门基本法》第102条规定,澳门特别行政区行政长官、主要官员、立法会主席、终审法院院长、检察长在就职时,除按上述规定宣誓外,还必须宣誓效忠中华人民共和国。

五、《澳门基本法》的解释和修改

(一)《澳门基本法》的解释

1.《澳门基本法》的解释权和解释程序

对《澳门基本法》的解释,是对《澳门基本法》的条文的含义、界限和具体适用问题的阐释和说明。准确解释《澳门基本法》是贯彻实施基本法的重要保证。

根据《中华人民共和国宪法》和《中华人民共和国立法法》中有关法律解释权的规定,对全国人大及其常委会制定的法律,如果法律的规定需要进一步明确具体含义,或法律制定后出现新的情况,需要明确适用法律依据的,由全国人大常委会解释。

《澳门基本法》是全国人大制定的基本法律,其解释权应属于全国人大常委会。因此,《澳门基本法》第143条第1款规定:"本法的解释权属于全国人民代表大会常务委员会"。《澳门基本法》的规定符合我国《宪法》和《立法法》的上述规定。

由于《澳门基本法》的独特地位,要求对《澳门基本法》的解释,必须确保对《澳门基本法》的解释既符合《澳门基本法》的原则,又能实现重大利益平衡并满足澳门特别行政区发展的需要。因此,《澳门基本法》第143条第4款规定:"全国人民代表大会常务委员会在对本法进行解释前,征询其所属的澳门特别行政区基本法委员会的意见。"

2. 全国人大常委会授权澳门特别行政区法院对自治范围内条款自行解释

《澳门基本法》第143条第2款规定:"全国人民代表大会常务委员会授权澳门特别行政区法院在审理案件时对本法关于澳门特

别行政区自治范围内的条款自行解释。"根据该条款,澳门特别行政区法院在审理案件时,如果遇到涉及《澳门基本法》中有关澳门特别行政区自治范围内的问题时,可以自行作出解释,而不必提请全国人大常委会。需要说明的是,虽然澳门特别行政区法院经全国人大常委会授权可以对《澳门基本法》中关于澳门特别行政区自治范围内的有关条款自行解释,但这种解释权与全国人大常委会对《澳门基本法》的解释权是不同的。

首先,澳门特别行政区法院的这种解释权是经全国人大常委会授权的。根据授权原理,授权机关并不因授权行为而失去自身的权力。

其次,澳门特别行政区法院是在"审理案件"时,对与案件有关的《澳门基本法》的条款自行进行解释。也就是说,澳门特别行政区法院对《澳门基本法》的解释是有条件的,即在涉及具体案件时,才可对《澳门基本法》的有关条款进行解释。

再次,澳门特别行政区法院的解释权的范围是有限的,即其"自行解释"限于《澳门基本法》中有关澳门特别行政区自治范围内的条款。

最后,《澳门基本法》规定的"澳门特别行政区法院"应包括澳门特别行政区各级法院。

3. 对《澳门基本法》其他条款的解释

根据《澳门基本法》第143条第3款,澳门特别行政区法院在审理案件时对基本法的其他条款也可解释。但如澳门特别行政区法院在审理案件时需要对基本法关于中央人民政府管理的事务或中央和澳门特别行政区关系的条款进行解释,而该条款的解释又影响到案件的判决,在对该案件作出不可上诉的终局判决前,应由澳门特别行政区终审法院提请全国人大常委会对有关条款作出解释。如全国人大常委会作出解释,澳门特别行政区法院在引用该条款时,应以全国人大常委会的解释为准。但在此以前作出的判决不受影响。

与澳门特别行政区法院对《澳门基本法》自治范围内条款的解释相比,澳门特别行政区法院对《澳门基本法》的其他条款,即自治范围以外条款的解释有以下几个方面的特点。

一是从行使解释权程序上看,澳门特别行政区法院在对《澳门基本法》自治范围以外的条款进行解释时,如符合法定条件,应遵循特定的"提请"程序。即如果澳门特别行政区法院在审理案件时需要对《澳门基本法》中关于中央人民政府管理的事务或中央和特别行政区关系的条款进行解释,而且该解释的作出又会影响到该案件的判决时,在对该案件作出不可上诉的终局判决前,应由澳门特别行政区终审法院提请全国人大常委会对有关条款进行解释,而不能"自行解释"。

二是全国人大常委会就此有关条款所作出的解释有法律上的约束力,澳门特别行政区法院在将来审理案件时如果需要引用全国人大常委会已作出解释的《澳门基本法》有关条款时,就应当以全国人大常委会的解释为准。

三是这种解释并不具有法律上的溯及力。澳门特别行政区法院在该解释前所作的判决,不受该解释的影响。

《澳门基本法》既明确基本法的解释权属于全国人大常委会,同时又授权澳门特别行政区法院解释《澳门基本法》。这一制度安排有利于保证对《澳门基本法》的统一理解,也有利于保障澳门特别行政区的司法独立。

4.《澳门基本法》解释的实践

《澳门基本法》在澳门特别行政区实施以来,是顺利的、成功的,不但得到澳门居民的赞同,也为国际社会所认同。但由于《澳门基本法》所具有的独创性,决定了人们在实施过程中难免存在对有关条款的不同解读。为了贯彻"一国两制"的基本方针,确保《澳门基本法》的有效实施,维护澳门的繁荣和稳定,根据澳门社会的实际发展对《澳门基本法》作出相应的解释就是必要了的。

针对《澳门基本法》实施过程中出现的不同理解,2011年12月31日十一届全国人大常委会第二十四次会议通过《关于中华人民共和国澳门特别行政区基本法附件一第七条和附件二第三条的解释》。同时,澳门特别行政区法院也在审判案件的过程中对《澳门基本法》进行着解释。

【背景资料】

全国人大常委会关于《中华人民共和国澳门特别行政区基本法》附件一第七条和附件二第三条的解释(2011年12月31日十一届全国人大常委会第二十四次会议通过)

第十一届全国人民代表大会常务委员会第二十四次会议审议了委员长会议关于提请审议《全国人民代表大会常务委员会关于〈中华人民共和国澳门特别行政区基本法〉附件一第七条和附件二第三条的解释(草案)》的议案。经征询全国人民代表大会常务委员会澳门特别行政区基本法委员会的意见,全国人民代表大会常务委员会决定,根据《中华人民共和国宪法》第六十七条第四项和《中华人民共和国澳门特别行政区基本法》第一百四十三条第一款的规定,对《中华人民共和国澳门特别行政区基本法》附件一《澳门特别行政区行政长官的产生办法》第七条"二〇〇九年及以后行政长官的产生办法如需修改,须经立法会全体议员三分之二多数通过,行政长官同意,并报全国人民代表大会常务委员会批准"的规定和附件二

《澳门特别行政区立法会的产生办法》第三条"二〇〇九年及以后澳门特别行政区立法会的产生办法如需修改,须经立法会全体议员三分之二多数通过,行政长官同意,并报全国人民代表大会常务委员会备案"的规定,作如下解释:

一、上述两个附件中规定的二〇〇九年及以后行政长官的产生办法、立法会的产生办法"如需修改",是指可以进行修改,也可以不进行修改。

二、上述两个附件中规定的须经立法会全体议员三分之二多数通过,行政长官同意,并报全国人民代表大会常务委员会批准或者备案,是指行政长官的产生办法和立法会的产生办法修改时必经的法律程序。只有经过上述程序,包括最后全国人民代表大会常务委员会依法批准或者备案,该修改方可生效。是否需要进行修改,澳门特别行政区行政长官应向全国人民代表大会常务委员会提出报告,由全国人民代表大会常务委员会依照《中华人民共和国澳门特别行政区基本法》第四十七条和第六十八条规定,根据澳门特别行政区的实际情况确定。修改行政长官产生办法和立法会产生办法的法案,应由澳门特别行政区政府向立法会提出。

三、上述两个附件中规定的行政长官的产生办法、立法会的产生办法如果不作修改,行政长官的产生办法仍适用附件一关于行政长官产生办法的规定;立法会的产生办法仍适用附件二关于立法会产生办法的规定。

(二)《澳门基本法》的修改

1.《澳门基本法》的修改权和修改原则

《澳门基本法》是全国人大制定的基本法律,在我国的法律体系中处于仅次于宪法的重要地位。按照《中华人民共和国宪法》的规定,全国人大修改宪法、制定和修改基本法律;在全国人大闭会期间,全国人大常委会可对基本法律进行部分修改和补充,但不得同该法律的基本原则相抵触。

但《澳门基本法》第 144 条明确规定:"本法的修改权属于全国人民代表大会"。根据该条的规定,只有全国人大才有权修改《澳门基本法》,全国人大常委会无权修改。《澳门基本法》对其修改权的归属作出近似于宪法修改的规定,表明基于"一国两制"方针制定的《澳门基本法》比其他"基本法律"更为特殊。

《澳门基本法》第 144 条还规定了修改《澳门基本法》的原则,即对基本法的任何修改,均不得同中华人民共和国对澳门既定的基本方针政策相抵触。

对《澳门基本法》的修改主体和原则作出更为严格的规定,目的是要维护《澳门基本法》的稳定性和权威性,更好地保证《澳门基本法》的贯彻实施。

2.《澳门基本法》的修改程序

依据《中华人民共和国立法法》第 14 条和第 15 条的规定,全国人大主席团、全国人大常委会、国务院、中央军事委员会、最高人民法院、最高人民检察院、全国人大各专门委员会和一个代表团或 30 名以上的全国人大代表联名,可向全国人大提出修改法律的议案。

但根据《澳门基本法》第 144 条,《澳门基本法》的修改提案权属于全国人大常委会、国务院和澳门特别行政区。这种对提出修改议案的主体方面进行的限制,充分考虑了"一国两制"的要求和澳门特别行政区的特殊情况,有利于维护《澳门基本法》的权威性和稳定性。

如果由全国人大常委会或国务院单独提出修改《澳门基本法》

的议案,则无需澳门特别行政区的同意,按《中华人民共和国立法法》规定的程序进行。但如果是澳门特别行政区提出修改《澳门基本法》的议案,须经澳门特别行政区的全国人大代表2/3多数、澳门特别行政区立法会全体议员2/3多数和澳门特别行政区行政长官同意后,交由澳门特别行政区出席全国人大的代表团向全国人大提出。这对于慎重修改《澳门基本法》是有利的。

根据《澳门基本法》第144条,《澳门基本法》的修改议案在列入全国人大的议程前,先由全国人大常委会澳门特别行政区基本法委员会研究并提出意见。

根据《立法法》的相关规定,《澳门基本法》的修改议案一经列入全国人大的议程后,还要经过审议、表决和公布等程序。

六、全面准确贯彻实施《澳门基本法》

1993年3月31日,八届全国人大一次会议根据宪法规定,审议通过了《澳门基本法》,实现了"一国两制"方针的法律化、制度化。

自1999年12月20日起实施的《澳门基本法》,充分体现了包括广大澳门同胞在内的全体中国人民的共同意志。澳门回归祖国以来所取得的巨大成功已经充分证明,《澳门基本法》符合国家和澳门实际情况,为"一国两制"伟大事业提供了根本法律保障。

(一)牢牢把握"一国两制"的根本宗旨

中共中央总书记、国家主席、中央军委主席习近平指出,继续推进"一国两制"事业,必须牢牢把握"一国两制"的根本宗旨,共同维护国家主权、安全、发展利益,保持香港、澳门长期繁荣稳定。

《澳门基本法》实施20年的历史表明,"一国两制"的根本宗旨是有机统一的两个方面,不仅要保持澳门特别行政区长期繁荣稳定,而且更要维护国家主权、安全和发展利益。

我国是全国各族人民共同缔造的统一的多民族国家。中央与特别行政区的关系,表现为统一多民族国家下的中央与地方的关系,而不是联邦制下联邦与联邦主体或联邦主体与地方的关系。香港、澳门与内地各省、自治区和直辖市一样,都是国家不可分离的组成部分。这是中央与特别行政区的关系的最重要特点。

《澳门基本法》开宗明义,确认澳门特别行政区是中华人民共和国不可分离的部分。全面准确贯彻实施基本法,必须以这一规定为出发点。

实践充分证明,"一国两制"是历史遗留的澳门问题的最佳解决方案,也是澳门回归后保持长期繁荣稳定的最佳制度安排,是行得通、办得到、得人心的。

"一国两制"方针和基本法是澳门特别行政区长治久安、繁荣稳定的"定海神针"和"压舱石"。全面准确理解和贯彻"一国两制"方针和基本法,必须正确认识和把握"三个核心要素",即"一国"是"两制"的前提和基础、以爱国者为主体的"澳人治澳"、中央授权和监督下的高度自治;必须始终坚持"三个有机结合",即把坚持"一国"原则与尊重"两制"差异、维护中央权力与保障特别行政区高度自治权、发挥祖国内地坚强后盾作用与提高澳门自身竞争力有机结合起来。

(二)依法有效行使中央全面管治权

中央全面管治权主要有中央直接行使的权力、授予澳门特别行政区的高度自治权和中央的监督权,集中体现了在统一多民族国家结构和"一国两制"方针下的国家主权建构和中央与地方的关系。

从政治上看,中央是全国性的机关,维护国家统一、政治稳定、社会和谐,是中央必须承担的政治责任。中央对特别行政区全面管治权的重要体现,一是作为国家元首的国家主席对作为地方的特别行政区的宪法意义;二是行政长官(选举或协商产生后)和政府主要官员由中央政府任命,行政长官对中央负责,这实际上体现中央对特别行政区的一定的组织权;三是全国人大对基本法有制定、修改权,全国人大常委会对基本法有解释权;四是中央通过特别行政区立法会报请备案对特别行政区立法进行审查等。

20年来,依照宪法和《澳门基本法》,先后由国家主席和国务院总理多次听取澳门特别行政区行政长官述职或工作汇报,中央任命五任行政长官和历届特别行政区政府主要官员,接受特别行政区任免终审法院院长和检察长的备案,负责管理与特别行政区有关的外交事务,组建澳门驻军履行维护防务职责,并依法行使基本法解释权、重大事项决定权、全国性法律在特别行政区实施的决定权等。

应当指出,在"一国两制"下,中央与澳门特别行政区的权力关系是授权与被授权的关系。我国对澳门恢复行使主权,是恢复行使包括管治权在内的完整主权。在新的历史时期,要坚定维护中央对澳门特别行政区以宪法和基本法为基础的有效全面管治权。正确理解和把握这一点,是维护中央与澳门特别行政区良好关系的关键。

(三)维护澳门特别行政区高度自治

20年来实施基本法的历史,其实就是一部中央与澳门特别行政区的关系史、发展史。

贯彻"一国两制"方针,在这个方针指导下建立特别行政区,使得特别行政区内实行的资本主义制度在一个相当长的时期内同国家主体的社会主义制度同时存在。澳门特别行政区机关作为特殊的地方政权,既没有采纳人民代表大会制,也没有照搬西方的"三权分立制"和原来的总督集权制。

中央与特别行政区的关系,相对于中央与普通地方、民族自治地方的关系,具有特殊性。在处理中央与澳门特别行政区关系方面,要坚持"一国两制"、"澳人治澳"、高度自治的方针,按照推进国家治理体系现代化的要求,既要体现国家主权、安全、发展利益的统一性,又要体现中央全面管治权下兼顾特别行政区特色的差异性;既要加强中央依法全面管治,又要坚定维护以基本法为基础的特别行政区高度自治权。

为确保特别行政区的繁荣和稳定,中央依法授予特别行政区实行高度自治,享有行政管理权、立法权、独立的司法权和终审权等,但"高度自治"不等于"完全自治",澳门并没有所谓"固有权力"、"自主权力",澳门历史上也没有实行过西方意义上的地方自治。

基本法授权实行"高度自治",循序渐进地推进特别行政区的民主发展,并不是授权特别行政区搞"完全自治"。无论是中央行使权力,还是特别行政区行使自治权,都必须坚持依法办事,以国家法律尤其是宪法和基本法的有关规定为依据,而不能超越宪法和法律的规定。

澳门特别行政区居民享有广泛的权利,特别行政区居民中的中国公民依法参与国家事务的管理,特别行政区居民中的中国公民选出特别行政区全国人大代表参加全国人大的工作,特别行政区政府的代表可作为中国政府代表团的成员,参加由中央政府进行的同特别行政区直接有关的外交谈判等。

第七章 中央和澳门特别行政区的关系

一、澳门特别行政区的法律地位、特点和权力来源

《澳门基本法》第二章规定了中央与澳门特别行政区的关系。《澳门基本法》既明确规定了中央对澳门特别行政区行使的权力，同时也授予澳门特别行政区以高度自治权。

（一）澳门特别行政区的法律地位

特别行政区是伴随"一国两制"构想的诞生而产生的，而作为一个正式的法律概念源于1982年《宪法》第31条的规定，并被以后的基本法所完善和具体化，其含义可以界定为：特别行政区是我国为实现国家和平统一而设置的、实行不同于一般地方行政区域的社会经济制度的一种特殊的地方行政区域。这一含义清楚地表明澳门特别行政区的地位和特点。

根据依照宪法制定的基本法，澳门特别行政区是中华人民共

和国不可分离的一部分,是中华人民共和国的一个享有高度自治权的地方行政区域,直辖于中央人民政府。这就明确了澳门特别行政区的法律地位。对《澳门基本法》的规定,可以从三个方面来认识。

1. 澳门特别行政区是中华人民共和国不可分离的部分,是国家的一类地方行政区域

我国是统一的多民族国家,采用单一制国家结构形式,按行政区划设立的行政单位和自治单位都是国家不可分离的部分,都受中央人民政府的统一领导。

澳门历来是中国的领土,我国政府于1999年12月20日对澳门恢复行使主权,设立澳门特别行政区,作为中央人民政府管辖下的地方行政区域,澳门特别行政区是中华人民共和国不可分离的部分。

2. 澳门特别行政区直辖于中央人民政府

澳门特别行政区不是独立的政治实体,不以国家的名义参与国际关系,它与中央的关系是一个主权国家内中央与地方的关系。澳门特别行政区的权力来源于中央通过《澳门基本法》及其他法律的授予,澳门特别行政区的权力以《澳门基本法》及相关法律的授予为限。澳门特别行政区是我国的地方行政区域。

3. 澳门特别行政区是实行高度自治的地方行政区域

澳门特别行政区享有高度自治权,包括行政管理权、立法权、独立的司法权和终审权以及中央授予的有关对外事务权;保持财政独立,其财政收入全部用于自身需要,不上缴中央人民政府;以及中央授予的其他权力等等。这些权力明显大于我国一般地方行政区域和民族自治地方,澳门特别行政区的自治是一种程度更高的自治。

(二)中央和澳门特别行政区关系的特点和处理原则

中央和澳门特别行政区的关系,有两个特点,一是单一制下的中央与地方关系,而不是联邦制下联邦与联邦主体的关系。中央与特别行政区的关系,与中央与内地各省、自治区和直辖市一样,都是单一制下中央与地方的关系。二是"一国两制"下特殊的中央与地方关系,而不同于中央与内地省、自治区和直辖市的关系。中央对澳门特别行政区实施管治主要体现在两个方面:一是行政长官和政府主要官员由中央政府任命,行政长官对中央负责;二是全国人大对基本法有修改权和全国人大常委会对基本法有解释权。在这种情况下,中央对有些权力进行自我约束。比如,基本法规定澳门特别行政区不实行社会主义制度和政策,保持原有的资本主义制度和生活方式,50年不变;基本法的任何修改,均不得同国家对澳门既定的"一国两制"、"澳人治澳"、高度自治的基本方针政策相抵触;全国性法律除列于基本法附件三者外,不在澳门特别行政区实施,列入附件三的法律,应限于有关国防、外交和其他依基本法规定不属于澳门特别行政区自治范围的法律;等等。以上这两个特点,可以说是正确理解和处理中央与特别行政区关系的基本出发点和立足点。

要正确处理中央和澳门特别行政区的关系,首先必须体现国家主权原则,维护国家的统一、领土完整和安全。如《澳门基本法》第二章关于与澳门特别行政区有关的外交事务和防务属中央人民政府负责管理的规定,关于澳门特别行政区法院对国防、外交等国家行为无管辖权的规定,都是维护国家统一和领土完整所必不可少的。

又如,根据《澳门基本法》第23条,澳门特别行政区应自行立法禁止任何叛国、分裂国家、煽动叛乱、颠覆中央人民政府及窃取国家机密的行为,禁止外国的政治性组织或团体在澳门特别行政区进行政治活动,禁止澳门特别行政区的政治性组织或团体与外国的政治性组织或团体建立联系。①

要正确处理中央和澳门特别行政区的关系,还必须从中国是一个单一制国家的实际情况出发,坚持中央政府与地方政府在行政上具有隶属关系,以及高度自治权来于中央授权等基本原则。如基本法第二章关于澳门特别行政区是一个直辖于中央人民政府的地方行政区域的规定,关于中央人民政府授权澳门特别行政区依照基本法自行处理有关的对外事务的规定,关于澳门特别行政区可享有全国人大及其常委会或中央人民政府授予的其他权力的规定,都充分体现了在单一制国家结构形式下,中央与地方之间所具有的授权与被授权的关系。

按照"一国两制"的方针政策处理中央和澳门特别行政区的关系,既要注意维护国家的统一和领土完整,同时也要在此前提下,切实保障澳门特别行政区的高度自治地位。关于这一点,基本法第二章依据总则第 2 条的规定,就澳门特别行政区享有的行政管理权、立法权、独立的司法权和终审权作了相应的规定。如规定澳门特别行政区依法自行处理澳门特别行政区的行政事务;规定澳门特别行政区立法机关制定的法律虽须报全国人大常委会备案,但不影响法律的生效;规定澳门特别行政区法院除法定情况外,对澳门特别行政区所有的案件均有审判权;规定中央人民政府所属

---

① 2009 年 2 月 25 日澳门特别行政区立法会通过的《维护国家安全法》(第 2/2009 号法律),根据《澳门基本法》第 23 条制定,俗称"廿三条立法",共 15 条,规定了叛国、分裂国家、颠覆中央人民政府、煽动叛乱、窃取国家机密、外国的政治性组织或团体在澳门作出危害国家安全的行为、澳门的政治性组织或团体与外国的政治性组织或团体建立联系作出危害国家安全的行为等七种犯罪行为及其处罚。

各部门、各省、自治区、直辖市不得干预澳门特别行政区依基本法自行管理的事务,等等。这些规定不仅表明澳门特别行政区享有高度的自治权,而且也为澳门特别行政区实行高度自治提供了可靠的法律保障。

应当指出,基本法关于中央和澳门特别行政区关系的规定,并不局限于第二章,第一章"总则"、第七章"对外事务"和第八章"本法的解释和修改"方面的规定,实际上都直接涉及中央和澳门特别行政区的关系;即便是其他章节的条款,也都是围绕着国家统一和高度自治而展开的。因此,从这一意义上说,要具体掌握中央和澳门特别行政区的关系,必须结合整部基本法的条款,全面理解,融汇贯通。

(三)特别行政区的权力来源

关于特别行政区的权力来源和中央与特别行政区之间权限划分问题,出现多种观点和意见,如剩余权力说(指中央与特别行政区之间划分清楚的权力范围以外的权力)、灰色地带说(指在中央权限与特别行政区高度自治范围之间存在的性质上不能清楚界定应由哪一方处理的权力)和未界定权力说(指未来因情况改变需要划分的权力)等。但特别行政区是我国的一个地方行政区域,没有固有的权力,要使其享有高度自治权,就要由中央作出授权。按照宪法的规定,全国人大是我国最高国家权力机关,特别行政区享有的高度自治权,应由全国人大作出授权。换言之,香港与澳门从来都不是一个政治实体,并无原始权力或固有权力。基本法是授权法,特别行政区的存在以宪法为法律保障,特别行政区的权力来源于中央人民政府的授权。特别行政区的高度自治权不是特别行政区固有的,而是来自中央的授权,授权与分权是两个不同法律概念,表达两种不同的法律关系。两者的主要区别是:授权是指权力主体将原属于它的权力授予被授权者,被授权者的权力范围以授予的权力为限,未授予的权力仍保留于授权者;而分权是两个或两个以上的权力主体分割权力,还有一个剩余权力问题需要解决。

二、中央对澳门特别行政区的权力

中央对澳门特别行政区的宪制权力有一些是具体列明的,有一些是在条文中隐含的。具体来讲,主要包括以下10个方面:中央对澳门特别行政区具有全面的管治权(对澳门恢复行使的是包括管治权在内的全部主权);中央政府的一般性权力(中央政府决定有关重大事项、行政长官依法对中央政府负责等);中央政府对行政长官和主要官员任免权;基本法解释权;基本法修改权;对行政长官产生办法和立法会产生办法修改的决定权;对特别行政区立法机关制定的法律备案审查权;防务和外交事务的管辖权;向特别行政区作出新授权的权力(全国人大及其常委会、中央政府授予其他权力)和特别行政区进入紧急状态的决定权。

也有学者将其分类为以下10项具体权力:设立特别行政区和决定特别行政区制度;制定、修改、解释基本法;授予特别行政区高度自治权并予以界定;监督特别行政区高度自治区的行使;根据宪法和基本法对港澳的具主权性的地域管理和居民管理;处理与特别行政区有关的外交事务和授权特区处理对外事务;在特区维护国家防务;任免行政长官和政府主要官员;协调和指导特区与国家其他地区关系;实行紧急状态及战争状态时的必要权力。①

现仅就《澳门基本法》明文规定的主要的中央权力分别讨论如下。

(一) 负责管理与澳门特别行政区有关的外交事务

外交是主权国家为实现其对外政策而由获得授权的机关和人员进行的活动,外交事务是国家为促进国际的交往和合作、解决国家间或国际的纠纷需要从事或处理的事务。外交的性质和特点,决定了它是主权国家的行为,从事外交活动的主体,必须是主权国家。通常情况下,国家元首、政府首脑、外交代表机构及外交人员,是法定的从事外交活动的机关或人员。

中国政府恢复对澳门行使主权,根据《澳门基本法》第 13 条的规定,由中央人民政府负责管理与澳门特别行政区有关的外交事务,这与我国作为主权国家的地位是相称的,也符合澳门特别行政区作为我国地方行政区域的地位。

根据相关规定,外交部是国务院即中央人民政府主管外交工作的职能部门。为了便于外交部处理与澳门特别行政区有关的外交事务,《澳门基本法》规定中华人民共和国外交部在澳门设立机构处理外交事务。

外交部驻澳门特别行政区特派员公署,即中华人民共和国外交部根据《澳门基本法》的规定,在澳门特别行政区设立的负责处理与澳门特别行政区有关的外交事务的机构。其宗旨是:贯彻落实"一国两制"、"澳人治澳"、高度自治方针,严格按照基本法办事,执行中央人民政府的外交政策,维护国家主权和利益,保护澳门同

---

① 许昌:《中央对香港澳门特别行政区直接行使的权力的分类研究》,载《港澳研究》2016年第 3 期。

胞的合法权益，促进澳门特别行政区的长期繁荣稳定和发展。

外交部驻澳门特别行政区特派员公署的职责是：处理由中央人民政府负责管理的与澳门特别行政区有关的外交事务；协调处理澳门特别行政区参加有关国际组织和国际会议事宜；协调处理国际组织和机构在澳门特别行政区设立办事机构问题；协调处理在澳门特别行政区举办政府间国际会议事宜；处理有关国际公约在澳门特别行政区的适用问题；协助办理中央人民政府授权澳门特别行政区与外国谈判缔结有关双边协定的事宜；协调处理外国在澳门特别行政区设立领事机构或其他官方、半官方机构的有关事宜，办理有关领事业务；办理中央人民政府和外交部交办的其他有关事务。

（二）负责管理澳门特别行政区的防务

"防务"是指与防止外敌入侵，维护国家主权和疆土完整有关的事务。为了防止外国的侵略、维护本国的主权，主权国家必须享有防务的权力。所以，防务是主权国家维护其独立、主权和领土完整的一项重要权力。

由于"防务"属于主权范围内的事务，作为我国管辖下的地方行政区域，澳门特别行政区的防务应由中央人民政府负责。这是中央人民政府直接在澳门特别行政区行使的一项重要权力，也是中央对澳门特别行政区管辖的体现。为此，《澳门基本法》第14条规定中央人民政府负责管理澳门特别行政区的防务。

根据《澳门特别行政区驻军法》的规定，中央人民政府派驻澳门特别行政区负责防务的军队，称中国人民解放军驻澳门部队（以下简称"澳门驻军"）。澳门驻军由中华人民共和国中央军事委员会领导，其部队组成、员额根据澳门特别行政区防务的需要确定。

澳门驻军不干预澳门特别行政区的地方事务。澳门特别行政区政府在必要时,可以向中央人民政府请求澳门驻军协助维持社会治安和救助灾害。澳门驻军履行下列防务职责:(1)防备和抵抗侵略,保卫澳门特别行政区的安全;(2)担负防卫勤务;(3)管理军事设施;(4)承办有关的涉外军事事宜。

除负责防务外,澳门驻军在一定的前提和条件下,也需协助维持澳门特别行政区的社会治安和救助灾害。但澳门驻军在履行这两项职责时,一是要由澳门特别行政区政府向中央人民政府提出请求;二是要得到中央人民政府的批准。澳门驻军根据中央军事委员会的命令派出部队执行协助维持社会治安和救助灾害的任务,任务完成后即返回驻地。澳门驻军协助维持社会治安和救助灾害时,在澳门特别行政区政府的安排下,由澳门驻军最高指挥官或者其授权的军官实施指挥。澳门驻军人员在协助维持社会治安和救助灾害时,行使与其执行任务相适应的澳门特别行政区法律规定的相关执法人员的权力。另外,澳门驻军应当遵守《澳门基本法》的各项规定,遵守其他全国性法律和澳门特别行政区的法律。

(三)人事任免权

人事任免权是指中央机关依照《澳门基本法》的规定,任免澳门特别行政区行政长官、政府主要官员和检察长。《澳门基本法》第15条规定:"中央人民政府依照本法有关规定任免澳门特别行政区行政长官、政府主要官员和检察长。"

根据《澳门基本法》,有权对澳门特别行政区行使任免权的中央机关是中央人民政府即国务院。国务院有权任免澳门特别行政区的行政长官、政府主要官员和检察长。第50条第6项规定行政长官有权提名并报请中央人民政府任命政府主要官员并建议中央人民政府免除政府主要官员职务,第 10 项规定行政长官有权依照法定程序提名并报请中央人民政府任命检察长,并建议中央人民政府免除检察长的职务。

《澳门基本法》第 50 条第 6 项规定的主要官员有:各司司长、廉政专员、审计长、警察部门主要负责人和海关主要负责人。

（四）对澳门特别行政区立法的备案审查权

依据《澳门基本法》第 17 条第 2 款,澳门特别行政区的立法机关制定的法律须报全国人大常委会备案。备案是指澳门特别行政区的立法机关,就其制定的每一部法律,及时向全国人大常委会报告,并附上新制定的法律条文,以便全国人大常委会能及时了解澳门特别行政区立法机关的立法情况,并留案备查。

《澳门基本法》还规定,"备案不影响该法律的生效"。这表明,备案不是澳门特别行政区法律生效的必经程序。澳门特别行政区立法机关通过法案后,一经行政长官签署、公布,就依法生效,并不是要待"备案"之后才生效。但根据《澳门基本法》的规定,全国人大常委会在征询其所属的澳门特别行政区基本法委员会的意见后,如认为澳门特别行政区立法机关制定的任何法律不符合基本法关于中央管理的事务及中央和澳门特别行政区的关系的条款,可将有关法律发回,但不作修改,经全国人大常委会发回的法律立即失效。该法律的失效,除澳门特别行政区的法律另有规定外,无溯及力。

应当说明,全国人大常委会审查上报备案的澳门特别行政区立法机关制定的法律的依据是《澳门基本法》,范围是《澳门基本法》中有关中央管理的事务及中央和澳门特别行政区关系的条款。

根据《澳门基本法》的规定,全国人大常委会如认为澳门特别行政区法律违反《澳门基本法》中的相关条款,也只是将其"发回",但不作修改,这实际上是将法律交由澳门特别行政区自行修改和处理,是为了尊重和维护澳门特别行政区的高度自治权。按照《澳门基本法》的规定,任何法律,一经发回,就立即失效。但法律的失效原则上无溯及力,除非澳门特别行政区的法律另有规定,这仍然表明中央在最大程度上尊重澳门特别行政区的高度自治权。《澳门基本法》还规定全国人大常委会在决定发回上报备案的法律前,须征询其所属的澳门特别行政区基本法委员会的意见。

(五)重大事项的决定权

根据《澳门基本法》的规定,凡是涉及外交、防务及国家统一、安全和主权范围内的事务,都是中央管理的事务。中央有关机关管理主权范围内事务时,必须要对一些重大的事项作出决定。决定重大事项是中央权力的重要内容。

1. 决定在澳门特别行政区实施的全国性法律

按照《澳门基本法》第18条的规定,部分涉及国家主权的全国性法律在澳门特别行政区实施,这是在澳门特别行政区实行"一国两制"的要求。《澳门基本法》附件三列举了在澳门特别行政区实施的全国性法律。

【背景资料】

《澳门基本法》附件三所列全国性法律及
全国人大常委会进行的调整

一、1993年3月31日八届全国人大一次会议通过的在澳门特别行政区实施的全国性法律

自1999年12月20日起由澳门特别行政区在当地公布或

立法实施的全国性法律:《关于中华人民共和国国都、纪年、国歌、国旗的决议》、《关于中华人民共和国国庆日的决议》、《中华人民共和国国籍法》、《中华人民共和国外交特权与豁免条例》、《中华人民共和国领事特权与豁免条例》、《中华人民共和国国旗法》、《中华人民共和国国徽法》、《中华人民共和国领海及毗连区法》。

二、1999年12月20日九届全国人大常委会第十三次会议通过决定,增加《澳门基本法》附件三所列的全国性法律,包括《中华人民共和国专属经济区和大陆架法》和《中华人民共和国澳门特别行政区驻军法》。

三、2005年12月27日十届全国人大常委会第十八次会议通过决定,将《中华人民共和国外国中央银行财产司法强制措施豁免法》列入《澳门基本法》附件三所列的全国性法律。

四、2017年11月4日十二届全国人大常委会第三十次会议通过决定,在《中华人民共和国澳门特别行政区基本法》附件三中增加全国性法律《中华人民共和国国歌法》。

《澳门基本法》还规定,全国人大常委会可以对已列入《澳门基本法》附件三的法律予以增减。这是因为全国人大及其常委会的立法活动一直在进行,不断有新的涉及国防、外交等主权范围内事务的法律被制定出来。这样,全国人大常委会就有权决定将新制定的法律适用于澳门特别行政区。

《澳门基本法》还规定,在全国人大常委会决定宣布战争状态或因澳门特别行政区内发生澳门特别行政区政府不能控制的危及国家统一或安全的动乱而决定澳门特别行政区进入紧急状态时,中央人民政府可发布命令将有关全国性法律在澳门特别行政区实施。这是维护国家统一和安全而采取的必要措施。

根据《澳门基本法》，凡是增减列于《澳门基本法》附件三的适用于澳门特别行政区的全国性法律，应限于有关国防、外交和其他依《澳门基本法》规定不属于澳门特别行政区自治范围的法律；并且，在决定将有关的全国性法律适用于澳门特别行政区前，全国人大常委会需征询其所属的澳门特别行政区基本法委员会和澳门特别行政区政府的意见。对于适用于澳门特别行政区的全国性法律，也不是直接适用，而是由澳门特别行政区在当地公布或立法实施。

2. 决定战争状态的宣布和决定澳门特别行政区进入紧急状态

根据《澳门基本法》，在全国人大常委会决定宣布战争状态或因澳门特别行政区内发生澳门特别行政区政府不能控制的危及国家统一或安全的动乱而决定澳门特别行政区进入紧急状态时，中央人民政府可发布命令将有关全国性法律在澳门特别行政区实施。

战争状态是指在战争发生期间，交战国之间存在的武装冲突状态。战争状态一旦开始，交战国之间原已存在的外交关系、领事关系一般都会中止或断绝，双方的经贸关系也会停止，战争法开始适用。

紧急状态是指发生或即将发生特别重大突发事件，需要国家机关行使紧急权力予以控制、消除其社会危害和威胁时，有关国家机关按照宪法、法律规定的权限决定并宣布局部地区或全国实行的一种临时性的严重危急状态。

根据《宪法》，全国人大常委会有权决定战争状态的宣布，有权决定全国或者个别省、自治区、直辖市进入紧急状态。因此，除全国人大常委会决定澳门特别行政区进入紧急状态外，如果国家宣布战争状态或进入紧急状态,澳门特别行政区作为中国领土的一部分,也自然会随着整个国家宣布战争状态或进入紧急状态。

全国人大常委会根据基本法决定澳门特别行政区进入紧急状态,须具备以下条件:一是必须是在澳门特别行政区发生了动乱;二是这些动乱危及国家的统一和安全;三是澳门特别行政区政府不能控制已经或正在发生的动乱。可见,决定澳门特别行政区进入紧急状态,目的是为了尽快恢复澳门特别行政区的秩序,维护国家的统一和安全。为了实现这一目的,中央人民政府有权发布命令,将有关的全国性法律在澳门特别行政区实施。

3. 确定澳门特别行政区全国人大代表的名额和产生办法

2004年3月14日十届全国人大二次会议通过的宪法修正案规定,全国人大由各省、自治区、直辖市、特别行政区和军队选举的代表组成。《澳门基本法》第21条第1款规定,澳门特别行政区居民中的中国公民,依法参与国家事务的管理。澳门特别行政区的全国人大代表出席全国人大会议,参加最高国家权力机关的工作,是澳门特别行政区居民中的中国公民参与国家事务管理的具体体现。在中国其他地区,根据《选举法》的规定,全国人大代表由省、自治区和直辖市的人民代表大会选举。但是,由于澳门特别行政区不实行人民代表大会制度,不设立人民代表大会,因此,澳门特别行政区的全国人大代表必须按特别程序产生。为了做好在澳门特别行政区产生全国人大代表的工作,《澳门基本法》第21条第2款规定,全国人大确定澳门的全国人大代表的名额及产生办法,由澳门特别行政区居民中的中国公民在澳门选出澳门特别行政区的全国人大代表。

根据《全国人民代表大会和地方各级人民代表大会选举法》第15条第3款的规定,澳门特别行政区应选全国人民代表大会代表的名额和代表产生办法,由全国人民代表大会另行规定。澳门回归以来,全国人大分别制定了第九届、第十届、第十一届、第十二届和第十三届澳门特别行政区选举全国人大代表的办法,在澳门选举产生了五届全国人大代表。①

4. 决定国际协议是否适用于澳门特别行政区

根据《澳门基本法》,与澳门特别行政区有关的外交事务由中央人民政府负责管理。由于澳门是享有高度自治权的地方行政区域,澳门特别行政区在中央人民政府的授权或许可下,可以以适当的名义和方式签订有关的国际协议,而中国签署的国际协议是否适用于澳门特别行政区,需由中央人民政府决定。中央人民政府要根据情况和澳门特别行政区的需要,并在征询澳门特别行政区政府的意见后作出决定。

5. 确定各省、自治区、直辖市进入澳门特别行政区定居的人数

澳门人口密度较高,按照《澳门基本法》第22条第4款的规定,各省、自治区、直辖市进入澳门特别行政区定居的人数由中央人民政府主管部门征求澳门特别行政区政府的意见后确定。

6. 决定处理澳门原有法律

《澳门基本法》第145条规定:"澳门特别行政区成立时,澳门原有法律除由全国人民代表大会常务委员会宣布为同本法抵触者

---

① 如根据2017年3月15日十二届全国人大五次会议通过的《中华人民共和国澳门特别行政区选举第十三届全国人民代表大会代表的办法》,澳门特别行政区应选第十三届全国人民代表大会代表的名额为十二名。澳门特别行政区选举的全国人民代表大会代表必须是年满十八周岁的澳门特别行政区居民中的中国公民。澳门特别行政区成立第十三届全国人民代表大会代表选举会议。选举会议由参加过澳门特别行政区第十二届全国人民代表大会代表选举会议的人员,以及不是上述人员的澳门特别行政区居民中的中国人民政治协商会议第十二届全国委员会委员、澳门特别行政区第四任行政长官选举委员会委员中的中国公民和澳门特别行政区第五届立法会议员中的中国公民组成。

外,采用为澳门特别行政区法律,如以后发现有的法律与本法抵触,可依照本法规定和法定程序修改或停止生效",第 8 条规定:"澳门原有的法律、法令、行政法规和其他规范性文件,除同本法相抵触或经澳门特别行政区的立法机关或其他有关机关依照法定程序作出修改者外,予以保留"。为此,1999 年 10 月 31 日九届全国人大常委会第十二次会议通过《关于根据中华人民共和国澳门特别行政区基本法第一百四十五条处理澳门原有法律的决定》,主要内容:(1) 澳门原有的法律、法令、行政法规和其他规范性文件,除同基本法抵触者,采用为澳门特别行政区法律;(2) 列于本决定附件一的澳门原有法律抵触基本法,不采用为澳门特别行政区法律(共 12 项);(3) 列于本决定附件二的澳门原有法律抵触基本法,不采用为澳门特别行政区法律,但澳门特别行政区在制定新的法律前,可按基本法规定的原则和参照原有做法处理有关事务(共 3 项);(4) 列于本决定附件三的澳门原有法律抵触基本法的部分条款,不采用为澳门特别行政区法律(共 182 项);(5) 采用为澳门特别行政区法律的澳门原有法律,自 1999 年 12 月 20 日起,在适用时,应作出必要的变更、适应、限制或例外,以符合中华人民共和国对澳门恢复行使主权后澳门的地位和基本法的有关规定。

(六)批准权

批准权是从中央处理与澳门特别行政区有关的国家事务中延伸出来的权力。具体包括以下内容。

1. 批准外国在澳门特别行政区设立领事机构

按《澳门基本法》第 142 条第 1 款的规定,外国在澳门特别行政区设立领事机构或其他官方、半官方机构,须经中央人民政府批准。

"领事",是指一国根据协议派驻另一国特定地点执行某些官方职务的政府代表。"领事机构"是领事代表机关的总称,包括总领事馆、领事馆等。领事制度是国家关系和国与国之间交往的一项重要制度。在澳门特别行政区设立领事机构或其他官方或半官方的机构,属于外交方面的事务,处理此等事务的权限,应属于中央人民政府。因此,外国在澳门特别行政区设立领事机构等须经中央人民政府批准。

2. 特许外国军用船只进入澳门特别行政区

根据《澳门基本法》第116条第3款的规定,外国军用船只进入澳门特别行政区须经中央人民政府特别许可。外国军用船只进入澳门特别行政区,既涉及外交,又事关防务,所以该类事项必须经中央人民政府特别许可。

3. 批准中央各部门,各省、自治区、直辖市在澳门特别行政区设立机构

《澳门基本法》第22条第2款规定,中央所属各部门、各省、自治区、直辖市如需在澳门特别行政区设立机构,须征得澳门特别行政区政府同意并经中央人民政府批准。

按照《宪法》的规定,中央人民政府统一领导中央各部门、全国地方各级国家行政机关的工作,因此,中央所属各部门,各省、自治区、直辖市如需在澳门特别行政区设立机构,须经中央人民政府批准。

4. 批准行政长官产生办法的修改

按《澳门基本法》附件一《澳门特别行政区行政长官的产生办法》,2009年及以后行政长官的产生办法如需修改,须经立法会全体议员2/3多数通过,行政长官同意,并报全国人大常委会批准。

(七) 接受备案权

根据《澳门基本法》的规定,除立法方面的备案权以外(前文已述),还有以下几个方面:一是根据《澳门基本法》的规定,澳门特别行政区终审法院的法官和院长的任命和免职,须报全国人大常委会备案;二是根据《澳门基本法》附件二《澳门特别行政区立法会的产生办法》,在2009年及以后澳门特别行政区立法会的产生办法如需修改,须经立法会全体议员2/3多数通过,行政长官同意,并报全国人大常委会备案;三是根据《澳门基本法》的规定,行政长官须将财政预算、决算报中央人民政府备案;四是在对外事务方面,澳门特别行政区根据需要在外国设立官方或半官方的经济和贸易机构,须报中央人民政府备案。

(八) 对《澳门基本法》的解释和修改权

按照《澳门基本法》第143条第1款的规定,《澳门基本法》的解释权属于全国人大常委会。按照澳门的法律传统,澳门立法机关不享有解释法律的权力,澳门的行政机关在具体应用法律时也不享有具有法律效力的解释权;享有法律解释权的是澳门的各级法院,其解释的范围,不仅包括具体应用法律的问题,也可以是对法律条文本身需要进一步明确界限的方面。有鉴于此,《澳门基本法》第143条第2款规定:"全国人民代表大会常务委员会授权澳门特别行政区法院在审理案件时对本法关于澳门特别行政区自治范围内的条款自行解释。"

但是,澳门特别行政区法院对《澳门基本法》的解释不是不受限制的,《澳门基本法》第143条第3款规定:"澳门特别行政区法院在审理案件时对本法的其他条款也可解释。但如澳门特别行政区法院在审理案件时需要对本法关于中央人民政府管理的事务或中央和澳门特别行政区的关系的条款进行解释，而该条款的解释又影响到案件的判决，在对该案件作出不可上诉的终局判决前，应由澳门特别行政区终审法院提请全国人民代表大会常务委员会对有关条款作出解释。如全国人民代表大会常务委员会作出解释，澳门特别行政区法院在引用该条款时，应以全国人民代表大会常务委员会的解释为准。但在此以前作出的判决不受影响。"

根据《宪法》第62条和第67条，全国人大有权制定和修改刑事、民事、国家机构和其他的基本法律；在全国人民代表大会闭会期间，全国人大常委会有权对全国人民代表大会制定的法律进行部分补充和修改，但是不得同该法律的基本原则相抵触。《澳门基本法》属于全国人大制定的基本法律，但《澳门基本法》按照宪法的这一规定设计了本身的修改制度。《澳门基本法》第144条第1款规定："本法的修改权属于全国人民代表大会。"

三、中央授予澳门特别行政区行使的权力

《澳门基本法》以大量篇幅规范中央与澳门特别行政区的权限划分，相比中国内地的省、自治区和直辖市，澳门特别行政区享有高度自治权，主要有行政管理权、立法权、独立的司法权和终审权等。

（一）行政管理权

行政管理泛指政府对经济、教育、科学、文化、卫生、体育事业和财政、民政、治安等行政事务进行日常管理的行为，是政府的基本职能。

《澳门基本法》第16条概括规定："澳门特别行政区享有行政

管理权,依照本法有关规定自行处理澳门特别行政区的行政事务。"《澳门基本法》第64条规定澳门特别行政区政府行使"管理各项行政事务"的权力。《澳门基本法》还在其他条款中具体规定了行政管理权的主要内容。

1. 制定并执行政策

澳门特别行政区行政长官有权决定政府政策,澳门特别行政区政府制定并执行政策。这些主要是澳门特别行政区行政长官和澳门特别行政区政府行政决策和执行方面的权限。

2. 发布行政命令

澳门特别行政区行政长官有权发布行政命令。

3. 参与立法工作

澳门特别行政区的立法过程包括法案提出、列入议程、法案表决、法案签署公布等阶段。澳门特别行政区政府在各个阶段均可以发挥作用。澳门特别行政区政府有权提出法案、议案,草拟行政法规。澳门特别行政区政府还可委派官员列席立法会会议听取意见或代表政府发言。

4. 负责编制并提出财政预算、决算

澳门特别行政区的年度财政预算、决算,由澳门特别行政区政府负责编制并提出。澳门特别行政区行政长官还有权批准向立法会提出有关财政收入或支出的动议。

5. 人事任免权

澳门特别行政区行政长官有权提名并报请中央人民政府任命澳门特别行政区政府主要官员并建议中央人民政府免除其职务,依照法定程序任免各级法院院长和法官,任免检察官;依照法定程序提名并报请中央人民政府任命检察长,建议中央人民政府免除检察长的职务;依照法定程序任免公职人员。澳门特别行政区行政长官还有权依照法定程序任免行政会委员，委任部分立法会议员。

6. 批准临时短期拨款

《澳门基本法》明确规定立法会审核、通过政府提出的财政预算案，但澳门特别行政区立法会未通过政府提出的财政预算案时，行政长官可按上一财政年度的开支标准批准临时短期拨款。

7. 维持社会治安

澳门特别行政区政府负责维持澳门特别行政区的社会治安。因此，澳门特别行政区政府有权组建特别行政区的各种纪律部队，维持澳门特别行政区正常的社会秩序和公共安全，惩罚各种犯罪。

8. 经济和社会管理权

澳门特别行政区实行市场经济，澳门特别行政区政府从宏观方面为市场经济发展和社会进步提供各种服务和进行管理。

澳门特别行政区保持财政独立。财政收入全部由澳门特别行政区自行支配，不上缴中央人民政府。中央人民政府不在澳门特别行政区征税。澳门特别行政区实行独立的税收制度。澳门特别行政区参照原在澳门实行的低税政策，自行立法规定税种、税率、税收宽免和其他税务事项。

澳门特别行政区政府自行制定货币金融政策，保障金融市场和各种金融机构的经营自由，并依法进行管理和监督。澳门货币发行权属于澳门特别行政区政府。澳门特别行政区政府可授权指定银行行使或继续行使发行澳门货币的代理职能。澳门特别行政区不实行外汇管制政策。澳门特别行政区的外汇储备由澳门特别行政区政府依法管理和支配。澳门特别行政区政府保障资金的流动和进出自由。

澳门特别行政区保持自由港地位，除法律另有规定外，不征收关税。澳门特别行政区实行自由贸易政策,保障货物、无形财产和资本的流动自由。澳门特别行政区为单独的关税地区。澳门特别行政区根据当时的产地规则,可对产品签发产地来源证。

澳门特别行政区依法保护工商企业的自由经营,自行制定工商业的发展政策,改善经济环境和提供法律保障,以促进工商业的发展,鼓励投资和技术进步,并开发新产业和新市场。根据经济发展的情况,自行制定劳工政策,完善劳工法律。

澳门特别行政区保持和完善原在澳门实行的航运经营和管理体制,自行制定航运政策。澳门特别行政区经中央人民政府授权可进行船舶登记,并依照澳门特别行政区的法律以"中国澳门"的名义颁发有关证件。除外国军用船只进入澳门特别行政区须经中央人民政府特别许可外,其他船舶可依照澳门特别行政区的法律进出其港口。澳门特别行政区的私营的航运及与航运有关的企业和码头可继续自由经营。

澳门特别行政区政府经中央人民政府具体授权可自行制定民用航空的各项管理制度。根据本地整体利益自行制定旅游娱乐业的政策。澳门特别行政区政府依法实行环境保护,依法承认和保护澳门特别行政区成立前已批出或决定的年期超过1999年12月19日的合法土地契约和与土地契约有关的一切权利。澳门特别行政区成立后新批或续批土地,按照澳门特别行政区有关的土地法律及政策处理。

澳门特别行政区政府自行制定教育政策,推动教育的发展;自行制定促进医疗卫生服务和发展中西医药的政策;自行制定科学技术政策,依法保护科学技术的研究成果、专利和发明创造;自行制定文化政策,依法保护作者的文学艺术及其他的创作成果和合法权益;依法保护名胜、古迹和其他历史文物,并保护文物所有者的合法权益。自行制定新闻、出版政策、体育政策;根据宗教信仰自由的原则,不干预宗教组织的内部事务,不干预宗教组织和教徒同澳门以外地区的宗教组织和教徒保持及发展关系,不限制与澳门特别行政区法律没有抵触的宗教活动。

澳门特别行政区政府自行确定专业制度,根据公平合理的原则,制定有关评审和颁授各种专业和执业资格的办法。在原有社会福利制度的基础上,根据经济条件和社会需要自行制定有关社会福利的发展和改进的政策。根据需要和可能逐步改善原在澳门实行的对教育、科学、技术、文化、体育、康乐、医疗卫生、社会福利、社会工作等方面的民间组织的资助政策。

(二) 立法权

《澳门基本法》第17条规定澳门特别行政区享有立法权。澳门特别行政区法律须报全国人大常委会备案,但备案不影响该法律的生效。在《澳门基本法》第四章中规定澳门特别行政区立法会是澳门特别行政区的立法机关。虽然澳门特别行政区享有的立法权在性质上属于中国地方立法的一种,但是与中国其他地区的立法不同,体现了高度的自治性。

根据"一国两制"的方针,在澳门特别行政区实行的法律为《澳门基本法》、《澳门基本法》第八条规定的澳门原有的法律以及澳门特别行政区立法机关制定的法律;全国性法律除列于《澳门基本法》附件三者外,不在澳门特别行政区实施。

澳门特别行政区立法会根据《澳门基本法》第71条,通过《澳门回归法》(第1/1999号法律)。根据该法,澳门原有的法律、法令、行政法规和其他规范性文件,除同《澳门基本法》抵触者外,采用为澳门特别行政区法规;澳门原有法规抵触《澳门特别行政区基本法》，不采用为澳门特别行政区法规；澳门原有法规抵触《澳门基本法》，不采用为澳门特别行政区法规，但澳门特别行政区在制定新的法规前，可按《澳门基本法》规定的原则和参照原有做法处理有关事务；澳门原有法规中抵触《澳门特别行政区基本法》的部分条款，不采用为澳门特别行政区法规；采用为澳门特别行政区法规的澳门原有法规，自1999年12月20日起，在适用时，应作出必要的变更、适应、限制或例外，以符合中华人民共和国对澳门恢复行使主权后澳门的地位和《澳门基本法》的有关规定。

从立法权的权限和范围看，澳门特别行政区立法的权限和范围远远超过中国内地其他地区。根据《澳门基本法》，除了国防、外交和与国家主权有关的事项外，澳门特别行政区立法机关有权就自治权范围内的所有事项立法。在澳门特别行政区，这些方面的立法事务，都是澳门特别行政区自治权范围内的事务。

从立法依据上看，我国一般地方立法不得同宪法、法律、行政法规相抵触，民族自治地方制定自治条例和单行条例依照当地民族的政治、经济和文化的特点，而依据《澳门基本法》第11条的规定，澳门特别行政区的立法以《澳门基本法》的规定为依据，并不得同《澳门基本法》相抵触。

澳门特别行政区的立法机关是依据全国人大通过的《澳门基本法》和有关决定设立的，其立法权是全国人大通过《澳门基本法》授予的，其行使受到一定的限制，表现在：第一，《澳门基本法》第17条第2款规定，澳门特别行政区立法机关制定的法律，必须报全国人大常委会备案。备案不同于批准，"备案不影响该法律的生效"。也就是说，澳门特别行政区立法机关制定的法律，在完成规定的全部本地立法程序后即可生效，不受备案的影响。第二，全国人大常委会在征询其所属的澳门特别行政区基本法委员会的意见后，如认为澳门特别行政区立法机关制定的任何法律不符合《澳门基本法》关于中央管理的事务及中央和澳门特别行政区的关系的条款，可将有关法律发回，但不作修改。经全国人大常委会发回的法律立即失效。该法律的失效，除澳门特别行政区的法律另有规定外，无溯及力。因此，全国人大常委会对澳门特别行政区的立法享有备案审查权。

当然，这项权力的行使要符合一定的要求和程序。第一，全国人大常委会对澳门特别行政区立法的备案，主要是审查有关立法是否符合《澳门基本法》关于中央管理的事务及中央和特别行政区的关系的条款。第二，全国人大常委会如认为澳门特别行政区的立法不符合《澳门基本法》关于中央管理的事务及中央和澳门特别行政区的关系的条款，可将有关法律发回；在发回澳门特别行政区之前，必须先征询其所属的澳门特别行政区基本法委员会的意见。第三，如果全国人大常委会发现澳门特别行政区有关立法不符合《澳门基本法》的有关规定，只是将有关法律发回澳门特别行政区，而不作修改。对全国人大常委会发回的法律，澳门特别行政区或将其撤销，或作出修改，其决定权在澳门特别行政区。至于修改后的法律，仍然要报全国人大常委会备案。另外，经全国人大常委会发回的法律立即失效。但是，该法律的失效无溯及力，即在发回前根据这项立法成立的行为仍然有效，如果澳门特别行政区法律另有规定的除外。第四，澳门特别行政区立法内容上的限制。《澳门基本法》第18条规定除基本法附件三的法律外，其他全国性法律不在澳门特别行政区实施。从另一个角度看，这是对澳门特别行政区立法机关立法内容的一个排除。即，澳门特别行政区不得制定有关国防、外交和其他按《澳门基本法》规定不属于特别行政区自治范围的法律。但对于在澳门特别行政区实施的全国性法律，要由澳门特别行政区在当地公布或立法实施。这也是对特别行政区立法权的尊重。至于在澳门特别行政区实施的全国性法律,《澳门基本法》在其附件三已明确列举。虽然全国人大常委会在征询其所属的澳门特别行政区基本法委员会的意见后,可以对列于附件三的法律作出增减,但所有列入附件三、在澳门特别行政区实施的全国性法律,都应限于有关国防、外交和其他依基本法不属于澳门特别行政区自治范围的事项的法律,因此,这些法律在澳门特别行政区的实施不会影响澳门特别行政区立法权的行使。

(三) 独立的司法权和终审权

"独立的司法权",是指澳门特别行政区各级法院依法行使审判权,除法律之外,不受任何干涉;澳门检察院独立行使法律赋予的检察职能,不受任何干涉。

"终审权",是指澳门特别行政区有权设立终审法院,作为澳门特别行政区各级法院审理各类案件的最终法院。终审法院的判决或裁定为最终的判决或裁定,诉讼当事人不能再向其他的司法机关提出上诉。

从《澳门基本法》的规定看,澳门特别行政区享有独立的司法权和终审权,主要体现在:

1. 澳门特别行政区依照《澳门基本法》的规定,建立具有自身特色的法院体系

法院作为独立的组织体系,与其他组织系统分离。《澳门基本法》第2条授予澳门特别行政区享有独立的司法权和终审权。另外,澳门特别行政区各级法院与中华人民共和国最高人民法院以及其他地方各级人民法院之间,均没有隶属、服从与被服从的关系,也没有审级之间的关系。当然,澳门特别行政区的法院体系和

司法制度的独立不是绝对的、不受任何制约的。《澳门基本法》第84条第3款要求，澳门特别行政区法院的组织、职权和运作由法律规定；根据《澳门基本法》，澳门特别行政区法院的法官和法官以外的其他司法人员还受行政长官行使任免权的制约；终审法院的法官和院长的任命和免职，须报全国人大常委会备案。但《澳门基本法》作出的上述制度安排，并不影响司法独立。

2. 澳门特别行政区依照《澳门基本法》的规定，实行独立审判制度和检察制度

一是法院独立进行审判，只服从法律，不受任何干涉。二是法官独立审判案件，除法律之外不受任何干涉。在澳门，法官必须拥护中华人民共和国澳门特别行政区基本法，尽忠职守，廉洁奉公，效忠中华人民共和国澳门特别行政区，并依法宣誓。终审法院院长在就职时，还必须宣誓效忠中华人民共和国。但澳门特别行政区法官依法进行审判，不听从任何命令或指示，除《澳门基本法》第19条第3款规定的情况外（澳门特别行政区法院对国防、外交等国家行为无管辖权。澳门特别行政区法院在审理案件中遇有涉及国防、外交等国家行为的事实问题，应取得行政长官就该等问题发出的证明文件，上述文件对法院有约束力。行政长官在发出证明文件前，须取得中央人民政府的证明书）。根据《澳门基本法》的规定，法官履行审判职责的行为不受法律追究。另外，澳门特别行政区检察院独立行使法律赋予的检察职能，不受任何干涉。

3. 澳门特别行政区法院以澳门基本法和适用于澳门特别行政区的其他法律为审判依据

根据《澳门基本法》，澳门特别行政区法院依照《澳门基本法》第18条所规定的适用于澳门特别行政区的法律审判案件，即除

《澳门基本法》外,澳门特别行政区法院还依照澳门原有的法律、澳门特别行政区立法机关制定的法律和在澳门特别行政区实施的全国性法律审判案件。

4. 澳门特别行政区法院有着广泛的管辖权

与对行政管理权和立法权的表述不同,《澳门基本法》确认澳门特别行政区享有独立的司法权并对司法管辖权采用了排除法,确认澳门特别行政区法院对不被排除的事项均享有管辖权。除了对国防、外交等国家行为的管辖权的限制以及澳门特别行政区现行法律的限制外,澳门特别行政区司法机关对本特别行政区的任何案件均有管辖权。

按照《澳门基本法》第19条的规定,澳门特别行政区法院在受理案件时,要受到下列两方面的限制:一是受制于澳门原有法律制度和原则对法院审判权的限制。在澳门,各级法院和法庭的司法管辖权限各不相同,法官的审判权限也有限制。

二是澳门特别行政区法院对国防、外交等国家行为无管辖权。国防、外交等国家行为属于澳门特别行政区自治权范围以外的事务,由中央人民政府负责管理。因此,澳门特别行政区法院无权受理与此有关的案件。澳门特别行政区法院在审理案件时,如果需判断与案件有关的事实是否属于国家行为,法院无权予以认定,而应取得行政长官就此作出的证明文件。而行政长官必须根据中央人民政府的证明书作出。所以只有中央人民政府才有权确认法院在受理某一具体案件中所涉及的事实,是否属于国家行为。法院及行政长官无权就案件事实是否属于中央人民政府管理的事务作出认定。

5. 终审权是司法权的重要内容

《澳门基本法》第2条、第19条,规定澳门特别行政区享有终审权。基本法实施后，澳门法院拥有司法终审权，原来属于葡萄牙最高行政法院、审计法院以及宪法法院对本地区行使的司法权限已转移到澳门终审法院。《澳门基本法》所确认的终审权确定最高人民法院不是澳门特别行政区各级法院的上诉法院或终审法院，也排除最高司法机关对特别行政区终审法院的监督权。这不但保持了澳门法制的连续性，也充分体现了特别行政区高度自治的原则。

同样，澳门特别行政区终审权还是要受到国家行为、全国人大常委会备案权和解释权的制约，表现在以下几个方面：一是终审法院的管辖权也要受制于对国家行为的管辖限制；二是法官备案制度对终审权也有一定的制约作用。《澳门基本法》规定，澳门特别行政区终审法院院长和法官的任免须报全国人大常委会备案；三是根据《澳门基本法》第 143 条的规定，《澳门基本法》的解释权属于全国人大常委会；澳门特别行政区法院在审理案件时需要对基本法关于中央人民政府管理的事务或中央和澳门特别行政区关系的条款进行解释，而该条款的解释又影响到案件的判决，在对该案件作出不可上诉的终局判决前，应由澳门特别行政区终审法院提请全国人大常委会对有关条款作出解释，并以此为准。

（四）依法处理有关的对外事务

澳门社会国际化程度较高，为保持澳门的繁荣和稳定，《澳门基本法》在规定中央人民政府负责管理与澳门特别行政区有关的外交事务的同时，规定中央人民政府授权澳门特别行政区依照《澳门基本法》自行处理有关的对外事务。这是其自治权的一个重要方面。《澳门基本法》第七章对此作了专门规定，主要体现在经济、贸易和文化等方面。

（五）其他权力

根据《澳门基本法》第 20 条，澳门特别行政区可享有全国人民代表大会、全国人民代表大会常务委员会或中央人民政府授予的其他权力。

如，1998 年 12 月 29 日九届全国人大常委会第六次会议通过《全国人民代表大会常务委员会关于中华人民共和国国籍法在澳门特别行政区实施的几个问题的解释》，授权澳门特别行政区政府指定其有关机关根据《中华人民共和国国籍法》和本解释的有关规定，对所有国籍申请事宜作出处理。

又如，1999 年 12 月 18 日国务院发布《中华人民共和国关于授权澳门特别行政区政府接受原澳门政府资产的决定》，授权澳门特别行政区政府自 1999 年 12 月 20 日起接收和负责核对原澳门政府的全部资产和债务，并根据澳门特别行政区有关法律自主地进行管理。

再如，2009 年 6 月 27 日十一届全国人大常委会第九次会议通过《全国人民代表大会常务委员会关于授权澳门特别行政区对设在横琴岛的澳门大学新校区实施管辖的决定》，授权澳门特别行政区自横琴岛澳门大学新校区启用之日起至 2049 年 12 月 19 日止的期限内，对该校区依照澳门特别行政区法律实施管辖。租赁期限届满，经全国人大常委会决定，可以续期。

第八章　澳门特别行政区居民的基本权利和义务

一、澳门特别行政区居民概述

(一) 澳门特别行政区居民的类别

澳门特别行政区居民,简称澳门居民。根据《澳门基本法》第24条第1款的规定,澳门居民包括永久性居民和非永久性居民。为实施《澳门基本法》第24条,澳门特别行政区立法会先后制定了第7/1999号法律《澳门特别行政区处理居民国籍申请的具体规定》、第8/1999号法律《澳门特别行政区永久性居民及居留权法律》、第8/2002号法律《澳门特别行政区居民身份证制度》等。

1. 澳门特别行政区永久性居民

根据《中葡联合声明》附件一《中华人民共和国政府对澳门的基本政策的具体说明》中有关澳门特别行政区居民的界定,澳门特别行政区永久性居民是"在澳门特别行政区有居留权并有资格领取澳门特别行政区永久性居民身份证者"。

《澳门基本法》第24条第2款规定了澳门特别行政区永久性居民的范围:(1)在澳门特别行政区成立以前或以后在澳门出生的中国公民及其在澳门以外所生的中国籍子女;(2)在澳门特别行政区成立以前或以后在澳门通常居住连续7年以上的中国公民及在其成为永久性居民后在澳门以外所生的中国籍子女;(3)在澳门特别行政区成立以前或以后在澳门出生并以澳门为永久居住地的葡萄牙人;(4)在澳门特别行政区成立以前或以后在澳门通常居住连续7年以上并以澳门为永久居住地的葡萄牙人;(5)在澳门特别行政区成立以前或以后在澳门通常居住连续7年以上并以澳门为永久居住地的其他人;(6)第(5)项所列永久性居民在澳门特别行政区成立以前或以后在澳门出生的未满18周岁的子女。

以上居民在澳门特别行政区享有居留权并有资格领取澳门特别行政区永久性居民身份证。

2. 澳门特别行政区非永久性居民

根据《澳门基本法》第24条第4款的规定,澳门特别行政区非永久性居民,是指有资格依照澳门特别行政区法律领取澳门居民身份证,但没有居留权的人。

澳门特别行政区非永久性居民和永久性居民在享有权利方面的相同点是,他们在澳门求学、工作、生活等方面与永久性居民一样受到澳门法律认可和保护,这些方面权益和待遇基本上没有差别。主要区别表现在四个方面:一是取得居民资格的条件不同。永久性居民的资格条件比较严格,并已由基本法作出详细规定;而非永久性居民的资格条件相对比较宽松,具体什么条件基本法没有规定,由其他法律界定。二是身份证件和旅行证件不同。永久性居民领取的身份证叫澳门特别行政区永久性居民身份证,永久性居民中的中国公民还可领取中华人民共和国澳门特别行政区护照;而非永久性居民领取的身份证叫澳门特别行政区非永久性居民身份证,非永久性居民中的中国公民只能领取其他的旅行证件。三是居留权不同。永久性居民享有居留权,而非永久性居民不享有居留权。四是政治地位有所不同。如永久性居民依法享有选举权和被选举权,有资格担任澳门特别行政区政府公务人员和立法会议员;而非永久性居民除在法律有特别规定的情况下担任政府公务人员外,不能担任政府公务人员和立法会议员。

(二) 澳门特别行政区居民中的中国公民和非中国籍的人

1. 澳门居民中的中国公民

中国公民是指具有中华人民共和国国籍的人。澳门居民要成为中国公民,就要通过出生或归化途径取得中国国籍。根据1998年12月29日九届全国人大常委会六次会议通过的《关于国籍法在澳门特别行政区实施的几个问题的解释》,凡具有中国血统的澳门居民,本人出生在中国领土(含澳门)者,以及其他符合《中华人民共和国国籍法》规定的具有中国国籍的条件者,不论其是否持有葡萄牙旅行证件或身份证件,都是中国公民。凡具有中国血统但又具有葡萄牙血统的澳门特别行政区居民,可根据本人意愿,选择中华人民共和国国籍或葡萄牙共和国国籍。确定其中一种国籍,即不具有另一种国籍。

2. 澳门特别行政区居民中的非中国籍的人

澳门居民中除大多数中国公民外,还有部分具有非中国籍的人。《澳门基本法》从维护国家主权的角度对澳门居民中中国公民和非中国籍人士的法律地位,作出一些不同的规定,如根据《澳门基本法》,澳门特别行政区居民中的中国公民依法参与国家事务的管理。根据全国人民代表大会确定的名额和代表产生办法，由澳门特别行政区居民中的中国公民在澳门选出澳门特别行政区的全国人大代表，参加最高国家权力机关的工作。而对澳门特别行政区居民中的非中国籍的人，不管是永久性居民，还是非永久性居民，就没有这样的规定。此外，澳门永久性居民中非中国籍的人与中国公民享有的权利也有区别。根据《澳门基本法》的规定，澳门永久性居民中的中国公民享有担任澳门特别行政区行政长官、政府主要官员、立法会主席和副主席、行政会委员、终审法院院长、检察长等重要公职的权利，而永久性居民中的非中国籍的人不能享有这类权利。

3. 澳门居民以外的其他人

澳门居民以外的其他人，是指居住在澳门特别行政区境内，除了澳门特别行政区居民（包括永久性居民和非永久性居民）之外的人，如难民等。澳门居民以外的其他人和澳门特别行政区居民的区别在于：澳门特别行政区居民无论是永久性居民还是非永久性居民都依法可以领取澳门居民身份证，而其他人则不能取得居民身份证。

澳门居民以外的其他人，虽然不能领取居民身份证，但他们生活或逗留在澳门，与澳门形成了一定事实或法律上的关系，因此，《澳门基本法》第43条规定："在澳门特别行政区境内的澳门居民以外的其他人，依法享有本章规定的澳门居民的权利和自由。"

二、澳门特别行政区居民的基本权利和义务

（一）澳门特别行政区居民基本权利的特点

《澳门基本法》作为主要规范特别行政区各项制度的基本法

律,对澳门特别行政区居民的权利和自由作了明确的规定。

根据《澳门基本法》第11条,基于中华人民共和国宪法第31条的规定,有关保障居民的基本权利和自由的制度以及有关政策,应以基本法的规定为依据。

澳门特别行政区居民基本权利,具有以下的特点。

1. 澳门特别行政区居民权利和自由主体的多样性

特别行政区实行"一国两制",澳门居民可以分为永久性居民和非永久性居民、中国公民和非中国籍的人,因此,澳门特别行政区居民权利和自由主体,具有多样性的特点。但澳门居民的身份不尽相同,他们享有权利和自由的范围也有所不同。如澳门特别行政区居民中的中国公民依法参与国家事务的管理,而澳门特别行政区居民中的非中国籍的人,则没有这样的权利;又如永久性居民依法享有选举权和被选举权等等。

2. 澳门特别行政区居民权利和自由的广泛性

这不仅体现在澳门居民享有广泛的政治权利和自由、宗教信仰自由、财产权,从事教育、学术研究、文学艺术创作和其他文化活动以及社会福利等权利和自由,而且由于特别行政区实行"一国两制",《澳门基本法》中有一些与《中华人民共和国宪法》不同的基本权利的规定,如《澳门基本法》规定,澳门居民享有罢工的权利和自由,有在澳门特别行政区境内迁徙的自由,澳门居民自愿生育的权利受法律保护,澳门居民享有个人的名誉权、私人生活和家庭生活的隐私权,居民有权对任意或非法的拘留、监禁向法院申请颁发人身保护令,澳门居民除其行为依照当时法律明文规定为犯罪和应受惩处外,不受刑罚处罚,澳门居民在被指控犯罪时,享有尽早接受法院审判的权利,在法院判罪之前均假定无罪等。

同时,《公民权利和政治权利国际公约》、《经济、社会与文化权利的国际公约》和国际劳工公约适用于澳门的有关规定继续有效，通过澳门特别行政区的法律予以实施。澳门居民还享有澳门特别行政区法律保障的其他权利和自由。

3. 澳门特别行政区居民权利和自由保障的充分性

《澳门基本法》不仅在第三章规定了居民广泛的基本权利，而且在总则第4条规定，澳门特别行政区依法保障澳门特别行政区居民和其他人的权利和自由；第6条规定澳门特别行政区以法律保护私有财产权。此外，还在第五章第103条中规定澳门特别行政区依法保护私人和法人财产的取得、使用、处置和继承的权利，以及依法征用私人和法人财产时被征用财产的所有人得到补偿的权利等，在第六章第124条和第125条规定澳门特别行政区政府依法保护科学技术的研究成果、专利和发明创造，依法保护作者的文学艺术及其他的创作成果和合法权益。

除原有法律规定外，为实施《澳门基本法》有关居民权利和自由的条款，澳门特别行政区立法会制定了许多配套的法律。

例如，为实施基本法第26条，保障居民选举权利的有：第3/2004号法律《行政长官选举法》、第3/2001号法律《澳门特别行政区立法会选举法》、第12/2000号法律《选民登记法》等；为实施基本法第28条、第29条，保障居民人身自由等有：第9/1999号法律《司法组织纲要法》中人身保护令规定；为实施基本法第30条，保障居民人格尊严和隐私权的有：第8/2005号法律《个人资料保护法》等；为实施基本法第39条，保障居民社会福利的有：第4/2010号法律《社会保障制度》等。

(二) 澳门特别行政区居民基本权利的内容

基本权利，是指由宪法或法律规定的公民在国家和社会生活中享有的最重要、根本性的权利。大致包括平等权、参政权、政治自由和人身自由、法律权利和司法救济权、社会福利权、特定人的权利和其他权利和自由。

1. 平等权

《澳门基本法》第25条规定：澳门居民在法律面前一律平等，不因国籍、血统、种族、性别、语言、宗教、政治或思想信仰、文化程度、经济状况或社会条件而受到歧视。澳门居民的平等权不仅指居民在法律适用上一律平等，而且包含在立法、执法上一律平等，同时还涵盖居民政治生活、经济生活、社会生活和其他各方面。它是一项涵盖澳门居民法律、政治、经济、社会生活权利及其他权利且又相对独立的一项基本权利。

2. 参政权

《澳门基本法》第21条和第26条规定澳门居民享有的参政权，包括参与国家事务管理权、选举权和被选举权。澳门特别行政区居民中的中国公民依法参与国家事务的管理。根据全国人大确定的代表名额和代表产生办法，由澳门特别行政区居民中的中国公民在澳门选出澳门特别行政区的全国人民代表大会代表，参加最高国家权力机关的工作。澳门特别行政区永久性居民依法享有选举权和被选举权。

3. 政治自由和人身自由

一是表达自由。澳门居民享有言论、新闻、出版的自由。

二是集会、游行、示威的自由。澳门居民享有集会、游行、示威的自由。

三是结社自由。其含义是指澳门居民为了一定的宗旨，有权组成和参加形式不同的社会团体或组织。澳门居民的结社可以分为两种：一是以营利为目的的结社，如开办公司、企业及其他经营性组织。二是以非营利为目的的结社,其中又分为政治性结社与非政治性结社,前者如组织政党或政治团体,后者如组织宗教、慈善、文化艺术等团体。但根据《澳门基本法》第23条的规定,禁止外国的政治性组织或团体在澳门特别行政区进行政治活动,禁止澳门特别行政区的政治性组织或团体与外国的政治性组织或团体建立联系。

四是组织和参加工会、罢工的权利和自由。《澳门基本法》第27条规定澳门居民享有"组织和参加工会、罢工的权利和自由"。因此,澳门居民均有权自愿组织工会和参加已有的工会组织。罢工是雇员以停止工作为手段来追求政治、经济或社会福利方面的权益的行为。澳门居民依法享有罢工的权利和自由。

五是人身自由不受侵犯。人身自由权是指居民的人身受自己自由支配,不受非法拘禁、逮捕、搜查及不受任何形式的非法侵害。《澳门基本法》第28条规定:"澳门居民的人身自由不受侵犯。澳门居民不受任意或非法的逮捕、拘留、监禁。对任意或非法的拘留、监禁,居民有权向法院申请颁发人身保护令。禁止非法搜查居民的身体、剥夺或者限制居民的人身自由。禁止对居民施行酷刑或予以非人道的对待"。

六是人格尊严不受侵犯。人格是指作为自然和社会的人所必须具有的资格。人格尊严内容广泛,主要包括作为权利主体的个人所具有的姓名权、肖像权、名誉权、荣誉权、隐私权等。对居民个人所享有的这些权利的侵犯,就是对居民人格尊严的侵犯。按照《澳门基本法》第30条的规定,澳门居民的人格尊严不受侵犯。禁止用任何方法对居民进行侮辱、诽谤和诬告陷害。澳门居民享有个人的名誉权、私人生活和家庭生活的隐私权。

七是住宅不受侵犯。澳门居民的住宅和其他房屋不受侵犯。

禁止任意或非法搜查、侵入居民的住宅和其他房屋。住宅是居民居住、生活以及保存私人财产的场所。这里的"其他房屋",是指的是除住宅外,产权使用权归澳门居民个人或家庭所有的一切房屋,如写字楼、厂房、办事处等。

八是通讯自由和通讯秘密受法律保护。澳门居民的通讯自由和通讯秘密受法律保护。除因公共安全和追查刑事犯罪的需要,由有关机关依照法律规定对通讯进行检查外,任何部门或个人不得以任何理由侵犯居民的通讯自由和通讯秘密。这里"通讯"的含义不仅包括通信、电话、电报等传统的通讯方式,而且包括电子邮件、移动互联网等现代化的通讯手段。

九是迁徙、移居和出入境的自由。澳门居民有在澳门特别行政区境内迁徙的自由,有移居其他国家和地区的自由。澳门居民有旅行和出入境的自由,有依照法律取得各种旅行证件的权利。有效旅行证件持有人,除非受到法律制止,可自由离开澳门特别行政区,无需特别批准。

十是信仰自由。澳门居民有宗教信仰的自由,有公开传教和举行、参加宗教活动的自由。信仰自由包括宗教信仰的自由,也包括宗教信仰以外的信仰自由,还包括无任何信仰的自由。为了保证居民的宗教信仰自由,《澳门基本法》第128条规定澳门特别行政区政府不干预宗教组织的内部事务,不干预宗教组织和教徒同澳门以外地区的宗教组织和教徒保持及发展关系,不限制与澳门特别行政区法律没有抵触的宗教活动。

十一是择业和工作自由权。择业和工作自由权是指澳门居民有根据自己的意愿选择职业、参加工作并获得相应劳动报酬的权利。《澳门基本法》规定:"澳门居民有选择职业和工作的自由。"

十二是从事教育、学术研究、文学艺术创作和其他文化活动的自由。澳门居民有从事教育、学术研究、文学艺术创作和其他文化活动的自由。为使居民的这项权利落到实处,《澳门基本法》还在第六章中,专门规定了澳门特别行政区政府为落实居民的这项权利应尽的职责和其他相关的法律保障。

十三是婚姻、家庭、生育权。澳门居民的婚姻自由、成立家庭和自愿生育的权利受法律保护。

4. 法律权利和司法救济权

澳门居民除其行为依照当时法律明文规定为犯罪和应受惩处外,不受刑罚处罚。澳门居民在被指控犯罪时,享有尽早接受法院审判的权利,在法院判罪之前均假定无罪。澳门居民有权诉诸法律,向法院提起诉讼,得到律师的帮助以保护自己的合法权益,以及获得司法补救。根据《澳门基本法》,对行政部门和行政人员的行为,居民同样有权向法院提起诉讼。

5. 社会福利权

澳门居民有依法享受社会福利的权利。劳工的福利待遇和退休保障受法律保护。社会福利权是指澳门居民有权享有由澳门特别行政区政府建立的社会保障制度带来的社会福利,在需要援助时得到必要物质资助。为使居民的这项权利落到实处,《澳门基本法》还在第六章中,对澳门特别行政区政府为落实居民的这项权利应尽的职责和社会服务团体有权依法决定服务方式,作了专门规定。

6. 特定人的权利

妇女的合法权益受澳门特别行政区的保护。未成年人、老年人和残疾人受澳门特别行政区的关怀和保护。

7. 其他权利和自由

《澳门基本法》第41条规定"澳门居民享有澳门特别行政区法

律保障的其他权利和自由"。其他权利和自由是指除《澳门基本法》明确列出的居民上述权利之外，澳门居民应享有的基本权利和自由。《澳门基本法》的上述规定，是考虑到《澳门基本法》难以罗列澳门居民的全部权利，因此规定这一弹性条款，可以使居民应享有的、未列入《澳门基本法》的基本权利也受到保护。

（三）澳门居民的基本义务

基本义务是指宪法和法律规定的公民必须遵守和履行的义务。《澳门基本法》在规定澳门居民依法享有广泛的基本权利和自由的同时，也对澳门居民和其他人的基本义务提出概括要求。《澳门基本法》第44条规定："澳门居民和在澳门的其他人有遵守澳门特别行政区实行的法律的义务。"

《澳门基本法》对澳门居民基本义务没有列出具体内容，而是用"特别行政区实行的法律的义务"作出原则性的概括规定，这可以避免立法技术上的困难，也有利于澳门居民义务的平稳过渡。

（四）适用《公民权利和政治权利国际公约》、《经济、社会与文化权利的国际公约》和国际劳工公约享有的权利

《澳门基本法》第40条规定："《公民权利和政治权利国际公约》、《经济、社会与文化权利的国际公约》和国际劳工公约适用于澳门的有关规定继续有效，通过澳门特别行政区的法律予以实施。澳门居民享有的权利和自由，除依法规定外不得限制，此种限制不得与本条第一款规定抵触。"

《公民权利和政治权利国际公约》由联合国大会于1966年12月16日通过、1976年3月23日正式生效；《经济、社会与文化权利的国际公约》由联合国大会于1966年12月16日通过、1976年1月3日正式生效。葡萄牙先后加入了《公民权利和政治权利国际

公约》和《经济、社会与文化权利的国际公约》,除保留的内容外,澳门回归前葡萄牙将两公约的大多数内容适用于澳门。

国际劳工公约,是联合国属下的专门机构——国际劳工组织制定、通过的一系列公约,如1949年通过的《组织及集体谈判权利公约》、1957年通过的《废除强迫劳动公约》等近百个公约的总称。回归前有近70个国际劳工公约适用于澳门。

按照《澳门基本法》的规定,回归前在澳门适用的两个国际人权公约和国际劳工公约在回归后不能直接在澳门适用,而应由澳门特别行政区通过法律予以实施。回归后,澳门特别行政区行政长官已经通过公告予以实施。如第15/2001号行政长官公告《关于经济、社会与文化权利国际公约》、第16/2001号行政长官公告《关于公民权利和政治权利国际公约》以及第49/2001号行政长官公告《关于强迫或强制劳动公约》、第63/2001号行政长官公告《关于废除强迫劳动公约》、第66/2001号行政长官公告《关于就业和职业歧视公约》等。因此,两公约和澳门已加入的国际劳工公约除保留外所列出的公民权利,澳门居民在回归后都应享有。

(五)在澳门的葡萄牙后裔居民的利益

《澳门基本法》除对澳门居民共同享有的权利和自由作出规定外,还对在澳门的葡萄牙后裔居民的利益作了专门规定。根据《澳门基本法》第42条,在澳门的葡萄牙后裔居民的利益依法受澳门特别行政区的保护,他们的习俗和文化传统应受尊重。

第九章 澳门特别行政区政治体制

一、澳门特别行政区政治体制概述

(一) 澳门特别行政区政治体制的建立原则

政治体制通常是指政权组织形式及其活动原则,主要包括行政、立法、司法等制度的建立及其相互关系。澳门特别行政区的政治体制是关于澳门特别行政区的行政长官及行政机关、立法机关、司法机关的组织、地位、职权及各方之间相互关系的制度。

澳门特别行政区政治体制是我国政治体制的重要组成部分。1993年3月31日八届全国人大一次会议决定设立澳门特别行政区,但澳门特别行政区是国家为解决我国特殊问题而设立的,如同香港特别行政区一样,在澳门特别行政区内建立一个什么样的政治体制,是《澳门基本法》制度设计中一个非常重要的问题。

《澳门基本法》以宪法为根本依据,在坚持下列基本原则的基础上确定了一套适合于澳门特别行政区的政治体制。

1. 体现"一国两制"基本方针政策

"一国两制",是国家对特别行政区的基本方针政策,既有利于维护国家主权、安全、发展利益,又能保证特别行政区高度自治。实行"一国两制",要求国家主体实行社会主义制度和人民代表大会制,特别行政区作为中央人民政府直辖下的一级地方,其政治体制要符合宪法确立的国家权力架构,但特别行政区具有特殊性,不能要求在特别行政区内实行的政治体制与内地的人大制度一样。同时,《中葡联合声明》明确中国政府根据"一个国家,两种制度"的方针设立的澳门特别行政区,直辖于中央人民政府,享有高度的自治权,包括行政管理权、立法权、独立的司法权和终审权;行政长官在澳门通过选举或协商产生,由中央人民政府任命;澳门政府和立法机关由当地人组成等等,这些基本政策,将在《澳门基本法》中明文规定。因此,《澳门基本法》设立的政治体制必须体现"一国两制"的基本方针。

2. 有利于澳门社会稳定和经济发展

实行"一国两制"是为了保持澳门经济发展和社会稳定,这是澳门的根本利益所在,也是维护国家主权、安全、发展利益所在。《澳门基本法》的政治体制设计,涉及澳门特别行政区治理,关乎社会各界政治利益分配,需要集中民智、凝聚民意,取得广泛共识,并以澳门相对稳定的社会形态为基础,慎重地解决、处理好政治权力的分配关系,让不同阶层的利益主体表达诉求、合理地分享社会资源,保持特别行政区的社会稳定和经济发展。

3. 行政长官在澳门特别行政区政治体制中处于主导地位

澳门特别行政区实行行政长官主导的政治体制,是由澳门特别行政区的法律地位和实际情况决定的。澳门特别行政区是直辖于中央人民政府的一个享有高度自治权的地方行政区域,它存在一个与中央政府的关系问题。由于澳门的高度自治权是中央授予的,特别行政区政治体制中必须有一个机构能够就执行《澳门基本法》、行使高度自治权对中央负责。同时,澳门原来的政治体制的特点是,总督拥有比较大的权力,行政长官主导的政治体制也保留了这一长期形成的特点,这符合澳门的实际情况。

(二)澳门特别行政区政治体制的特点

按照"一国两制"的方针、《中葡联合声明》和《澳门基本法》的规定,不在澳门实行社会主义的制度和政策,因此,澳门特别行政区不实行内地的人民代表大会制。

澳门特别行政区没有也不能采取西方国家的地方制度或"权力分立"制。西方国家地方政府是一个地方公共团体,而不是一个机关;而三权分立制度通常是建立在主权国家完整权力形态基础上的政治体制,对作为地方的澳门特别行政区只有参考和借鉴价值,而不能适用。

因此,《澳门基本法》与《香港基本法》一样,确立了澳门特别行政区"行政主导、行政机关和立法机关既相互配合又相互制约、司法独立"的政治体制。澳门特别行政区行政长官、行政机关、立法机关、司法机关的关系具体表现为以下几方面的特点。

1. 行政长官主导

从《澳门基本法》的制度设计来看,澳门特别行政区的政治体制,实际上是以行政长官为主导的体制。从澳门特别行政区与中央人民政府关系看,澳门特别行政区行政长官依照《澳门基本法》的规定对中央人民政府负责,执行《澳门基本法》和依照《澳门基本法》适用于澳门特别行政区的其他法律,代表澳门特别行政区政府办理《澳门基本法》规定的中央政府授权的对外事务和其他事务，执行中央人民政府就《澳门基本法》规定的有关事务发出的指令，提名并报请中央人民政府任命或建议免除各司司长、廉政专员、审计长、警察部门主要负责人和海关主要负责人等主要官员和检察长职务。从行政长官与澳门特别行政区的关系看，行政长官是澳门特别行政区通过选举或协商产生的，要对澳门特别行政区负责。行政长官作为特别行政区首长，并非仅仅是一个拥有职权的个人，其在特别行政区政府、立法会、法院、检察院之上，同时，行政长官作为澳门特别行政区政府首长，属于行政首长，要领导特别行政区政府，对澳门特别行政区立法会负责，但限于执行立法会通过并已生效的法律、定期向立法会作施政报告和答复立法会议员的质询。

2. 行政长官与立法机关的关系

按照《澳门基本法》的规定，立法会通过的法案，须经行政长官签署、公布，方能生效；行政长官如认为立法会通过的法案不符合澳门特别行政区的整体利益，可在90日内提出书面理由并将法案发回立法会重议；遇有下列情况之一时，可解散立法会：行政长官拒绝签署立法会再次通过的法案；立法会拒绝通过政府提出的财政预算案或行政长官认为关系到澳门特别行政区整体利益的法案，经协商仍不能取得一致意见。议员提出的议案，凡涉及政府政策的，在提出前必须得到行政长官的书面同意。

《澳门基本法》规定，对行政长官发回重议的法案，如获立法会不少于全体议员2/3多数再次通过原案，行政长官必须在30日内签署公布或依法解散立法会。立法会听取行政长官的施政报告并进行辩论；在下列情况下，行政长官必须辞职：一是行政长官因两次拒绝签署立法会通过的法案而解散立法会，重选的立法会仍以全体议员2/3多数通过所争议的原案，而行政长官在30日内拒绝签署2/3多数通过所争议的原案,而行政长官在30日内拒绝签署;二是行政长官因立法会拒绝通过财政预算案或其他重要法案而解散立法会,重选的立法会仍拒绝通过所争议的原案。

如立法会全体议员1/3联合动议,指控行政长官有严重违法或渎职行为而不辞职,经立法会通过决议,可委托终审法院院长负责组成独立的调查委员会进行调查。调查委员会如认为有足够证据构成上述指控,立法会以全体议员2/3多数通过,可提出弹劾案,报请中央人民政府决定。

3. 行政机关与立法机关的关系

根据《澳门基本法》的规定,澳门特别行政区政府必须遵守法律,对澳门特别行政区立法会负责:执行立法会通过并已生效的法律;定期向立法会作施政报告;答复立法会议员的质询。

4. 相互配合

《澳门基本法》规定,行政长官签署立法会通过的法案,公布法律;签署立法会通过的财政预算案;行政会的委员由行政长官从政府主要官员、立法会议员和社会人士中委任,其任免由行政长官决定。行政长官在作出重要决策、向立法会提交法案、制定行政法规和解散立法会前,须征询行政会的意见,但人事任免、纪律制裁和紧急情况下采取的措施除外,行政长官如不采纳行政会多数成员的意见,应将具体理由记录在案;行政长官批准向立法会提出有关财政收入或支出的动议;政府编制并提出财政预算、决算;政府提出法案、议案,委派官员列席立法会会议听取意见或代表政府发言;立法会审核、通过政府提出的财政预算案;审议政府提出的预算执行情况报告;根据政府提案决定税收,批准由政府承担的债务等。

5. 司法独立

《澳门基本法》的一个重要内容,就是保留了原政制中司法独立的原则。《澳门基本法》明确规定,澳门特别行政区享有独立的司法权和终审权;澳门特别行政区法院独立进行审判,只服从法律,不受任何干涉;特别行政区法官依法进行审判,不听从任何命令或指示(《澳门基本法》第19条第3款规定的情况除外),法官履行审判职责的行为不受法律追究;检察院独立行使法律赋予的检察职能,不受任何干涉。

《澳门基本法》第83条所指的澳门特别行政区法院只服从的"法律",主要有《澳门基本法》,符合《澳门基本法》并予以保留的澳门原有法律,包括澳门的法律、法令、行政法规和其他规范性文件;澳门特别行政区立法机关制定的法律;澳门特别行政区行政长官制定的行政法规;《澳门基本法》附件三列举的适用于澳门的全国性法律等。

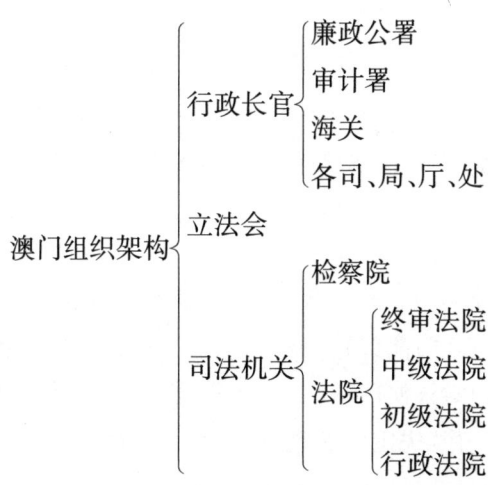

图9-1 澳门特别行政区政治体制和组织架构

二、澳门特别行政区行政长官

（一）行政长官的法律地位

地方行政长官，即对特定地方的政治与行政事务负主要责任的长官，是地方政治与行政事务的主要领导者或执行者。

澳门特别行政区行政长官作为澳门特别行政区和特别行政区政府的首要人物，代表澳门特别行政区，领导澳门特别行政区政府。与澳门特别行政区其他机构相比，行政长官的作用更大，更能反映澳门特别行政区和特别行政区政府的全貌。

《澳门基本法》第45条规定，"澳门特别行政区行政长官是澳门特别行政区的首长，代表澳门特别行政区。澳门特别行政区行政长官依照本法规定对中央人民政府和澳门特别行政区负责"。第62条规定，"澳门特别行政区政府的首长是澳门特别行政区行政长官"，第50条规定，澳门特别行政区行政长官"领导特别行政区政府"。

在澳门特别行政区行政长官负责制下，行政长官"一身二任"，具有双重属性。

1. 作为澳门特别行政区政府首长

澳门特别行政区行政长官，首先是澳门特别行政区政府的首长。行政长官作为澳门特别行政区政府首长，领导澳门特别行政区政府，负责执行《澳门基本法》和依照基本法适用于澳门特别行政区的其他法律，决定政府政策，发布行政命令，制定行政法规并颁布执行，提名并报请中央政府任命或建议免除各司司长、警察部门主要负责人和海关主要负责人等。澳门特别行政区行政长官，作为澳门特别行政区政府的首长和行使的职能，是其最主要的地位和职能。

澳门特别行政区行政长官作为政府首长，与我国内地的省长、直辖市市长和自治区主席的地位是相同的，两者都是行政首长，但澳门特别行政区不仅是澳门特别行政区政府的首长，还是澳门特别行政区的首长，而根据《宪法》及《地方组织法》和有关规定，内地的省长、直辖市市长、自治区主席只是地方国家行政机关的首长，而非辖区内的地方首长。

2. 作为澳门特别行政区首长

澳门特别行政区行政长官，作为澳门特别行政区的首长和澳门特别行政区的代表，其地位和影响力主要体现在以下两个方面。

其一，行政长官作为澳门特别行政区的首长，在中央与澳门特别行政区关系中，代表澳门特别行政区，并处理中央授权处理的对外事务和其他事务，执行中央人民政府就基本法规定的有关事务发出的指令。行政长官还提名并报请中央人民政府任命或建议免除各司司长、廉政专员、审计长、警察部门主要负责人和海关主要负责人等。

行政长官作为特别行政区首长，要对中央政府负责。对这里的"中央政府"可以作广义的理解。这也可以解释特别行政区行政长官在向中央人民政府首脑国务院总理述职的同时，还要向国家主席汇报工作。

行政长官同时具有地方首长和地方政府首长的职能，要求有不完全相同的法律人格，如同国家元首和政府首脑一样。

其二，行政长官除了履行政府首长的职能、领导澳门特别行政区政府外，作为特别行政区首长，澳门特别行政区行政长官超然于行政、立法、司法三个机关之上，处于特别行政区政治体制和权力运行的主导位置。

263

例如，行政长官签署立法会通过的法案，公布法律；签署立法会通过的财政预算案；在法定条件下，行政长官可在 90 日内提出书面理由并将法案发回立法会重议；在符合法定条件和程序时，行政长官可解散立法会等。又如，行政长官依照法定程序任免各级法院院长和法官，任免检察官；提名并报请中央人民政府任命或建议免除检察长的职务；从法官中选任澳门特别行政区各级法院的院长；依法赦免或减轻刑事罪犯的刑罚等。①

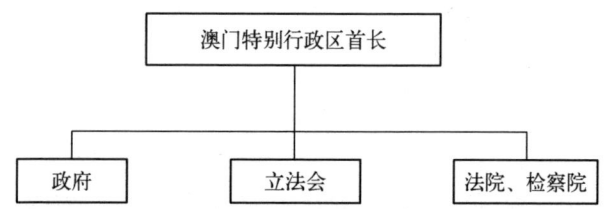

图 9-2　行政长官作为澳门特别行政区首长在特别行政区政治体制中的地位

（二）行政长官的任职资格和其他要求

1. 任职资格

《澳门基本法》第 46 条规定："澳门特别行政区行政长官由年满四十周岁，在澳门通常居住连续满二十年的澳门特别行政区永久性居民中的中国公民担任。"上述规定表明了当选澳门特别行政区行政长官的任职资格：必须年满 40 周岁；必须在澳门特别行政区居住连续满 20 年；必须是永久性居民中的中国公民。

2. 对行政长官任职的其他要求

由于行政长官的重要地位，《澳门基本法》要求行政长官须拥

---

① 任进：《澳门特别行政区行政长官的法律地位和产生方式》，载《中国宪法年刊》2016（第 12 卷），法律出版社 2017 年版，第 58—59 页。

护中华人民共和国澳门基本法,尽忠职守,廉洁奉公,效忠中华人民共和国澳门特别行政区,并依法宣誓;行政长官在就职时还必须宣誓效忠中华人民共和国;行政长官在任职期内不得具有外国居留权,不得从事私人营利活动;行政长官就任时应向澳门特别行政区终审法院院长申报财产,记录在案。

(三)行政长官的产生、任期、辞职和代理

1. 行政长官的产生

(1)首任行政长官。1999年澳门回归祖国时,按照《澳门基本法》附件一《澳门特别行政区行政长官的产生办法》的规定和《关于澳门特别行政区第一届政府、立法会和司法机关产生办法的决定》[①],由199名澳门永久性居民组成的澳门特别行政区第一届政府推选委员会推选出澳门特别行政区首任行政长官并报中央人民政府任命,这是澳门居民首次自己选出澳门特别行政区行政长官并报中央人民政府任命。

(2)第二任、第三任行政长官。《澳门基本法》第47条第1款规定:"澳门特别行政区行政长官在当地通过选举或协商产生,由中央人民政府任命"。在《澳门基本法》附件一中,规定了澳门特别行政区行政长官的产生办法。主要内容是:行政长官由一个具有广泛代表性的选举委员会根据基本法选出,由中央人民政府任命。(2)选举委员会委员共300人,由下列各界人士组成:工商、金融界100人,文化、教育、专业等界80人,劳工、社会服务、宗教等界80

---

① 推选委员会由200人组成,其中:工商、金融界60人;文化、教育、专业等界50人;劳工、社会服务、宗教等界50人;原政界人士、澳门地区全国人大代表、澳门地区全国政协委员的代表40人。推委会在当地通过协商或协商后提名选举的方式,产生第一任行政长官的人选,报中央人民政府任命。

人,立法会议员的代表、市政机构成员的代表、澳门地区全国人大代表、澳门地区全国政协委员的代表40人。(3) 各个界别的划分,以及每个界别中何种组织可以产生选举委员会委员的名额,由澳门特别行政区根据民主、开放的原则制定选举法加以规定。各界别法定团体根据选举法规定的分配名额和选举办法自行选出选举委员会委员。选举委员会委员以个人身份投票。(4) 不少于50名的选举委员会委员可联合提名行政长官候选人。每名委员只可提出一名候选人。(5) 选举委员会根据提名的名单,经一人一票无记名投票选出行政长官候选人。具体选举办法由选举法规定。(6) 第一任行政长官按照《全国人民代表大会关于澳门特别行政区第一届政府、立法会和司法机关产生办法的决定》产生。(7) 2009年及以后行政长官的产生办法如需修改,须经立法会全体议员三分之二多数通过,行政长官同意,并报全国人大常委会批准。

《澳门基本法》没有像《香港基本法》那样,明确规定行政长官最终达至普选产生的目标,也没有明确规定不可以普选,主要是在《澳门基本法》起草过程中,有关行政长官产生的争论没有香港那样激烈,澳门社会大多数人不赞成行政长官由普选产生,而主张由间接选举产生。①

《澳门基本法》只在附件一中规定,2009年及以后行政长官的产生办法如需修改,须经立法会全体议员三分之二多数通过,行政长官同意,并报全国人大常委会批准,这主要是考虑到,我国对澳门恢复行使主权,实行"一国两制",是澳门社会的重大政治事件,要维护澳门社会的稳定,所以不在《澳门基本法》正文中对行政长官产生办法的修改作一般性规定,而是在《澳门基本法》正文

---

① 参见肖蔚云主编:《一国两制与澳门特别行政区基本法》有关章节,北京大学出版社1993年版。

以外作特别规定,体现的立法原意就是,要充分尊重澳门社会的广泛共识,在1999年后的10年内,对行政长官产生方式,能不修改就尽量不作修改,以免澳门社会产生较大动荡。

2004年4月,澳门特别行政区立法会通过澳门特别行政区《行政长官选举法》(第3/2004号法律),并于2008年进行了修订(第12/2008号法律)。依此,澳门特别行政区分别于2004年8月、2009年7月先后选举产生了第二任及第三任行政长官。

(3) 第四任行政长官。按照《澳门基本法》附件一《澳门特别行政区行政长官的产生办法》第7条的规定,2011年11月,澳门特别行政区行政长官提请全国人大常委会酌定是否需对基本法附件一第七条和附件二第三条作出解释。2011年12月31日,十一届全国人大常委会第二十四次会议通过了《关于〈中华人民共和国澳门特别行政区基本法〉附件一第七条和附件二第三条的解释》,明确了"如需修改"的含义和修改两个产生办法应遵循的程序步骤(即"五步曲")。其中规定,澳门特别行政区行政长官产生办法是否需要进行修改,应由澳门特别行政区行政长官向全国人大常委会提出报告,由全国人大常委会依照《澳门基本法》第47条规定,根据澳门特别行政区的实际情况确定。2012年2月29日十一届全国人大常委会第二十五次会议审议了澳门特别行政区行政长官崔世安提交的报告,依据《澳门基本法》的有关规定和《全国人大常委会关于〈中华人民共和国澳门特别行政区基本法〉附件一第七条和附件二第三条的解释》,决定:澳门基本法附件一第一条关于行政长官由一个具有广泛代表性的选举委员会选举产生的规定维持不变;在不违反本决定第一条的前提下,2014年澳门特别行政区行政长官产生办法,可按《澳门基本法》第47条和附件一第七条规定作出适当修改。

根据上述《解释》及《决定》的相关规定，澳门特别行政区政府2012年5月2日向立法会提出《〈基本法〉附件一行政长官的产生办法修正案（草案）》，并于2012年6月5日获立法会全体议员2/3多数通过。行政长官于2012年6月5日依据《基本法》附件一第七条对修正案（草案）签署了同意书，并呈全国人大常委会。

【背景资料】

全国人大常委会关于澳门特别行政区2013年立法会产生办法和2014年行政长官产生办法有关问题的决定

（2012年2月29日十一届全国人大常
委会第二十五次会议通过）

第十一届全国人民代表大会常务委员会第二十五次会议审议了澳门特别行政区行政长官崔世安2012年2月7日提交的《关于澳门特别行政区2013年立法会产生办法和2014年行政长官产生办法是否需要修改的报告》，并在会前征询了国务院港澳事务办公室的意见。

会议认为，《中华人民共和国澳门特别行政区基本法》（以下简称澳门基本法）第四十七条已明确规定，澳门特别行政区行政长官在当地通过选举或协商产生，由中央人民政府任命。澳门基本法第六十八条已明确规定，立法会多数议员由选举产生。有关澳门特别行政区行政长官产生办法和立法会产生办法的任何修改，都应当符合澳门基本法的上述规定，并遵循从澳门的实际情况出发，有利于保持澳门特别行政区基本政治制度的稳定，有利于行政主导政治体制的有效运作，有利于兼顾澳门社会各阶层各界别的利益，有利于保持澳门的长期繁荣稳定和发展等原则。

会议认为,澳门基本法附件一第一条关于行政长官由一个具有广泛代表性的选举委员会选举产生的规定,澳门基本法附件二第一条关于立法会由直接选举的议员、间接选举的议员和委任的议员三部分组成的规定,是符合上述原则的基本制度安排,并得到澳门社会各界的普遍肯定和认同,应当长期保持不变。同时,为适应澳门社会的发展进步,有需要对2013年立法会产生办法和2014年行政长官产生办法作出适当的修改。

鉴此,全国人大常委会依据澳门基本法的有关规定和《全国人民代表大会常务委员会关于〈中华人民共和国澳门特别行政区基本法〉附件一第七条和附件二第三条的解释》,对澳门特别行政区2013年立法会产生办法和2014年行政长官产生办法决定如下:

一、澳门基本法附件一第一条关于行政长官由一个具有广泛代表性的选举委员会选举产生的规定维持不变,澳门基本法附件二第一条关于第三届及以后各届立法会由直接选举的议员、间接选举的议员和委任的议员三部分组成的规定维持不变。

二、在不违反本决定第一条的前提下,2013年澳门特别行政区立法会产生办法和2014年澳门特别行政区行政长官产生办法,可按照澳门基本法第四十七条、第六十八条和附件一第七条、附件二第三条的规定作出适当修改。

2012年6月30日十一届全国人大常委会第二十七次会议决定,批准《澳门特别行政区行政长官的产生办法修正案》,从而完成修改《基本法》附件一的法定程序。① 随后,澳门特别行政区立法会2012年8月29日修改《行政长官选举法》(第11/2012号法律),对《行政长官选举法》第8条第一款及该条第二款所指附件一作出相应的修改,主要规范了两个选举工作:即行政长官选委会委员的选举和行政长官选举,并将行政长官选委会的人数由原来的300人增至400人,明确不少于66名的选委会委员可联合提名行政长官候选人,同时,还对其他条文作出修改,如界别分组调整、增加行政长官提名所需委员人数等。2014年8月澳门特别行政区选举产生了第四任行政长官。

(4)第五任行政长官。按照《澳门基本法》第95条,澳门特别行政区可设立非政权性的市政机构。市政机构受政府委托为居民提供文化、康乐、环境卫生等方面的服务,并就有关上述事务向澳门特别行政区政府提供咨询意见。《澳门基本法》第96条规定,市政机构的职权和组成由法律规定。《澳门基本法》附件一《澳门特别行政区行政长官的产生办法》第2条规定的行政长官选举委员会委员中,包括"市政机构成员的代表"。

鉴于2001年12月澳门特别行政区设立的民政总署,是一个间接的公共行政机构,为了更好全面贯彻实施《澳门基本法》和《澳门基本法》附件一《澳门特别行政区行政长官的产生办法》的规定,澳门特别行政区立法会2018年7月30日通过《设立市政署》(第9/

---

① 根据2012年6月30日十一届全国人大常委会第二十七次会议批准的《澳门特别行政区基本法附件一:澳门特别行政区行政长官的产生办法修正案》,2014年选举第四任行政长官人选的选举委员会共400人,由下列各界人士组成:工商、金融界120人,文化、教育、专业等界115人,劳工、社会服务、宗教等界115人;立法会议员的代表、市政机构成员的代表、澳门地区全国人大代表、澳门地区全国政协委员的代表50人。不少于66名的选举委员会委员可联合提名行政长官候选人。每名委员只可提出一名候选人。第五任及以后各任行政长官产生办法,在依照法定程序作出进一步修改前,按本修正案的规定执行。

2018号法律),规定成立非政权性的市政机构"市政署",作为《澳门基本法》所指的非政权性的市政机构,是具有法律人格、行政、财政及财产自治权的公务法人。为此,澳门特别行政区立法会2018年12月11日修改了《行政长官选举法》(第13/2018号法律),选举委员会委员通过四种方式产生:一是当然委员。按照第10条的规定,澳门地区全国人大代表为当然委员。二是依法选举产生。按照第12条的规定,第一界别、第二界别、第三界别中劳工、社会服务界,其选举委员会委员由该界别或界别分组选举产生。三是确认提名产生。按照第13条的规定,由宗教团体各自以协商方式提名、选举管理委员会确认和登记。四是自行选举产生。按照第14条的规定,选举委员会委员中立法会议员代表、澳门地区全国政协委员的代表及市政机构成员的代表,分别自行选举产生。2019年8月澳门特别行政区选举产生第五任行政长官。

行政长官的人选选举产生后,由国务院召开全体会议,审议特区政府关于选举澳门特区行政长官人选的报告,听取国务院港澳办负责人关于澳门特别行政区行政长官人选产生过程的汇报;国务院全体会议决定任命后,由国务院总理签署任命其为澳门特别行政区行政长官的国务院令。[①]

2. 行政长官的任期、辞职与代理

依据《澳门基本法》第48条规定,澳门特别行政区行政长官任期五年,可连任一次。

行政长官在其任期内如有下列情况之一者必须辞职:因严重

[①] 澳门特别行政区行政长官的产生与西方国家的地方长官有所不同,后者有的由选民直接选举,有的由地方议会选举、任命或聘任,一般无需中央政府任命;而澳门特别行政区行政长官由选举委员会选举产生,而非选民直接选举或立法会选举或任命,并由中央政府任命。任进著:《比较地方政府制度》(21世纪政治学系列教材),北京大学出版社2008年版,第202—205页。

疾病或其他原因无力履行职务；因两次拒绝签署立法会通过的法案而解散立法会，重选的立法会仍以全体议员 2/3 多数通过所争议的原案，而行政长官在 30 日内拒绝签署；因立法会拒绝通过财政预算案或关系到澳门特别行政区整体利益的法案而解散立法会，重选的立法会仍拒绝通过所争议的原案。

澳门特别行政区行政长官短期不能履行职务时，由各司司长按各司的排列顺序临时代理其职务，各司的排列顺序由法律规定。按照第 2/1999 号法律《政府组织纲要法》，各司的排列顺序为：行政法务司、经济财政司、保安司、社会文化司和运输工务司。

行政长官出缺时，应在 120 日内依照基本法第 47 条的规定产生新的行政长官。行政长官出缺期间的职务代理，依照基本法第一款规定办理，并报中央人民政府批准。代理行政长官应遵守基本法第 49 条的规定。

（四）行政长官的职权

《澳门基本法》第 50 条和其他条款对行政长官的职权作出规定，可归纳为以下几方面。

1. 行政领导和管理权

这是指行政长官对澳门特别行政区进行行政管理和决策的基本权限。主要包括：(1) 领导特别行政区政府；(2) 决定政府政策，发布行政命令；(3) 制定行政法规并颁布执行；(4) 主持行政会。

2. 执行权

行政长官作为特别行政区首长和特别行政区政府的首长，负责执行《澳门基本法》和依照《澳门基本法》适用于澳门特别行政区的其他法律；执行中央人民政府就基本法规定的有关事务发出的指令，并代表特别行政区政府处理中央授权处理的对外事务和其他事务。

3. 与立法有关的职权

行政长官批准向立法会提出有关财政收入或支出的动议；签署立法会通过的财政预算案，将财政预算、决算报中央人民政府备案；签署立法会通过的法案，公布法律；如认为立法会通过的法案不符合澳门特别行政区的整体利益，可在90日内提出书面理由并将法案发回立法会重议。立法会议员依法提出的议案，凡涉及政府政策者，在提出前必须得到行政长官的书面同意。

4. 与财政有关的职权

行政长官除有权批准向立法会提出有关财政收入或支出的动议、签署立法会通过的财政预算案并将财政预算、决算报中央人民政府备案外，其与财政有关的职权主要表现为：行政长官在立法会未通过政府提出的财政预算案时，可按上一财政年度的开支标准批准临时短期拨款。

5. 任免权

主要包括：(1) 提名并报请中央人民政府任命特别行政区主要官员，如各司司长、廉政专员、审计长、警察部门主要负责人和海关主要负责人；建议中央人民政府免除上述官员职务；(2) 委任部分立法会议员；(3) 任免行政会委员。(4) 依照法定程序任免各级法院院长和法官，任免检察官；(5) 依照法定程序提名并报请中央人民政府任命检察长，建议中央人民政府免除检察长的职务；(6) 依照法定程序任免公职人员。

6. 与司法有关的职权

行政长官除依照法定程序任免各级法院法官、检察官外，还有权依法赦免或减轻刑事罪犯的刑罚。

7. 其他职权

如行政长官根据国家和特别行政区的安全或重大公共利益的

需要,决定政府官员或其他负责政府公务的人员是否向立法会或其所属的委员会作证和提供证据;依法颁授澳门特别行政区奖章和荣誉称号;处理请愿、申诉事项;依基本法规定解散立法会等。

(五) 行政会

1. 行政会的性质

根据《澳门基本法》第56条的规定,特别行政区行政会是协助行政长官决策的机构。《澳门基本法》第58条规定,行政长官在作出重要决策、向立法会提交法案、制定行政法规和解散立法会前,须征询行政会的意见。

2. 行政会的产生、任职资格、任期和组成

根据《澳门基本法》第57条和第1/1999号行政法规《行政会委员通则》的规定,行政会的委员由行政长官从政府主要官员、立法会议员和社会人士中委任,其任免由行政长官通过行政命令决定。

行政会委员的任期为5年,但不得超过委任其的行政长官的任期,但在新的行政长官就任前,原行政会委员暂时留任。行政会委员由澳门特别行政区永久性居民中的中国公民担任。行政会委员的人数为7至11人,行政长官认为必要时可邀请有关人士列席行政会会议。

《澳门基本法》规定澳门特别行政区行政会委员,必须拥护中华人民共和国澳门特别行政区基本法,尽忠职守,廉洁奉公,效忠中华人民共和国澳门特别行政区,并依法宣誓。

3. 行政会的运作

根据《澳门基本法》第58条和第2/1999号行政法规《行政会章程》的规定,行政会由行政长官主持,包括召集会议、订定议程及主持会议,领导和编排工作、引导讨论,准许或要求委员及特邀人士

发言或中断发言,维持会议纪律等。

行政会的会议每月至少举行一次,会议以不公开形式举行。每次会议分为议程前阶段和议程阶段。议程前阶段主要由行政长官决定讨论和通报非议程事项,委员对上次会议纪要可发表更正或完善意见;议程阶段,由委员讨论召集书列明的事宜。

行政会讨论的主要事项是:行政长官的重要决策、提交立法会的法案、行政法规草案、解散立法会的决定,但人事任免、纪律制裁和紧急情况下采取的措施除外。行政长官如不采纳行政会多数委员的意见,应将具体理由记录在案。

(六)廉政公署

澳门特别行政区廉政公署的前身为"澳门反贪污暨反行政违法性高级专员公署"。澳门特别行政区第一届立法会通过的《回归法》(第1/1999号法律)将其改为廉政公署。

廉政公署在澳门特别行政区政治体制中,属于具有特殊性质和地位的独立机构,不受政府部门的管辖和干涉,对行政长官负责。

图9-3 澳门廉政公署(图文)

图文来源:新华通讯社

1. 廉政公署的性质和地位

《澳门基本法》第 59 条规定:"澳门特别行政区设立廉政公署,独立工作。廉政专员对行政长官负责。"

从性质上看,廉政公署(葡文缩写为 CCAC)是一个依法规范的公共机关。廉政公署不是行政机关,不主管或处理澳门特别行政区政府的行政事务,而是从事反贪污、反贿赂的专门机构;从地位上看,廉政公署独立工作,廉政专员对行政长官负责,它既不隶属于任何行政机构,也不隶属于司法机关或立法机关。

2. 任务及工作范围

根据第 4/2012 号法律《澳门特别行政区廉政公署组织法》,廉政公署的任务是依本身职责,针对在公共部门及私营部门活动范围内的贪污犯罪及与贪污相关联的欺诈犯罪进行防止及调查的行动,以及执行行政申诉工作,以促使人的权利、自由、保障及正当利益得到保护。

行政申诉的工作范围尤其涵盖公共行政部门、公法人、公共企业或公司资本中过半数属公共资本的企业、公共服务承批人及公产的特许经营人的活动;如属维护权利、自由及保障的情况,亦可涵盖存在特殊支配关系的私人之间的关系。

3. 职责

根据第 4/2012 号法律《澳门特别行政区廉政公署组织法》,廉政公署的职责是:开展预防及遏止在公共部门及私营部门发生贪污犯罪及与贪污相关联的欺诈犯罪的行动;针对由公务员实施及在私营部门发生的贪污犯罪及与贪污相关联的欺诈犯罪、因应澳门特别行政区机关选举而进行的选民登记及有关选举中实施的贪污犯罪及与贪污相关联的欺诈犯罪,依刑法及刑事诉讼法进行调查及侦查(但不影响法律赋予其他机构就该等事宜进行调查或侦查的职责);执行行政申诉工作,以促使人的权利、自由、保障及正当利益得到保护,并通过法定途径及其他非正式途径,确保行使公权力的合法性及公共行政的公正与效率。

4. 权限

根据第4/2012号法律《澳门特别行政区廉政公署组织法》,廉政公署的权限是:查明具有充分依据使人怀疑在公共部门及私营部门发生贪污犯罪及与贪污相关联的欺诈犯罪的事实的迹象或消息,以及查明具有充分依据使人怀疑发生针对公有财产的犯罪、滥用公共职能、损害公共利益的行为或依法所指犯罪的事实的迹象或消息;进行履行其职责所需的一切调查及侦查行为;不论有否通知,进入任何公共实体范围查察,查阅文件,听取有关公务员所述或要求提供认为适当的资料;进行及要求进行项目调查、全面调查、调查措施或其他旨在查明公共实体与私人关系的范围内的行政行为及程序合法性的措施;监察涉及财产利益的行为的合规范性及行政正确性;将其查清的违法行为迹象,向有权限采取纪律行动的实体检举;因应情况所需,跟进在有权限实体进行的刑事或纪律程序;将主要调查结果知会行政长官,以及将由主要官员及《刑法典》第336条第2款a项所指的其他人员作出属公署职责所针对范畴内的行为通知行政长官;就所发现的法规缺点,特别是使人的权利、自由、保障或正当利益受到影响的缺点,作出解释、修改或废止有关法规的劝喻或建议,又或作出制定新法规的劝喻或建议,但涉及属立法会权限的事宜时,仅将公署的立场制成报告书呈交行政长官;建议行政长官作出规范性行为,以改善公共部门的运作及对依法行政的遵守,尤其消除各种有利于贪污及实施不法或道德上应受责备的行为的因素;建议行政长官采取行政措施,以改善公共行政当局提供的服务;直接向有权限机关发出劝喻,以促使其纠正违法或不公正的行政行为或行政程序,又或作出应当作出的行为;就履行上条第一款各项所规定的职责,透过传播媒体公开公署的立场或发布有关消息,但应遵守其保密义务;与有权限的机关及部门合作,谋求最适当的解决办法,以维护人的正当利益及改善行政工作;进行宣传教育工作,以预防在公共部门及私营部门发生的贪污犯罪及与贪污相关联的欺诈犯罪,以及行政违法行为,并推动市民采取预防措施及避免利于犯罪行为发生的各种行为及情况;行使法律赋予的其他权力。①

(七)审计署

审计署在澳门特别行政区政治体制中,属于具有特殊性质和地位的独立机构,不受政府部门的管辖和干涉,对行政长官负责。

1. 审计署的性质和地位

《澳门基本法》第60条规定:"澳门特别行政区设立审计署,独立工作。审计长对行政长官负责。"

从性质上看,审计署是一个依法规范的公共机关。审计署不是行政机关,不主管或处理澳门特别行政区政府的行政事务;从地位上看,审计署独立工作,廉政专员对行政长官负责。

2. 职责

根据第11/1999号法律《澳门特别行政区审计署组织法》,审计署对审计对象的预算执行情况和决算,以及预算外资金的

---

① 第4/2012号法律《澳门特别行政区廉政公署组织法》,对第10/2000号法律《澳门特别行政区廉政公署组织法》作了修改,并对自然人、公法人及私法人合作义务、不处罚的情况、保密义务的免除、廉政公署主动行使其职能、程序自主、程序、其他行为及措施、转介至其他机关、廉政专员、助理专员及辅助人员、任命、廉政专员享有公共当局地位、保密义务、停职、免职及辞职廉政公署部门等,作了规定。

管理和使用情况,诸如资产、负债、损益及其帐目,财政收支和财务收支,所有公帑是否均按照恰当权限发放及支付,作审计监督。

3. 审计对象

根据第11/1999号法律《澳门特别行政区审计署组织法》,除其经费全由公帑支付的实体外,下列实体亦为审计对象:每年过半数收入来自政府者;每年不足半数收入来自政府,但书面同意成为审计对象者。

行政长官为公众利益得以书面授权审计长向任何被特许人进行审计监督。

4. 权限

根据第11/1999号法律《澳门特别行政区审计署组织法》,审计署依法执行审计职责时,其权限为:接收由财政局送交的澳门特别行政区的总帐目及各项周年帐表,对其进行审核;要求审计对象的部门负责人或任何人员作出解释,或提供执行职务所需的资料,以便审计署履行其职责;要求审计对象按照规定报送预算或财务收支计划、预算执行情况、决算、财务报告,社会审计机构出具的审计报告,以及其他与财政收支或财务收支有关的资料;翻查审计对象的任何簿册、文件或记录,并取其摘录,而毋须缴付任何费用;取得审计对象的人员所管辖的所有记录、簿册、凭单、文件、现金、收据、印花、证券、物料及任何其他政府财产;得向检察院通告其认为适当的任何事宜。①

---

① 第11/1999号法律《澳门特别行政区审计署组织法》,并对自然人和公法人的合作义务、总帐目的审计报告、审计程序、审计长及审计署人员、预算及帐目等,作了规定。

三、澳门特别行政区行政机关

（一）澳门特别行政区政府的组织设置和人员

澳门特别行政区的行政机关是指依照《澳门基本法》规定而设立的管理澳门特别行政区行政事务的机构，即澳门特别行政区政府。

从一个主权国家的行政体制来看，澳门特别行政区的行政机关也是我国地方行政机关的组成部分，但又与我国内地地方行政机关不同。

1. 澳门特别行政区政府的性质

根据《澳门基本法》第61条和第2/1999号法律《政府组织纲要法》的规定，澳门特别行政区政府是澳门特别行政区行政机关。

2. 澳门特别行政区政府首长和主要官员

根据《澳门基本法》和第2/1999号法律《政府组织纲要法》的规定，澳门特别行政区政府的首长是澳门特别行政区行政长官。澳门特别行政区政府的主要官员包括各司司长、廉政专员、审计长、警察部门主要负责人和海关主要负责人。

《澳门基本法》第63条对政府主要官员任职资格作了规定：一是必须由特别行政区永久性居民中的中国公民担任；二是必须在澳门通常居住连续满15年。

根据《澳门基本法》和第2/1999号法律《政府组织纲要法》的规定，主要官员由特别行政区行政长官提名并报请中央人民政府任命；免除主要官员职务也由行政长官向中央人民政府建议；主要官员对行政长官负责。主要官员就任时应向澳门特别行政区终审法院院长申报财产，记录在案。

《澳门基本法》规定澳门特别行政区政府主要官员,必须拥护中华人民共和国澳门特别行政区基本法,尽忠职守,廉洁奉公,效忠中华人民共和国澳门特别行政区,并依法宣誓。政府主要官员在就职时,还必须宣誓效忠中华人民共和国。

(二)澳门特别行政区政府的职权

根据第2/1999号法律《政府组织纲要法》第16条的规定,政府行使《澳门特别行政区基本法》、其他法律和行政法规规定的职权。

《澳门基本法》第64条对澳门特别行政区政府的职权作出了概括性规定:(1)制定并执行政策;(2)管理各项行政事务;(3)办理基本法规定的中央人民政府授权的对外事务;(4)编制并提出财政预算、决算;(5)提出法案、议案,草拟行政法规;(6)委派官员列席立法会会议听取意见或代表政府发言。

除专门条文的规定外,《澳门基本法》其他条款,也确认了澳门特别行政区政府的相关职权。主要有:澳门特别行政区境内的土地和自然资源,除在澳门特别行政区成立前已依法确认的私有土地外,属于国家所有,由澳门特别行政区政府负责管理、使用、开发、出租或批给个人、法人使用或开发,其收入全部归澳门特别行政区政府支配;澳门特别行政区政府自行制定货币金融政策,保障金融市场和各种金融机构的经营自由,并依法进行管理和监督;自行制定有关教育、科技、医药、卫生、文化、体育、社会福利、劳工等政策等。

根据第2/1999号法律《政府组织纲要法》的规定,主要官员行使所领导或监督的实体或部门的组织法规及其他法规所规定的职权。为此,第6/1999号行政法规《订定政府部门及实体的组织、职权与运作》从第2条到第6条,规定了各司司长行使职权的施政领域。① 第7条规定,各司司长得根据行政程序法的规定,将作出有利于良好运作的行政行为的权限,授予部门及组织单位的领导人,或其他由其领导或监督的公共实体的领导人。②

(三) 澳门特别行政区政府组织

澳门特别行政区政府设司、局、厅、处。根据第2/1999号法律《政府组织纲要法》的规定,政府各司的名称及排序是:行政法务司、经济财政司、保安司、社会文化司、运输工务司。各司设司长一名,领导该司的工作。设立澳门特别行政区廉政公署,独立工作;设立澳门特别行政区审计署,独立工作;设立统一负责保安事务的警察部门;设立中华人民共和国澳门特别行政区海关。

根据第2/1999号法律《政府组织纲要法》第21条的规定,政府机构的设立、改组及调整由法规订定。为此,第6/1999号行政法规《订定政府部门及实体的组织、职权与运作》从第2条到第6条,规定了隶属于各司司长或由其监督的部门和实体。

---

① 如经济财政司司长在下列施政领域行使职权:财政预算;工业、商业、博彩监察及离岸业务,但法律或行政法规明确规定属其他司长的职权者除外;货币、汇兑及金融体系,包括保险业务;公共财政管理及税务制度;统计;劳工及就业;职业培训;消费者的保护。见第6/1999号行政法规《订定政府部门及实体的组织、职权与运作》第3条。
② 如隶属于社会文化司司长或由其监督的部门和实体有:卫生局、教育暨青年局、文化局、旅游局、社会工作局、体育局、高等教育局、澳门大学、澳门理工学院、旅游学院、社会保障基金、学生福利基金、体育发展基金、文化基金、旅游基金、教育发展基金、旅游危机处理办公室、澳门驻葡萄牙旅游推广暨咨询中心、文化产业基金、高等教育基金。见第6/1999号行政法规《订定政府部门及实体的组织、职权与运作》附件五。

第九章 澳門特別行政區政治體制

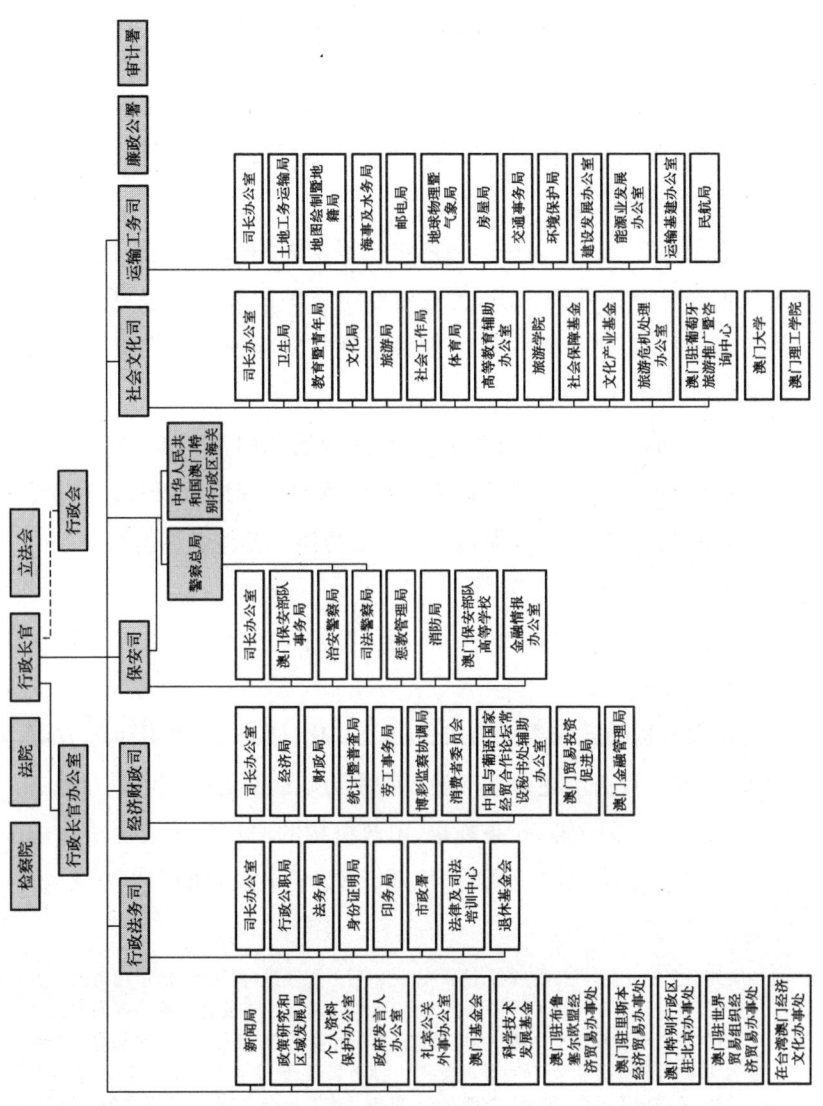

（四）澳门特别行政区的咨询组织和市政机构

1. 咨询组织

按照《澳门基本法》第 66 条，澳门特别行政区行政机关可根据需要设立咨询组织。

根据第 2/1999 号法律《政府组织纲要法》第 19 条的规定，政府可根据需要设立咨询组织，就政府制定有关政策提供意见。咨询组织的意见不具约束力，但法规另有规定者除外。咨询组织的组成及运作由行政法规订定。

因此，第 6/1999 号行政法规《订定政府部门及实体的组织、职权与运作》规定了由行政长官主持及协调的咨询组织（行政长官授予司长时除外）以及由各司司长主持及协调的其他咨询组织。①

2. 市政机构

按照《澳门基本法》第 95 条，澳门特别行政区可设立非政权性的市政机构。

市政机构受政府委托为居民提供文化、康乐、环境卫生等方面的服务，并就有关上述事务向澳门特别行政区政府提供咨询意见。

《澳门基本法》第 96 条规定，市政机构的职权和组成由法律规定。《澳门基本法》附件一《澳门特别行政区行政长官的产生办法》第

---

① 前者如安全委员会、科技委员会、博彩委员会；后者如跟进《商法典》的适用情况的关注委员会（行政法务司司长）；经济委员会、社会协调常设委员会及统计咨询委员会（经济财政司司长）；保安协调办公室及司法暨纪律委员会（保安司司长）；高等教育委员会、非高等教育委员会、体育委员会、青年事务委员会、文化咨询委员会、社会工作委员会、总档案委员会、旅游发展委员会、健康城市委员会、妇女及儿童事务委员会、防治艾滋病委员会、长者事务委员会、禁毒委员会、复康事务委员会、慢性病防制委员会、文化产业委员会及文化遗产委员会（社会文化司司长）；都市更新委员会（运输工务司司长）。见第 6/1999 号行政法规《订定政府部门及实体的组织、职权与运作》附件八。

2条规定,行政长官选举委员会委员,包括"市政机构成员的代表"。

2001年12月澳门特别行政区设立的民政总署,属公法人性质,是一个间接的公共行政机构,接受行政长官或行政长官授权主要官员的监督。民政总署具有行政、财政及财产等方面的自治权,但必须在经行政长官审核通过的年度活动计划及预算计划范围内行使。

为了更好全面贯彻实施《澳门基本法》和《澳门基本法》附件一《澳门特别行政区行政长官的产生办法》的规定,澳门特别行政区立法会2018年7月30日通过《设立市政署》(第9/2018号法律),规定成立非政权性的市政机构"市政署",以取代民政总署的职能。

【背景资料】

从市政厅到民政总署

1583年葡萄牙人在澳门成立了内部自治机构议事会,后来议事会逐步演变为市政机构,澳葡政府把澳门分为两个市政区,分别设立两个市政厅,实行"市政自治"。1988年10月,澳葡政府颁布市政法律制度,澳门地区分澳门市政区和海岛市政区,每个市政区均为"一级地方行政",设有市政议会和市政执行委员会(即市政厅),享有行政和财政的自主权。市政厅在其职责范围内,拥有立法权、行政管理权和执法权,澳葡总督拥有监督权。

负责市政工作的机构,因此,《澳门基本法》第95条规定,"澳门特别行政区可设立非政权性的市政机构","市政机构受政府委托为居民提供文化、康乐、环境卫生等方面的服务,并就有关上述事务向澳门特别行政区政府提供咨询意见。"

1993年3月31日八届全国人大一次会议审议通过《澳门基本法》,授权澳门特别行政区依照澳门基本法的规定实行高度自治,享有行政管理权、立法权、独立的司法权和终审权。鉴于

> 澳门特别行政区高度自治之下,不能再搞"市政自治",澳门地方不大,应只设立一级政权机构(即澳门特别行政区),而不宜设立两级政权机构,同时,澳门是一个城市,需要有具体
>
> 1998年5月5日,全国人民代表大会澳门特别行政区筹备委员会成立。1999年8月29日,筹委会作出了《关于澳门市政机构问题的决定》,其中规定,在澳门特别行政区设立非政权性市政机构之前,将澳门原市政机构改组为特区临时市政机构,经澳门特区行政长官授权开展工作,向行政长官负责。临时市政机构的任期至新的市政机构产生为止,时间不超过2001年12月31日。
>
> 1999年10月31日九届全国人大常委会第十二次会议作出《关于处理澳门原有法律的决定》宣布,澳门《市政区法律制度》中体现市政机构具有政权性质的条款抵触《澳门基本法》,不采用为澳门特别行政区法律。
>
> 2001年12月澳门特别行政区立法会制订第17/2001号法律《设立民政总署》,规定"撤销"两个临时市政机构,设立民政总署。

"市政署"为《澳门基本法》所指的非政权性的市政机构,是具有法律人格、行政、财政及财产自治权的公务法人。

市政署基本保留民政总署原有职责和增加其他有助促进社区和谐、加强与居民的联系、满足民生需要的职责,并应特别行政区政府要求或在其职责范围内根据工作需要向特别行政区政府提供咨询意见。同时,为完善民生服务和优化咨询体系,市政署的职责将着重于协助落实跨部门公共服务的实施机制,以及通过多种途径建立与居民、社区沟通及意见交换的渠道。

(五) 澳门特别行政区的公务人员

澳门特别行政区的公务人员制度包括以下主要内容。

1. 公务人员的定义、资格和范围

《澳门基本法》采用《中葡联合声明》中"公务人员"的提法，但没有给出"公务人员"的定义。

根据《澳门公共行政工作人员通则》(十二月二十一日第87/89/M号法令)，澳门公共行政工作人员有公务员和服务人员。公务员是指以确定委任及定期委任方式任用的人员，服务人员是指以临时委任方式或行政任用合同制任用的人员。一般认为，这里的"公共行政工作人员"等同于《澳门基本法》中所提"公务人员"的概念。①

《澳门基本法》第97条规定："澳门特别行政区公务人员必须是澳门特别行政区永久性居民。本法第98条和第99条规定的公务人员，以及澳门特别行政区聘用的某些专业技术人员和初级公务人员除外。"这既表明澳门公务人员的资格，也明确了公务人员的范围。

具体来说，公务人员的范围包括以下几类：(1) 作为澳门特别行政区永久性居民的公务人员；(2) 根据《澳门基本法》第98条规定的澳门特别行政区成立时，原在澳门任职的公务人员，包括警务人员和司法辅助人员；(3) 根据《澳门基本法》第99条规定任用的原澳门公务人员中的或持有澳门特别行政区永久性居民身份证的葡籍和其他外籍人士(除基本法另有规定者外)；(4) 依照《澳门基本法》第99条规定，澳门特别行政区有关部门聘请的担任顾问和专业技术职务的葡籍和其他外籍人士；(5) 根据《澳门基本法》第

---

① 骆伟建：《澳门特别行政区基本法新论》，社会科学文献出版社2012年版，第266页。

97条规定,澳门特别行政区聘用的某些专业技术人员和初级公务人员。上述(3)、(4)所列人员只能以个人身份受聘,并对澳门特别行政区负责。

《澳门基本法》对澳门特别行政区公务人员资格和范围的规定,既保留了澳门原有公务人员制度的特点,又考虑了澳门特别行政区的实际情况。

2. 公务人员的管理制度

根据《澳门基本法》第100条的规定,公务人员应根据其本人的资格、经验和才能予以任用和提升。第98条规定,澳门特别行政区成立时,原在澳门任职的公务人员,包括警务人员和司法辅助人员,均可留用,继续工作,其薪金、津贴、福利待遇不低于原来的标准,原来享有的年资予以保留。

《澳门基本法》第98条对澳门原有上述公务人员退休待遇予以保留,规定依照澳门原有法律享有退休金和赡养费待遇的留用公务人员,在澳门特别行政区成立后退休的,不论其所属国籍或居住地点,澳门特别行政区向他们或其家属支付不低于原标准的应得的退休金和赡养费。

根据《澳门基本法》第100条的规定,澳门原有关于公务人员的录用、纪律、提升和正常晋级制度基本不变,但得根据澳门社会的发展加以改进。

现有澳门关于公务人员的主要法律和制度,主要体现在以下方面。

一是有关领导和主管官职的规定,如第15号/2009号法律《领导及主管人员通则的基本规定》,①涉及一般规定、委任及职务执

---

① 在公共部门及实体担任管理、协调及监控工作的人员,视为领导及主管人员。领导官职包括:局长、副局长。主管官职包括:厅长、处长、科长(科长官职具例外性质,并只可在属行政性质的组织附属单位中设立)。

行、职务中止及终止、责任和权利等。

二是关于职程制度的规定,如第14号/2009号法律《公务人员职程制度》,涉及职程总纲、一般制度职程、特别制度职程和人员表。

三是关于公务人员管理制度的综合规定,如《公共行政工作人员通则》(十二月二十一日第87/89/M号法令),涉及一般规定、公共职务之担任、服务之提供、报酬及补助、纪律制度等内容,这部分最多、最复杂,不仅是众多分散的现有法规的汇编,而且还体现了简化程序及采纳了革新的解决方案,既保持了现职工作人员的既有权利,同时又规定新福利。

随着澳门社会的快速发展,澳门原有公务人员的法律和制度已不能适应深入推进公共行政和法律改革的需要,也难以回应公务人员的普遍诉求,因此,澳门特别行政区逐步完善了公务人员法律和制度,为公务人员提供更好的工作条件,如澳门特别行政区立法会多次修改《公共行政工作人员通则》,通过第8/2004号法律《公共行政工作人员工作表现核评原则》、第8/2006号法律《公务人员公积金制度》和第3/2011号法律《调整公共行政工作人员的薪俸、退休金及抚恤金》,行政长官制定第14/2016号行政法规《公务人员的招聘、甄选及晋级培训》等。

四、澳门特别行政区立法机关

(一)立法会的性质、地位和议员资格

1. 性质和地位

《澳门基本法》第67条规定,澳门特别行政区立法会是澳门特别行政区的立法机关。根据这一规定,立法会属于立法机关,在澳门特别行政区政治体制中，立法会与政府、司法机关之间是既互相分工、又互相制约和配合的关系，其行使的立法权是澳门特别行政区高度自治权的一个重要方面，这与内地的地方人民代表大会不同。

按照《宪法》的规定，地方人民代表大会是地方各级国家权力机关，本级的人民政府、监察机关、人民法院和人民检察院都由人民代表大会产生，对它负责，受它监督。

2. 组成立法会的议员资格

《澳门基本法》第68条第1款规定："澳门特别行政区立法会由澳门特别行政区永久性居民组成。"这是对澳门特别行政区立法会议员资格的规定。

根据第3/2001号法律《澳门特别行政区立法会选举法》第5条，凡具有投票资格且年满18周岁的澳门特别行政区永久性居民，均具有被选资格。下列者无被选资格：行政长官；主要官员；在职的法院司法官及检察院司法官；任何宗教或信仰的司祭；本法律第四条所规定无投票资格者（经确定判决宣告为禁治产人；被认为是明显精神错乱且被收容在精神病治疗场所或经由三名医生组成的健康检查委员会宣告为精神错乱的人，即使其未经法院判决宣告为禁治产人亦然；经确定裁判宣告被剥夺政治权利的人）；任何外国议会或立法议会的成员，尤其联邦级、州级、地区级或市级议会或立法议会的成员；任何外国政府成员或公共行政工作人员，尤其联邦级、州级、地区级或市级政府成员或公共行政工作人员；拒绝声明拥护《中华人民共和国澳门特别行政区基本法》和效忠中华人民共和国澳门特别行政区者；或事实证明不拥护《中华人民共和国澳门特别行政区基本法》或不效忠中华人民共和国澳门特别行政区者；根据经第13/2008号法律及第12/2009号法律修改的第

3/2000号法律《立法会立法届及议员章程》第18条规定放弃议员资格者,但仅限于同一立法届且在其放弃资格产生效力后180日内为填补选任议员的出缺而进行的补选。

(二)立法会的产生和任期

1. 立法会的产生

《澳门基本法》第68条第2款、第3款和第4款规定:"立法会多数议员由选举产生。立法会的产生办法由附件二《澳门特别行政区立法会的产生办法》规定。立法会议员就任时应依法申报经济状况。"

(1)第一届立法会。《澳门基本法》第68条对立法会产生作了原则规定,即立法会多数议员由选举产生。按照1993年3月31日八届全国人大一次会议通过的《全国人民代表大会关于澳门特别行政区第一届政府、立法会和司法机关产生办法的决定》,澳门特别行政区第一届立法会由23人组成,其中直接选举产生议员8人,间接选举产生议员8人,行政长官委任议员7人。①

(2)第二、三届及第四届立法会。《澳门基本法》的附件二《澳门特别行政区立法会产生办法》,对澳门特别行政区成立后第二届、第三届立法会的组成及产生办法作了规定:第二届立法会由27人组成,其中:直接选举的议员10人,间接选举的议员10人,委任的议员7人。第三届及以后各届立法会由29人组成,其中:直接选

---

① 《全国人民代表大会关于澳门特别行政区第一届政府、立法会和司法机关产生办法的决定》第6条规定,原澳门最后一届立法会的组成如符合本决定和澳门特别行政区基本法的有关规定,其中由选举产生的议员如拥护中华人民共和国澳门特别行政区基本法、愿意效忠中华人民共和国澳门特别行政区并符合澳门特别行政区基本法规定条件者,经澳门特别行政区筹委会确认,即可成为澳门特别行政区第一届立法会议员。因此,立法会议员基本上都是回归前的原立法会成员乘"直通车"直接就任。

举的议员12人,间接选举的议员10人,委任的议员7人。议员的具体选举办法,由澳门特别行政区政府提出并经立法会通过的选举法加以规定。

第12/2000号法律《选民登记法》及第3/2001号法律《澳门特别行政区立法会选举法》,分别对选民登记及选举资格、立法会选举管理委员会、直接选举、间接选举、选举程序的组织、竞选活动、选举、选票核算等作出了明确具体的规定。

根据第3/2001号法律《澳门特别行政区立法会选举法》,通过普遍、直接、不记名和定期的选举,为第二届立法会选出议员10人。议员是在澳门特别行政区独一选区内,按比例代表制,以多候选人名单方式选出,每一选民只能对名单投出独一票。

通过间接、不记名及定期的选举,选出代表社会利益的议员10人:雇主利益组别选举4名议员;劳工利益组别选举2名议员;专业利益组别选举2名议员;慈善、文化、教育及体育利益组别选举2名议员。每一社团或组织享有最多11票投票权,由在订定选举日期之日在职的社团或组织领导机关或管理机关成员中选出的最多11名具有投票资格的投票人行使。①

根据第3/2001号法律《澳门特别行政区立法会选举法》(经第11/2008号法律修改),通过普遍、直接、不记名和定期的选举,为第三届立法会选出议员12人。直接选举方法与第二届相同。

通过间接、不记名及定期的选举,选出代表下列所指选举组别的议员10人:工商、金融界选举组别产生4名议员;劳工界选举组别产生2名议员;专业界选举组别产生2名议员;社会服务、文化、教育及体育界选举组别产生2名议员。每一具投票资格的法人享

---

① 2001年9月24日澳门特别行政区选举产生第二届立法会,由27名议员组成,其中直接选举议员10人,间接选举议员10人,委任议员7人。

有最多11票投票权,由在订定选举日期之日在职的法人领导机关或管理机关成员中选出的最多11名具有投票资格的投票人行使。[①]

第四届立法会产生办法与第三届立法会基本相同。[②]

(3) 第四届以后的立法会。2009年9月产生的澳门特别行政区选举产生第四届立法会于2013年9月到期。《澳门基本法》附件二《澳门特别行政区立法会的产生办法》和第3/2001号法律《澳门特别行政区立法会选举法》规定,2009年及以后澳门特别行政区立法会的产生办法如需修改,须经立法会全体议员2/3多数通过,行政长官同意,并报全国人大常委会备案。

根据2011年12月31日十一届全国人大常委会第二十四次会议通过的全国人大常委会关于《中华人民共和国澳门特别行政区基本法》附件一第七条和附件二第三条的解释,这里的"如需修改",应当理解为2009年及以后可以进行修改,也可以不进行修改。是否需要修改和如何修改,决定权在中央。是否需要进行修改,澳门特别行政区行政长官应向全国人大常委会提出报告,由全国人大常委会依照澳门基本法第47条和第68条规定,根据特别行政区的实际情况确定。修改行政长官产生办法和立法会产生办法的法案,应由澳门特别行政区政府向立法会提出。附件二中规定的立法会的产生办法如果不作修改,立法会的产生办法仍适用附件二关于立法会产生办法的规定。

2012年6月30日,十一届全国人大常委会第二十七次会议通

[①] 2005年9月25日澳门特别行政区选举产生第三届立法会,由29名议员组成,其中直接选举议员12人,间接选举议员10人,委任议员7人。
[②] 2009年9月20日澳门特别行政区选举产生第四届立法会。澳门特别行政区第四届立法会仍由29名议员组成,其中直接选举议员12人,间接选举议员10人,委任议员7人。

过《关于批准〈中华人民共和国澳门特别行政区基本法附件一澳门特别行政区行政长官的产生办法修正案〉的决定》,对《中华人民共和国澳门特别行政区基本法附件二澳门特别行政区立法会的产生办法修正案》予以备案。根据《澳门特别行政区立法会的产生办法修正案》,2013年第五届立法会由33人组成,其中直接选举议员14人、间接选举的议员12人、委任的议员7人①。

根据《澳门特别行政区立法会的产生办法修正案》,第六届及以后各届立法会的产生办法,在依照法定程序作出进一步修改前,按本修正案的规定执行。②

2. 任期

《澳门基本法》第69条规定,澳门特别行政区立法会除第一届另有规定外,每届任期4年。根据第69条的规定,澳门特别行政区立法会如经行政长官依照基本法规定解散,须于90日内依照基本法第68条的规定重新产生。

因此,澳门特别行政区立法会每届任期4年,除非以下两种特殊情况。

一是,根据1993年3月31日八届全国人大一次会议通过的《全国人民代表大会关于澳门特别行政区第一届政府、立法会和司法机关产生办法的决定》,澳门特别行政区第一届立法会议员的任期至2001年10月15日。这主要是作为过渡安排,对澳门特别行政区立法会第一届任期的特别规定。澳门特别行政区立法会从成

---

① 2013年9月16日澳门特别行政区选举产生第五届立法会。澳门特别行政区第五届立法会由33名议员组成,其中直接选举议员14人,间接选举议员12人,委任议员7人。
② 2017年9月18日澳门特别行政区选举产生第六届立法会。澳门特别行政区第六届立法会仍由33名议员组成,其中直接选举议员14人,间接选举议员12人,委任议员7人。

立的1999年12月20日至2001年10月15日。

二是,根据《澳门基本法》第52条,澳门特别行政区行政长官遇有下列情况之一解散立法会时,立法会任期提前结束:行政长官拒绝签署立法会再次通过的法案;立法会拒绝通过政府提出的财政预算案或行政长官认为关系到澳门特别行政区整体利益的法案,经协商仍不能取得一致意见。

澳门特别行政区立法会每届任期4年,与内地的地方人大任期相比稍短一些。根据《中华人民共和国宪法》第98条,地方各级人民代表大会每届任期5年。

(三)立法会的职权

根据《澳门基本法》第71条,澳门特别行政区立法会负责行使下列几方面的职权。

1. 立法权

立法会依据《澳门基本法》的规定和法定程序制定、修改、暂停实施和废除法律。根据《澳门基本法》,澳门特别行政区的立法机关制定的法律须报全国人大常委会备案。备案不影响该法律的生效。全国人大常委会在征询其所属的澳门特别行政区基本法委员会的意见后,如认为澳门特别行政区立法机关制定的任何法律不符合基本法关于中央管理的事务及中央和澳门特别行政区关系的条款,可将有关法律发回,但不作修改。经全国人大常委会发回的法律立即失效。该法律的失效,除澳门特别行政区的法律另有规定外,无溯及力。

2. 财政权

澳门特别行政区立法会审核、通过政府提出的财政预算案;审议政府提出的预算执行情况报告;根据政府提案决定税收,批准由政府承担的债务。

3. 监督权

如听取行政长官的施政报告并进行辩论；就公共利益问题进行辩论。

如立法会全体议员 1/3 联合动议，指控行政长官有严重违法或渎职行为而不辞职，经立法会通过决议，可委托终审法院院长负责组成独立的调查委员会进行调查。调查委员会如认为有足够证据构成上述指控，立法会以全体议员 2/3 多数通过，可提出弹劾案，报请中央人民政府决定。

4. 其他职权

如接受澳门居民申诉并作出处理；在行使上述有关职权时，如有需要，立法会可传召和要求有关人士作证和提供证据。但是，政府官员或其他负责政府公务的人员是否向立法会或其所属的委员会作证和提供证据，由行政长官决定。

（四）立法会的组织和运作

1. 立法会议员

根据《澳门基本法》，立法会议员在立法会会议上的发言不受法律追究；非经立法会许可不受逮捕，但现行犯不在此限。立法会议员依照基本法规定和法定程序提出议案。凡不涉及公共收支、政治体制或政府运作的议案，可由立法会议员个别或联名提出。凡涉及政府政策的议案，在提出前必须得到行政长官的书面同意。立法会议员有权依照法定程序对政府的工作提出质询。

第 1/1999 号决议《澳门特别行政区立法会议事规则》对立法会议员的权力义务，作了具体规定。[①]

[①] 根据《澳门基本法》，立法会的议事规则由澳门特别行政区立法会自行制定，但不得与《澳门基本法》相抵触。

立法会议员职务上的权力,一是在行使立法会的立法权限时的权力,如提出法案、议案,提出上项所指法案、议案及对政府法案、议案的修订提案,要求以紧急程序处理任何上述数项所指法案、议案;二是监察的权力,如要求召集专为质询政府工作的全体会议,要求召集专为辩论公共利益问题的全体会议;为达到《澳门基本法》第71条第(8)项所规定目的,以及为澄清公共利益的问题,建议在常设委员会或临时委员会内进行听证;要求行政长官及澳门特别行政区政府提供为履行其职务所需的资料和官方刊物;就公共利益的事项,一般性征询及听取行政长官、政府及任何公共或私人实体的意见;三是辅助性权力,如向全体会议提出议决案或表达心意的建议,在全体会议厅及委员会会议室拥有席位及发言,参加讨论和表决,提出申请,援引《澳门特别行政区立法会议事规则》并提出异议及抗议,建议组成临时委员会,建议修改《议事规则》。

立法会议员的义务如下:出席全体会议及所属委员会会议;参加表决;遵守《议事规则》所订的秩序及纪律,尊重立法会主席及执行委员会的权责;遵守《议事规则》及全体会议的议决。

为了保证立法会的正常运作,维护澳门特别行政区立法机关的良好形象,《澳门基本法》规定立法会议员如有下列情况之一,经立法会决定,即丧失其立法会议员的资格:(1)因严重疾病或其他原因无力履行职务;(2)担任法律规定不得兼任的职务;(3)未得到立法会主席同意,连续5次或间断15次缺席会议而无合理解释;(4)违反立法会议员誓言;(5)在澳门特别行政区区内或区外犯有刑事罪行,被判处监禁30日以上。

《澳门基本法》规定澳门特别行政区立法会议员,必须拥护中华人民共和国澳门特别行政区基本法,尽忠职守,廉洁奉公,效忠中华人民共和国澳门特别行政区,并依法宣誓。

2. 立法会主席和副主席

《澳门基本法》第72条规定,澳门特别行政区立法会设主席、副主席各一人。主席、副主席由立法会议员互选产生。《澳门特别行政区立法会议事规则》第6条进一步规定,主席由议员以不记名投票方式互选产生,获得过半数有效票的议员当选。如无任何议员获得该票数,则对得票最多的两名议员进行第二次选举,获得多数有效票者当选。

澳门特别行政区立法会主席、副主席由在澳门通常居住连续满15年的澳门特别行政区永久性居民中的中国公民担任。除年龄外,这一资格的规定与澳门特别行政区行政长官的资格相同。

根据《澳门特别行政区立法会议事规则》,主席代表立法会,领导及协调立法会工作,对所属的全部工作人员及如有在立法会服务的保安人员行使监管权。《澳门基本法》第74条规定了立法会主席的6项职权:主持会议;决定议程,应行政长官的要求将政府提出的议案优先列入议程;决定开会日期;在休会期间可召开特别会议;召开紧急会议或应行政长官的要求召开紧急会议;立法会议事规则所规定的其他职权。

《澳门特别行政区立法会议事规则》,对立法会主席的权限作了具体规定,包括对立法会工作、对全体会议、对议员和对立法会以外机关及实体等四个方面,如代表立法会,主持执行委员会工作,维持立法会的秩序、纪律及安全,并为此采取认为适当的措施;安排议员发言的登记,许可议员发言,维持辩论秩序,安排表决事项的次序以及将通过或拒绝通过的法案通知行政长官,签署以立法会名义发出的文件等。

《澳门基本法》规定澳门特别行政区立法会主席在就职时,

除按《澳门基本法》第 101 条的规定宣誓外,还必须宣誓效忠中华人民共和国。

《澳门基本法》第 73 条规定,立法会主席缺席时由副主席代理;立法会主席或副主席出缺时,另行选举。《澳门特别行政区立法会议事规则》规定,立法会副主席在主席缺席或因故不能视事时,由副主席代理其职务;协助主席工作;履行执行委员会副主席职务;履行主席委托作为立法会代表的职务。

3. 立法会的执行委员会和委员会

《澳门基本法》虽然没有直接对立法会设立委员会作专门规定,但在第 50 条第 15 项规定行政长官根据国家和澳门特别行政区的安全或重大公共利益的需要,决定政府官员或其他负责政府公务的人员是否向立法会作证和提供证据时,提到立法会"所属的委员会"。

根据《澳门特别行政区立法会议事规则》第 16 条的规定,立法会设执行委员会,由主席、副主席、第一秘书一名、第二秘书一名组成。第 17 条规定,执行委员会有下列权限:维护立法会的尊严和声誉,如有必要,得为此听取全体会议的意见;为每一会期的开始作准备;建议提前及延长立法会正常运作期间;指派议员团及代表团;就针对主席行为的上诉,作出决定;一般性协助主席及副主席行使其职能,及就主席或全体会议派发审议的所有事项发表意见。

《澳门特别行政区立法会议事规则》规定,立法会以委员会方式运作。议员得同时为一个以上委员会服务。各委员会设主席和秘书。

立法会委员会有两类。一类是章程及任期委员会。经执行委员会提出建议名单,章程及任期委员会由全体会议透过简单议决确定的 7 名议员组成。如执行委员会的建议不获通过,则透过不记名投票选出委员会成员。章程及任期委员会有下列权限：根据《议员章程》规定，展开就被选资格争议的程序，并发表意见；根据《议员章程》规定，展开就议员资格的丧失与职务中止的程序，并发表意见；对在立法会范围内发生并影响任何议员名誉或尊严的事件，经该议员要求及主席决定，进行调查；对由主席、执行委员会或全体会议就解释或填补《议事规则》遗漏而提出的事宜，发表意见；对修改《议事规则》的建议发表意见；向全体会议建议修改《议事规则》以利于实际运作；应立法会主席、执行委员会或任何委员会主席的要求，对委员会之间权限的冲突作出决定。另一类是其他委员会，包括常设委员会（其设立、数目、名称及组成，由执行委员会提出建议，透过全体会议简单议决，在每一立法届第二次全体会议中决定，得依其专责范围分类）、跟进委员会（为特定施政领域设立）、临时委员会（为任何事项或某种目的而设立，有或无确定期间或受解散条件约束）。

4. 立法会会议

根据《澳门基本法》第 77 条，立法会举行会议的法定人数为不少于全体议员的 1/2。除基本法另有规定外，立法会的法案、议案由全体议员过半数通过。

《澳门基本法》还规定在以下情形中，需获得立法会全体议员 2/3 多数通过：（1）当行政长官将立法会通过的法案发回重议后，澳门特别行政区立法会如要再次通过该法案。（2）行政长官因两次拒绝签署立法会通过的法案而解散立法会后，重选的立法会要迫使行政长官辞职，必须以 2/3 多数通过所争议的原案。（3）对行政长官提出弹劾案。（4）澳门特别行政区对《澳门基本法》提出的修改议案。（5）2009 年及以后，行政长官的产生办法以及立法会的产生办法如需修改，须经立法会全体议员 2/3 多数通过。

五、澳门特别行政区司法机关

司法机关是指代表国家行使审判权和法律监督权的机关。在大多数国家,是指法院,在有的国家还包括检察机关。

根据《澳门基本法》和澳门《司法组织纲要法》的规定,澳门司法机关是指法院及检察院。

(一) 法院

依照《澳门基本法》的制度设计,澳门特别行政区依法享有独立的司法权和终审权。这项权力是由澳门特别行政区的司法机关来行使的。按照《澳门基本法》,澳门特别行政区各级法院是澳门特别行政区的司法机关,行使澳门特别行政区的审判权。

依照《澳门基本法》第 87 条,澳门特别行政区各级法院的法官,根据当地法官、律师和知名人士组成的独立委员会的推荐,由行政长官任命。法官的选用以其专业资格为标准,符合标准的外籍法官也可聘用。法官只有在无力履行其职责或行为与其所任职务不相称的情况下,行政长官才可根据终审法院院长任命的不少于 3 名当地法官组成的审议庭的建议,予以免职。

第 89 条规定,澳门特别行政区法官依法进行审判,不听从任何命令或指示,但基本法第 19 条第 3 款规定的情况除外。法官履行审判职责的行为不受法律追究。法官在任职期间,不得兼任其他公职或任何私人职务,也不得在政治性团体中担任任何职务。

《澳门基本法》规定,澳门特别行政区法官,必须拥护中华人民共和国澳门特别行政区基本法,尽忠职守,廉洁奉公,效忠中华人民共和国澳门特别行政区,并依法宣誓。

法院在审判案件时以评议会及听证会的方式运作,除《司法组织纲要法》《司法官通则》及诉讼法另有规定外，其运作由规章规范。

根据《澳门基本法》第 84 条、第 85 条和第 86 条的规定，澳门特别行政区设立初级法院、中级法院和终审法院。此外，还设立行政法院。初级法院和行政法院属于第一审法院。《澳门基本法》第 84 条，规定澳门特别行政区法院的组织、职权和运作由法律规定。澳门特别行政区第一届立法会 1999 年通过第 9/1999 号法律《司法组织纲要法》，对澳门特别行政区法院的组织、职权和运作作了具体规定，后经第 7/2004 号法律、第 9/2004 号法律、第 9/2009 号法律修改。

1. 初级法院

初级法院属于第一审法院。《澳门基本法》第 85 条规定，澳门特别行政区初级法院可根据需要设立若干专门法庭。根据《司法组织纲要法》的规定，除法律规定必须由特定法院（如行政法院）管辖的案件外，其他案件一律由初级法院管辖，这些案件主要包括民事和刑事方面的案件。

澳门特别行政区成立之初，原刑事起诉法庭的制度继续保留。但第 9/1999 号法律《司法组织纲要法》（经第 7/2004 号法律、第 9/2004 号法律、第 9/2009 号法律修改），规定初级法院由民事法庭、刑事起诉法庭、轻微民事案件法庭、刑事法庭、劳动法庭、家庭及未成年人法庭组成。民事法庭有权审判不属于其他法庭管辖的民事性质的案件，以及有权审判不属于其他法庭或法院管辖的其他性质的案件，包括审判该等案件的所有附随事项及问题。刑事起诉法庭有权在刑事诉讼程序中行使侦查方面的审判职能、进行预审以及就是否起诉作出裁判。刑事起诉法庭有权执行徒刑及收容保安处分，尤其有权为达致下列目的而参与该等刑罚及保安处分的执行：认可及执行重新适应社会的个人计划；对被囚禁的人提出的投诉，即使属被羁押的人提出的投诉进行审理；审理对狱政场所的有权限机关所作的纪律裁定的上诉,即使属针对被羁押的人作出的纪律裁定提起的上诉;给予及废止执行刑罚的灵活措施;在被囚禁者服刑或履行保安处分的时间中,扣除被囚禁者因假装患病而住院的时间;给予及废止假释;延长刑罚;对嗣后出现的精神失常进行审理;终止、重新审查、复查及延长收容;给予及废止考验性释放;命令将人从有关场所释放;建议给予被判处且正履行徒刑或收容保安处分的人赦免,并对其实施赦免;对被判处徒刑或收容保安处分的人给予及废止司法恢复权利;至少每月到监狱巡视一次,以查证羁押及判刑是否依法执行;于巡视期间处理囚犯事前表示欲由其处理而提出的请求。此外,第 9/1999 号法律《司法组织纲要法》还对轻微民事案件法庭、刑事法庭、劳动法庭和家庭及未成年人法庭的管辖权,作了规定。

初级法院包括第一审法院院长、8 名合议庭主席及 32 名初级法院法官。初级法院在审理案件时则以合议庭或独任庭的方式运作,如无特别法律规定,通常由一名法官组成的独任庭审理案件,如须组成合议庭时,则由主持审判的合议庭主席、负责卷宗的法官及另一名由法官委员会预先指定的法官共同审理案件。①

2. 行政法院

行政法院也属于第一审法院。《澳门基本法》第 86 条规定,澳

---

① 初级法院以专门庭的方式运作,现设有行政中心、三个民事法庭、五个刑事法庭、一个轻微民事案件法庭、一个劳动法庭以及一个家庭及未成年人法庭。为回应社会各界对处理小额钱债方面的诉求,澳门特别行政区修改《司法组织纲要法》和《民事诉讼法典》,重组了初级法院的架构,并设立了轻微民事案件法庭,轻微民事案件法庭于 2005 年 1 月 4 日开始运作,专门审理利益值在澳门币 5 万元以下的金钱债务及消费权益方面的诉讼。其特点是可以不必委托律师及缴付预付金,只要填妥有关表格,向初级法院提交起诉状便可;另外,为了使法院处理案件走向专门化以及加快案件的处理,劳动法庭以及家庭及未成年人法庭亦于 2013 年 10 月 16 日开始运作。http://www.court.gov.mo/zh/subpage/tjb.

门特别行政区设立行政法院。行政法院是管辖行政诉讼和税务诉讼的法院。不服行政法院裁决者,可向中级法院上诉。根据第9/1999号法律《司法组织纲要法》(经第7/2004号法律、第9/2004号法律、第9/2009号法律修改)的规定,行政法院有管辖权解决行政方面的法律关系所生的争议。在行政上的司法争讼方面,在不影响中级法院的管辖权的情况下,行政法院有管辖权审理:(1)对以下实体所作的行政行为或属行政事宜的行为提起上诉的案件:局长以及行政当局中级别不高于局长的其他机关;公务法人的机关;被特许人;公共团体的机关;行政公益法人的机关;市政机构或临时市政机构及其具法律人格与行政自治权的公共部门;(2)其他法院无管辖权审理的关于公法人机关选举上的司法争讼;(3)下列诉讼:关于确认权利或受法律保护的利益的诉讼;关于提供信息、查阅卷宗或发出证明的诉讼;关于行政合同的诉讼;关于澳门特别行政区、其他公共实体及其机关据位人、公务员或服务人员在公共管理行为中受到损害而提起的非因合同而产生的民事责任的诉讼,包括求偿诉讼;(4)要求勒令作出一行为的请求;(5)在涉及行政上的司法争讼事宜的自愿仲裁方面,适用的法律规定由初级法院审理的问题,但诉讼法律另有规定者除外。此外,行政法院有管辖权解决税务、海关方面的法律关系所生的争议。

行政法院目前有两名法官。行政法院办事处的监管由属该法院编制的法官根据法律的规定轮流负责管理,为期三年,并由年资最久的法官开始及按年资顺序轮流担任。

行政法院在审理案件时以合议庭或独任庭的方式运作。如无特别法律规定,通常由一名法官组成的独任庭审理案件,如须组成合议庭时,则由法官委员会预先指定的合议庭主席主持审判、并由负责卷宗的法官及另一名由法官委员会预先指定的法官共同审理案件。①

3. 中级法院

中级法院是普通法院和行政法院的上诉法院,也是较大案件的第一审法院。根据《司法组织纲要法》第 36 条的规定,中级法院的管辖权共有 16 项。

具体而言,中级法院有权审判对第一审法院的裁判提起上诉的案件,以及对自愿仲裁程序中作出而可予以争执的裁决提起上诉的案件,并许可或否决对刑事判决进行再审、撤销不协调的刑事判决,以及于再审程序进行期间中止刑罚的执行。

作为第一审级,中级法院对下列案件有管辖权:(1) 审判就廉政专员、审计长、警察总局局长及海关关长,行政会委员及立法会议员因履行其职务而作出的行为,针对彼等所提起的诉讼;(2) 审判廉政专员、审计长、警察总局局长及海关关长,行政会委员及立法会议员在担任其职务时的犯罪及轻微违反的案件;(3) 审判就第一审法院法官、检察官因履行其职务而作出的行为,针对彼等所提起的诉讼;(4) 审判(3)项所指司法官作出的犯罪及轻微违反的案件;(5) 在第(2)项和第(4)所指案件的诉讼程序中,进行预审,就是否起诉作出裁判,以及行使在侦查方面的审判职能。

作为第一审级,中级法院审判对下列人士及机关所作的行政行为或属行政事宜的行为,或所作的有关税务、准税务或海关问题的行为提起上诉的案件:行政长官、立法会主席及终审法院院长;司长、廉政专员、审计长、检察长、警察总局局长及海关关长;立法会执行委员会;推荐法官的独立委员会及其主席、法官委员会及其主席、中级法院院长、第一审法院院长及监管办事处的法官;检察

---

① http://www.court.gov.mo/zh/subpage/ta.

官委员会及其主席、助理检察长及检察官;在行政当局中级别高于局长的其他机关。

此外,中级法院还有权:(1)审判对行政机关履行行政职能时制定的规定提出争执的案件;(2)审判要求中止某些行政行为及规范的效力的请求,只要该法院正审理对该等行政行为所提起的司法上诉及对该等规范所提起的申诉,以及审判关于在该法院待决或将提起的上诉的其他附随事项;(3)审判在该法院待决的行政、税务或海关上的司法争讼程序内,或就将提起的上述程序要求预先调查证据的请求;(4)审查有管辖权的第一审法院在处理行政违法行为的程序中所作的科处罚款及附加制裁的裁判;(5)审查及确认裁判,尤其是澳门以外的法院或仲裁员所作者;(6)审理第一审法院间的管辖权冲突;(7)审理行政法院与行政、税务或海关当局间的管辖权冲突;(8)行使法律赋予的其他管辖权。

中级法院目前由9名法官组成。中级法院院长由行政长官委任一名中级法院的法官担任,任期3年,可续任。中级法院院长代表中级法院,除担任法官及院长的职务外,还须确保中级法院的正常运作以及监管中级法院办事处。

中级法院由一个具管辖权审判刑事性质案件的刑事诉讼案件分庭,以及一个具管辖权审判其他案件的分庭组成。在审理案件时以评议会及听证会的方式运作。参与评议会及听证会的实体有:院长(作为裁判书制作人或助审法官)、2名法官及诉讼法律规定的实体;或院长(不作为裁判书制作人或助审法官)、3名法官及诉讼法律规定的实体,但法律另有规定者除外。中级法院的评议会及开庭听证按日程进行,除在特别情况下由院长决定外,会议及开庭通常每周进行一次。①

4. 终审法院

终审法院是澳门特区法院等级中的最高机关,行使《澳门基本法》赋予澳门特别行政区的终审权。

为体现特别行政区的高度自治,《澳门基本法》授予澳门特别行政区的终审权。终审法院的设置,使得澳门各级法院所审判的案件,不必经过最高人民法院的最终裁判而能在澳门生效。对终审法院的判决,不能再上诉。

根据《司法组织纲要法》第44条的规定,终审法院的管辖权共有16项。具体而言,终审法院有权:(1)依据诉讼法律的规定统一司法见解;(2)审判对中级法院作为第二审级所作的属民事或劳动事宜的合议庭裁判以及在行政、税务或海关上的司法争讼的诉讼中所作的合议庭裁判提起上诉的案件,只要依据本法及诉讼法律的规定,对该合议庭裁判系可提出争执者;(3)审判对中级法院作为第二审级所作的属刑事的合议庭裁判提起上诉的案件,只要依据诉讼法律的规定,对该合议庭裁判系可提出争执者;(4)审判对中级法院作为第一审级所作的可予以争执的合议庭裁判提起上诉的案件;(5)审判就行政长官、立法会主席及司长因履行其职务而作出的行为,针对彼等所提起的诉讼,但法律另有规定者除外;(6)审判行政长官、立法会主席及司长在担任其职务时作出的犯罪及轻微违反的案件,但法律另有规定者除外;(7)审判就终审法院法官、检察长、中级法院法官及助理检察长因履行其职务而作出的行为,针对彼等所提起的诉讼;(8)审判上项所指司法官作出的犯罪及轻微违反的案件;(9)在(6)项及

---

① http://www.court.gov.mo/zh/subpage/tsi.

(8)项所指案件的诉讼程序中,进行预审,就是否起诉作出裁判,以及行使在侦查方面的审判职能;(10)就人身保护令事宜行使审判权;(11)审理关于法官委员会及检察官委员会选举上的司法争讼;(12)审判要求中止某些行政行为效力的请求,只要该法院正审理对该等行政行为所提起之司法上诉;以及审判关于在该法院待决或将提起之上诉之其他附随事项;(13)审判在该法院待决的行政上的司法争讼程序内,或就将提起的上述程序要求预行调查证据的请求;(14)审理中级法院与第一审法院间的管辖权冲突;(15)审理中级法院与行政、税务及海关当局间的管辖权冲突;(16)行使法律赋予的其他管辖权。

终审法院目前由3名法官组成,院长由行政长官任命的一名法官担任。终审法院院长在具有澳门特别行政区永久性居民资格及中国国籍,且具有该法院编制内职位的法官中选任。终审法院院长任期为3年,可续任。根据《澳门基本法》第87条,终审法院法官的免职由行政长官根据澳门特别行政区立法会议员组成的审议委员会的建议决定。终审法院法官的任命和免职须报全国人大常委会备案。

《澳门基本法》规定澳门特别行政区终审法院院长在就职时,除按《澳门基本法》第101条的规定宣誓外,还必须宣誓效忠中华人民共和国。

终审法院院长在所有法院司法官中享有居先的地位,其作为澳门特别行政区法院的代表,除担任法官及院长职务外,还须确保终审法院正常运作以及领导终审法院院长办公室。①

---

① http://www.court.gov.mo/zh/subpage/tui.

(二) 检察院

1. 法律地位

根据《澳门基本法》第 90 条,澳门特别行政区检察院独立行使法律赋予的检察职能,不受任何干涉。从澳门特别行政区各机关之间的关系看,检察院是一个独立的机关,它与特别行政区政府、立法会没有组织上的隶属关系。从澳门特别行政区司法机关的组成上看,检察院与法院虽同属司法机关,但组织上是相互独立的。

按照《澳门基本法》,检察院的组织、职权和运作由法律规定。①

2. 职责和权限

《司法组织纲要法》第 56 条规定了检察院的职责和权限,涉及刑事诉讼、民事诉讼和行政诉讼以及律政方面的特定工作,概括起来包括四个方面:(1) 领导和监督刑事侦查;刑事侦查由检察院领导,刑事警察机关具体执行。如除刑事起诉法庭法官的专有权限以外,授权刑事警察机关进行所有侦查行为,并作出具体指引;依法向刑事起诉法庭建议采取特殊侦查措施;对被拘留犯罪嫌疑人进行讯问,审查拘留的合法性,并对强制措施的适用作出建议;对犯罪消息决定是否立案侦查;确认刑事警察机关扣押的有效性等。(2) 提起及确保刑事诉讼;侦查完结后检察院决定是否作出控诉并在其后的诉讼程序中依法履行职责。如当侦查获得充分迹象显示犯罪发生及作案者的身份资料,应当提出控诉;当证据显示犯罪不存在、嫌犯没有犯罪、有关刑事程序依法不能进行,又或没有获得充分迹象显示嫌犯作案、犯罪存在或不知作案者是谁,案件应该归档,不予控诉;特别情况下可向刑事起诉法庭申请暂时中止诉讼程

---

① https://www.mp.gov.mo/zh_tw/standard/law_identity.html.

序或建议因免除刑罚而归档;就第一审法官的决定、裁判或判决向中级法院提起上诉,并就涉案的其他人士所提起的上诉向中级法院提交书面答复,同时在法律许可的情况下,向终审法院提出上诉。(3)保护民事权益:保障澳门特别行政区的合法权益,在法庭上代表澳门特别行政区;保证民事诉讼中明显弱势一方的权益,代表无行为能力人、不确定人及失踪人;监督民事判决的合法性;保护未成年人的民事权利;保障劳工的民事权益;代表集体或公众利益提起特别民事诉讼。(4)监督法律实施:检察院依法参与法院各类案件的诉讼,以维护合法性为前提,依法监督民事、刑事和行政案件的审判程序,确保相关诉讼法律获得正确的实施,确保对法律的正确理解和实施;监督警方的侦查行为,确保侦查程序的合法进行;根据《行政诉讼法》的规定,当利害关系人针对政府提起行政诉讼时,在维护合法性的前提下为政府辩护;以违反合法性为理由,针对政府各级行政官员的行政行为提起司法上诉,要求法院撤销行政行为或宣告无效;委派代表出席政府工程或服务公开招标的开标仪式,确保开标过程公正及依法进行;依法或应行政长官请求时,参与订立澳门特别行政区为利害关系人的合同;在法律规定的情况下,或应行政长官和立法会主席的请求,行使咨询职能或就特定事宜的合法性发表意见。

3. 检察院人员

主要包括三部分:检察院司法官、司法辅助人员、专业及行政人员。

根据《澳门基本法》的规定,检察长由澳门特别行政区永久性居民中的中国公民担任,由行政长官提名,报中央人民政府任命。检察官由检察长提名,行政长官任命。《澳门基本法》还规定,澳门特别行政区检察长在就职时,除按《澳门基本法》第101条的规定宣誓外，还必须宣誓效忠中华人民共和国。

根据《司法组织纲要法》，检察院司法官编制为：检察长1人、助理检察长14人和检察官32人，他们主要负责对刑事案件的调查与起诉，在各级法院代表检察院出庭，依法参与刑事、民事及行政诉讼。

4. 运作

基于诉讼法的规定和司法传统，澳门检察院采取单一组织架构，由三个级别的检察官分别派驻终审法院、中级法院、初级法院和行政法院，代表检察院履行职责。为配合检察院的运作模式并辅助检察官履行职责，澳门检察院分别在终审法院、中级法院、初级法院、行政法院、初级法院刑事起诉法庭设立相应的办事处，每个办事处配备相应的检察官、司法文员和行政人员。

第十章 澳门特别行政区经济、文化、社会制度和对外事务

一、澳门特别行政区的经济制度

在中华人民共和国对澳门恢复行使主权之前,澳门近30年的经济高速增长,举世瞩目。如何巩固和发展澳门的经济水平和经济地位,是检验"一国两制"方针实施效果的重要参考因素。《澳门基本法》第5条明确规定"澳门特别行政区不实行社会主义的制度和政策,保持原有的资本主义制度和生活方式,五十年不变",在澳门实行"一国两制",实行特殊的经济政策,一个基本方面就是要维护在澳门特别行政区运行成熟良好的主要经济制度,即资本主义的市场经济制度。

为保障澳门特别行政区经济的长期稳定发展,《澳门基本法》第五章以"经济"为标题,用18个条文的篇幅,对澳门特别行政区的经济制度和经济政策作了规定。

《澳门基本法》所规定的澳门特别行政区的经济制度和政策,

包括澳门特别行政区的财产保护制度、财政税收制度、货币金融制度、贸易制度、工商环保政策、劳工政策、航运和民用航空运输政策、旅游娱乐业政策和土地契约。

(一) 财产权保护制度

私人和法人财产权是私人和法人最重要的基本权利之一,对于发展经济、改善民生、维护人权具有重要意义。《澳门基本法》第103条规定,澳门特别行政区依法保护私人和法人财产的取得、使用、处置和继承的权利,以及依法征用私人和法人财产时被征用财产的所有人得到补偿的权利。并规定征用财产的补偿应相当于该财产当时的实际价值,可自由兑换,不得无故迟延支付。另外,企业所有权和外来投资均受法律保护。

(二) 财税制度

1. 澳门特别行政区保持财政独立

《澳门基本法》第104条确立"澳门特别行政区保持财政独立"。财政独立是指,澳门特别行政区财政收入全部由澳门特别行政区自行支配,不上缴中央人民政府;中央人民政府不在澳门特别行政区征税。

2. 澳门特别行政区的理财原则

《澳门基本法》第105条确立了"量入为出"的理财原则。所谓"量入为出",是指应该依据澳门特别行政区的收入状况来考虑公共支出,力求保持政府部门的收支平衡,避免赤字,保持财政支出与本地生产总值的增长率相适应。

3. 澳门特别行政区的税收制度

财政收支包括财政收入和财政支出。澳门特别行政区政府的财政收入主要来源于税收,税收政策属于重要的财政制度范畴。为保障财政制度的独立,《澳门基本法》第106条规定澳门特别行政区实行独立的税收制度。所谓独立的税收制度,是指澳门特别行政区有权根据自身的实际情况和需要,在原来实行的税收制度基础上建立和完善新的税收制度,该税收制度有别于中国其他地区实行的税收制度。

澳门特别行政区的税收制度以低税制为特征,因此,《澳门基本法》第106条规定"澳门特别行政区参照原在澳门实行的低税政策"。《澳门基本法》并规定澳门特别行政区"自行立法决定税种、税率、税收宽免和其他税务事项。专营税制由法律另作规定"。

(三)货币金融制度

在中华人民共和国对澳门恢复行使主权之前,澳门已形成了比较健全和完善的金融体系。《澳门基本法》对特别行政区的货币金融制度进行了较全面的规定。

1. 货币金融制度的法定性与独立性

《澳门基本法》第107条规定,澳门特别行政区的货币金融制度由法律规定。澳门特别行政区政府自行制定货币金融政策,保障金融市场和各种金融机构的经营自由,并依法进行管理和监督。

2. 法定货币及政府对法定货币的发行和管理权

《澳门基本法》第108条规定,澳门元为澳门特别行政区的法定货币,继续流通。澳门货币发行权属于澳门特别行政区政府。澳门货币的发行须有百分之百的准备金。澳门货币的发行制度和准备金制度,由法律规定。

从世界各国的通例来看,在一个主权国家内,货币都是统一的,通常只有国家才能决定货币的发行,因此,《澳门基本法》确立澳门元为澳门特别行政区的法定货币,这是"一国两制"方针在特别行政区货币政策上的具体体现。

按照《澳门基本法》第108条的规定,政府可授权指定银行行使或继续行使发行澳门货币的代理职能。

为保证澳门货币的国际信誉,《澳门基本法》确立了货币发行的"准备金制度",在发行澳门货币的同时须有等值的美元作担保,以保证澳门货币作为一种国际性货币,在国际金融市场上能够自由流通和兑换。

3. 不实行外汇管制政策

《澳门基本法》第109条规定,澳门特别行政区不实行外汇管制政策。澳门元自由兑换。澳门特别行政区政府保障资金的流动和进出自由。澳门特别行政区的外汇储备由澳门特别行政区政府依法管理和支配。

"外汇储备"是由澳门特别行政区政府管理和支配,为控制澳门元发行、调节和稳定澳门元汇价而设立的。澳门货币能够与其他外汇自由兑换,在于澳门货币发行的准备金制度及外汇储备的管理和调节作用。

(四)贸易制度

1. 自由港地位和贸易自由政策

《澳门基本法》第110条确认了澳门特别行政区的自由港地位和自由贸易政策。澳门特别行政区保持自由港地位,除法律另有规定外,不征收关税;第110条规定,澳门特别行政区实行自由贸易政策,保障货物、无形财产和资本的流动自由。

所谓"自由港",就是对进出口商品完全或基本上不征收关税,不实行贸易管制的地方。澳门对大多数进出口商品不征收关税。

允许各国、各地区的大部分商品自由进出澳门,进出口的手续非常简便。

根据《澳门基本法》第112条的规定,澳门特别行政区为单独的关税地区。澳门特别行政区可以"中国澳门"的名义参加《关税和贸易总协定》、关于国际纺织品贸易安排等有关国际组织和国际贸易协定,包括优惠贸易安排。澳门特别行政区取得的和以前取得仍继续有效的出口配额、关税优惠和其他类似安排,全由澳门特别行政区享有。

所谓"单独关税地区",是指澳门特别行政区,作为中华人民共和国的一部分,虽直辖于中央人民政府,但可以依法实行不同于中国内地的关税管理制度和关税税则。

为了适应内外经济形势的变化,澳门特别行政区2003年制定第7/2003号法律,确立对外贸易的一般原则,以及货物及其他财货或产品运入、运离和经过澳门特别行政区的制度的一般原则,废止了原《对外贸易法》有关条款;2016年澳门特别行政区立法会通过第3/2016号法律,对第7/2003号法律《对外贸易法》进行修改。

2. 产地来源证制度

根据《澳门基本法》第113条,澳门特别行政区可根据当时的产地规则,对产品签发产地来源证。

所谓"产地来源证制度",是指出口地区的贸易主管机关,应入口国家或地区的要求,证明出口商品的产地。澳门为保持产品信誉并且尽可能符合入口国要求,均实行产地来源证制度。《澳门基本法》对澳门的这一贸易惯例进行了确认。

(五) 产业政策与政府责任

《澳门基本法》第114条规定了澳门特别行政区的产业政策及

基于此的政府义务。

1. 工商政策与政府责任

政府依法保护工商企业的自由经营,自行制定工商业的发展政策。该条规定是对澳门行之有效的自由市场经济制度的总结。澳门特别行政区制定工商业的政策,以确保工商企业的自主经营为前提,以促进工商业发展为目标。

2. 经济环境和法律保障

在这一点上,对香港特别行政区和澳门特别行政区政府的法律要求基本是一致的。为促进工商业发展,鼓励投资、技术进步以及开发新产业和新市场,特别行政区政府有责任改善经济环境,提供必要的基础设施,提供必要的服务和支持,进行职业培训和技术教育等。同时特别行政区也有责任提供法律保障。

(六)劳工政策

《澳门基本法》第115条对劳工政策和法律的制定作了规定,确认澳门特别行政区根据经济发展的情况,自行制定劳工政策,完善劳工法律。澳门特别行政区先后出台一些法律,完善劳工政策,如通过第2/2015号法律,对第7/2008号法律《劳动关系法》作了修改,通过第10/2015号法律《劳动债权保障制度》等。

《澳门基本法》第115条规定澳门特别行政区设立的由政府、雇主团体、雇员团体的代表组成的咨询性的协调组织,即社会协调常设委员会,是行政长官在社会劳动政策问题上的咨询机关,是政府、劳方和资方三方进行协商、对话和合作的平台,其主要职责是,就澳门特区社会的劳动政策及相关问题展开探讨,特别是工资、劳动制度、促进本地居民就业、社会保障以及其对社会构成影响等方面发表意见或主动作出建议和提议,并对涉及社会劳动问题的立法性法规草案提供意见书。

（七）航运管理

为保持和继续发展澳门的航运事业，《澳门基本法》对航运管理有相对全面的规定。

1. 保持和完善原在澳门实行的航运经营和管理体制

澳门的地理位置以及优越的政策与管理制度使澳门航运业比较发达。澳门的航运业，主要包括港口、码头及航运企业。澳门的航运业经过多年的经营和发展，已经具备了相对独立和完善有效的管理经营制度。《澳门基本法》第116条第1款规定，澳门特别行政区保持和完善原在澳门实行的航运经营和管理体制，自行制定航运政策。

2. 船舶登记制度

"船舶登记"是主权国家依法对船舶注册登记的制度。船舶一经登记注册，就可以悬挂登记国的国旗，享有在该国内河和沿海航行的权利。船舶登记其实质是主权国家管理的事务。《澳门基本法》第116条第2款规定，澳门特别行政区经中央人民政府授权可进行船舶登记，并依照澳门特别行政区的法律以"中国澳门"的名义颁发有关证件。

3. 外来船舶进入澳门的管理问题

在澳门原来的船舶管理制度下，外来船舶均可以自由出入澳门，无需办理申请或批准的手续。《澳门基本法》第116条第3款对这一制度进行了确认和保留。

但《澳门基本法》，对进入澳门的军用船只作了特别规定，确认外国军用船只进入澳门特别行政区须经中央人民政府特别许可。

4. 私营航运企业自由经营权

为保护航运企业的权利和利益，对航运企业的自由经营权进行确认,《澳门基本法》分别作出了相关规定。《澳门基本法》第116条第4款规定澳门特别行政区的私营的航运及与航运有关的企业和码头可继续自由经营。

(八) 民航管理

《澳门基本法》在"经济"一章中规定"民用航空"管理时,只用了一个条文,规定简单、扼要。因为,澳门的国际机场直到20世纪90年代中期才得以建成,因此,《中葡联合声明》中对澳门的航空管理制度并没有提及。

《澳门基本法》第117条规定了澳门特别行政区政府经中央人民政府具体授权可自行制定民用航空的各项管理制度。

《澳门基本法》所述的"具体授权",是指澳门特别行政区政府每一次自行制定民航管理各项管理制度时,都应请示中央人民政府,获得批准之后方可作为。①

(九) 旅游娱乐业政策

澳门的产业政策中,有一点明显地有别于香港的产业政策,即对旅游娱乐业的确认和规范。《澳门基本法》第118条规定,澳门特别行政区根据本地整体利益自行制订旅游娱乐业的政策。这是基于澳门的实际产业结构而作出的特别规定。此处所指的"旅游娱乐业"主要就是指博彩业。众所周知,尽管澳门特区政府一直致力于地区经济活动的多元化,博彩业仍是澳门经济的支柱性产业,

---

① 澳门特别行政区政府规定民用航空的各项管理制度的主要法规、命令有:第10/2004号行政法规《澳门民用航空活动纲要法规》(经第18/2008号行政法规《澳门民用航空活动纲要法规》修改)、第18/2012号行政法规《机场合格审定》和第62/2016号行政命令《核准澳门空中航行规章》等。

大约占到澳门政府每年财政收入的一半。博彩业也带动了澳门其他产业的发展,包括交通运输业、娱乐服务业、观光旅游业等,因此,博彩业在澳门具有不可取代的地位。

根据"一国两制"、"高度自治"的原则,在保持澳门原有的资本主义制度和生活方式不变的原则下,《澳门基本法》确认了博彩业的合法地位以及澳门特别行政区政府对该产业制定政策加以规范和引导的权力。

除原有法律外,澳门特别行政区立法会订定第 16/2001 号法律《娱乐场幸运博彩经营法律制度》,对进入娱乐场和在场内工作及博彩的条件作了规范。

(十)环境保护

《澳门基本法》第 119 条规定,澳门特别行政区政府依法实行环境保护。目前,澳门特别行政区的环境法,主要有第 2/91/M 号法律《环境纲要法》、第 8/2014 号法律《预防和控制环境噪音》等。

(十一)土地契约

在对澳门恢复行使主权之时,原澳葡政府此前已经批出、决定或续期的跨越 1999 年的土地契约的效力,成为关系到澳门各界以及居民利益的一件大事。对此,《澳门基本法》第 120 条第 1 款明确规定,澳门特别行政区依法承认和保护澳门特别行政区成立前已批出或决定的年期超过 1999 年 12 月 19 日的合法土地契约和与土地契约有关的一切权利。同时,《澳门基本法》还特别强调土地契约的合法性。

对于在澳门特别行政区成立以后满期或要求新批、续批的土地应该如何处理,《澳门基本法》第 120 条第 2 款作了规定,明确特别行政区成立以后新批或者续批土地,按照澳门特别行政区有关的土地法律及政策处理。

超过1999年12月19日的土地契约,是指澳葡政府在澳门特别行政区成立前已批出或决定的,年期超过1999年12月19日的所有土地契约。这些土地契约在1999年12月19日后的效力,将由澳门特别行政区政府依法予以承认和保护。

目前,澳门特别行政区有关的土地法律主要是第10/2013号法律《土地法》。根据该法的规定,澳门特别行政区境内的土地,包括国有土地及在澳门特别行政区成立前已依法确认的私有土地。

二、澳门特别行政区的文化和社会制度

除了重要的经济制度,支持澳门制度构成和生活状态的还有大量的文化和社会制度,包括体育、文化、科技、教育、宗教、社会服务等制度。这些制度真实地反映了澳门社会的运行和生活状况,关乎澳门居民的实际利益。

为了保障澳门特别行政区在教育、科学、文化、体育、宗教等社会事务上同样享有高度的自治权,维持原有的社会生活不发生大的改变,《澳门基本法》第六章以"文化和社会事务"为标题,用14个条文的篇幅规定了澳门特别行政区主要的文化和社会制度。

(一)教育制度和政策

"教育制度"是指一系列指导教育活动、实现教育权利的规范和工具,通过教育过程中各有关公共或私人实体组织和负责的架构及多元化活动发挥作用,目的在于促进人的整体、和谐发展以及社会进步。澳门的教育大致可分为高等教育、非高等教育两大类。非高等教育是指大学教育和高等专科教育以外的各种类型的教

育,包括正规教育和持续教育。正规教育是指系统性的教育,是整个教育体系中最重要的构成部分,包括幼儿教育、小学教育和中学教育以及职业技术教育和特殊教育。

《澳门基本法》第121条和第122条,对教育制度和政策,作了以下三个方面的规定。

1. 自行制定教育政策

按照《澳门基本法》第121条第1款的规定,澳门特别行政区政府自行制定教育政策,包括教育体制和管理、教学语言、经费分配、考试制度、承认学历和学位等政策,推动教育的发展。这一规定表明,澳门特别行政区在原有教育制度基础上,可自行制定一整套独立的教育政策,并随着经济发展和社会进步,从提升教育品质和居民文化素质出发,不断完善原有教育制度。澳门特别行政区先后制定了第1/2006号法律《澳门大学法律制度》、第9/2006号法律《非高等教育制度纲要法》、第10/2017号法律《高等教育制度》和第16/2007号行政法规《教育发展基金制度》等法律、法规,推动澳门的教育发展。

2. 依法推行义务教育

《澳门基本法》第121条第2款规定,澳门特别行政区政府依法推行义务教育。义务教育强调家长或监护人为孩子办理入学或就读注册的义务,也强调政府和教育机构保障义务教育范围内的未成年人完成义务教育的责任。《非高等教育制度纲要法》实施后,特别行政区政府订定或修订有关义务教育制度的法规或规章,依法推行义务教育。①

---

① 在澳门,义务教育是指对年龄介于五至十五周岁的未成年人强制实施的普及的教育。

3. 依法举办各种教育事业

澳门的学校，主要有两类，一类是政府举办的官办学校，另一类是社会团体或私人举办的私立学校，包括受政府资助和不受政府资助的私立学校。《澳门基本法》第121条第3款规定，社会团体和私人可依法举办各种教育事业。这反映了澳门现行教育制度自主办学的特点。无论官办和私立学校，都可以自主决定教学组织、教材选用和课程设置等事务，享有自主权。在接受教育与实施教育方面，政府尊重并确保教与学的自由。因此，《澳门基本法》第122条进一步规定，澳门原有各类学校均可继续开办。澳门特别行政区各类学校均有办学的自主性，依法享有教学自由和学术自由。各类学校可以继续从澳门特别行政区以外招聘教职员和选用教材。学生享有选择院校和在澳门特别行政区以外求学的自由。

(二) 卫生、医药、科技、文化、新闻出版和体育政策

澳门特别行政区可自行制定卫生、医药、科技、文化和体育政策，推动各项事业的发展。这具体体现在《澳门基本法》从第123条到第127条的有关规定中。

1. 医疗卫生方面

医疗卫生制度关系居民的身心健康。目前，澳门存在两种不同性质的医疗服务机构，一种是政府设立的公立医疗服务机构，另一种是社会团体或私人设立的医疗服务机构。随着人口增加和人口结构的变化，需要促进医疗卫生服务，发展中西医药事业，满足居民的日益增长的需求。《澳门基本法》第123条规定，澳门特别行政区政府自行制定促进医疗卫生服务和发展中西医药的政策。社会团体和私人可依法提供各种医疗卫生服务。这有利于澳门特别行政区自主发展和完善澳门的医疗服务机构，促进中西医结合，

也有助于推进社会团体和私人设立的医疗机构的健康发展。

2. 科学技术方面

《澳门基本法》第124条第1款规定,澳门特别行政区政府自行制定科学技术政策,依法保护科学技术的研究成果、专利和发明创造。这一规定,有助于依法保障科技成果,提升澳门的科技水平和实力,拓展澳门科技界发展空间。此外,考虑到科学技术本身的特点,对科技成果的认定、产品品质的检验要结合本地的实际情况,形成完整的科学技术标准和技术规格,《澳门基本法》第124条第2款还规定,澳门特别行政区政府自行确定适用于澳门的各类科学技术标准和规格。

3. 文化方面

澳门的独特地理位置和文化背景,创造出了浓厚和非常具有代表性的澳门文化,澳门文化包含了以葡萄牙为主的西方文化,随着近年来中国内地居民迁入澳门,中国的许多传统文化也被带入了澳门文化中,形成了澳门华人的主体文化。《澳门基本法》第125条规定,澳门特别行政区政府自行制定文化政策,包括文学艺术、广播、电影、电视等政策,依法保护作者的文学艺术及其他的创作成果和合法权益,依法保护名胜、古迹和其他历史文物,并保护文物所有者的合法权益。澳门特别行政区制定第11/2013号法律《文化遗产保护法》等法律,完善文化制度,促进文化等事业发展。

4. 新闻、出版方面

新闻、出版在澳门历史久远,目前澳门有中葡文报纸20多家,还有多家电视台、电台和网站。在澳门的出版、新闻机构,多为私营机构。《澳门基本法》第126条规定,澳门特别行政区政府自行制定新闻、出版政策。这一规定,确立澳门特别行政区可自行制定适合本地情况和需要的新闻、出版政策,并完善出版、新闻法律制度,有利于保障居民享有的新闻、出版自由,促进新闻、出版等事业发展。

5. 体育方面

澳门地方虽然不大,但各种民间体育团体活跃,澳门特别行政区政府逐步加强了对体育运动的指导、鼓励和协助,为体育发展创造必要条件,如加强与外界的体育交流、协调运动员训练、对民间体育团体资助、兴建和维护体育设施等。《澳门基本法》第127条从澳门实际情况出发,规定澳门特别行政区政府自行制定体育政策,民间体育团体可依法继续存在和发展。这有利于各项体育活动普及,推动体育运动的发展。

(三) 宗教政策

澳门居民信奉的的宗教主要有天主教、佛教、道教、基督教、伊斯兰教、回教、巴哈伊教等。各教信徒计30余万人,占澳门总人口一半以上。宗教信仰自由是《澳门基本法》赋予澳门居民的一项基本权利和自由。为充分体现这一基本权利和自由,《澳门基本法》第128条从政府政策的角度,对宗教组织、宗教服务和宗教财产政策作了相应的规定,其内容包括下列三个方面。

1. 对宗教信仰自由和宗教事务予以尊重

《澳门基本法》第128条第1款规定,澳门特别行政区政府根据宗教信仰自由的原则,不干预宗教组织的内部事务,不干预宗教组织和教徒同澳门以外地区的宗教组织和教徒保持及发展关系,不限制与澳门特别行政区法律没有抵触的宗教活动。换言之,政府尊重和保障居民宗教信仰自由,不干预或不限制宗教组织的事务或活动,但不允许宗教组织从事与澳门特别行政区法律相抵触的宗教活动。

2. 保障宗教组织为社会提供服务的权利

澳门的宗教团体和组织,尤其是澳门的天主教,在澳门开办了大量的学校、医院、老人中心等文化机构以及社会福利机构,为广大教徒和市民提供了各种社会服务。因此,《澳门基本法》第128条第2款,确认宗教组织可依法开办宗教院校和其他学校、医院和福利机构以及提供其他社会服务,包括开设宗教课程。

3. 保护宗教组织的财产

澳门的宗教组织长期以来拥有大量的财产,包括寺院、教堂、医院、学校、宾馆、饭店等。因此,《澳门基本法》第128条第3款规定宗教组织依法享有财产的取得、使用、处置、继承以及接受捐献的权利。宗教组织在财产方面的原有权益依法受到保护。

(四) 专业制度

专业即专门职业,指的是具备经由现代教育或训练之培养过程获得特殊学识或技能,而其所从事之业务与公共利益或人民之生命、身体、财产等权利有密切关系者而言。在现代社会,专门职业的一般设置资格证明和执业许可,大部分要通过考试取得和经有权机构评审和颁授。所谓专业制度,是指对特定职业的专业资格和执业资格进行评审和颁授的制度。

《澳门基本法》第129条确立了专业制度的主要内容。

1. 自行确定专业制度

专业制度受否合理、完善,关系到人才的培养、本地区经济发展和居民切身利益。为此,《澳门基本法》第129条第1款规定,澳门特别行政区政府自行确定专业制度,根据公平合理的原则,制定有关评审和颁授各种专业和执业资格的办法。该款赋予特别行政区政府对专业制度的管理权和有关评审和颁授各种专业和执业资格的办法的制定权,主要是《澳门基本法》起草时,由专业团体来实施专业制度管理的条件不具备,而赋予澳门特别行政区政府制定有关评审和颁授各种专业和执业资格的权力。①

2. 原有专业资格和执业资格予以保留

根据《澳门基本法》第 129 条第 2 款,在澳门特别行政区成立以前已经取得专业资格和执业资格者,根据澳门特别行政区的有关规定可保留原有的资格。即对澳门特别行政区成立以前已经取得的专业资格和执业资格的人,要根据澳门特别行政区有关规定承认和保留其资格,以保持原有专业制度的延续性。

3. 新的专业和专业团体的承认

根据《澳门基本法》第 129 条第 3 款,澳门特别行政区政府根据有关规定承认在澳门特别行政区成立以前已被承认的专业和专业团体,并可根据社会发展需要,经咨询有关方面的意见,承认新的专业和专业团体。即对新的专业和专业团体,只要符合社会发展需要,得到有关方面认同,根据"有关规定",可以得到澳门特别行政区政府的承认。

(五) 社会福利政策

《澳门基本法》第 130 条规定,澳门特别行政区政府"在原有社会福利制度的基础上,根据经济条件和社会需要自行制定有关社会福利的发展和改进的政策"。

1. 政府自行制定独立的政策

澳门特别行政区政府有权自行制定有关社会福利的政策。澳

---

① 宗光耀:《〈中华人民共和国澳门特别行政区基本法(草案)〉关于评审和颁授各种专业与执业资格的规定及其依据》,澳门《行政》杂志,第六册,第十九/二十期,1993,第362页。

门居民依法享受社会福利,这是《澳门基本法》第 39 条赋予澳门居民的基本权利。《澳门基本法》第 130 条从政府政策的角度,确认了政府自行制定有关社会福利的政策的权力。

2. 在原有制度基础上制定有关政策

关于社会福利方面,澳葡政府时期原有的社会福利制度,主要由《社会保障基金法》《预防残疾及使残疾人康复及融入社会之制度》等进行规范。政府既要保持原有社会保障政策的连续性,又要随着经济发展和社会进步,相应完善原有的社会福利制度,提高社会福利待遇和保障水平。

澳门现行社会福利制度涉及的法律,除了原有社会福利的法律及制度和《澳门基本法》的原则性规定外,主要有澳门特别行政区制定的第 4/2010 号法律《社会保障制度》、第 14/2012 号法律《公积金个人帐户》①、第 7/2017 号法律《非强制性中央公积金制度》、第 8/2018 号法律《聘用残疾人士的税务优惠》、第 6/2007 号行政法规《订定向处于经济贫乏状况的个人及家团发放援助金制度》和第 12/2018 号法律《长者权益保障法》等法律、行政法规。

(六) 团体政策

1. 澳门特别行政区政府对民间团体的资助政策

在澳门原有的制度下,许多社会性、公益性的事务,由相应的民间团体或组织举办,包括教育、医疗卫生、文化等。这些民间团体或组织为澳门居民提供各种社会性服务,在澳门社会中有重要的作用。而澳门对于民间团体及组织所提供的服务给予鼓励或支持,或者给予方便,或者定期、不定期地给予有关的团体或组织以

---

① 本法规已被第 7/2017 号法律废止。

财政上的资助。《澳门基本法》第132条规定，澳门特别行政区政府根据需要和可能，逐步改善原在澳门实行的对教育、科学、技术、文化、体育、康乐、医疗卫生、社会福利、社会工作等方面的民间组织的资助政策。

2. 社会团体的自主服务方式

《澳门基本法》第131条规定，澳门特别行政区的社会服务团体，在不抵触法律的情况下，可以自行决定其服务方式。澳门的社会服务团体，是指在澳门从事社会福利或其他社会工作的民间志愿团体或慈善机构。这些团体或机构的资金来源主要以政府拨款、津贴为主，在志愿服务的范围、对象、服务方式等方面并无统一模式，应该由社会服务团体自行决定，以保持其独立性和自主性。

3. 民间团体和宗教组织同内地相应组织机构之间的独立关系

澳门特别行政区存在许多教育、科学、技术、文化、新闻、出版、体育、康乐、专业、医疗卫生、劳工、妇女、青年、归侨、社会福利、社会工作等方面的民间团体和宗教组织，按照《澳门基本法》第133条，它们同全国其他地区相应的团体和组织的关系，以互不隶属、互不干涉、互相尊重的原则为基础。澳门的民间组织和宗教组织同内地的相应组织之间没有上下级的工作关系、业务组织上的隶属关系。双方在交往的过程中相互尊重，互不干涉，以平等和独立的身份开展交往和交流。

4. 民间团体和宗教组织同世界各国、各地区及国际有关团体和组织的关系

考虑到澳门特别行政区的教育、科学、技术、文化、新闻、出版、体育、康乐、专业、医疗卫生、劳工、妇女、青年、归侨、社会福利、社会工作等方面的民间团体和宗教组织的民间或宗教性而非政治性的、官方性的特点，《澳门基本法》第134条规定，各该团体和组织

可同世界各国、各地区及国际的有关团体和组织保持和发展关系，可根据需要冠用"中国澳门"的名义，参与有关活动。

三、澳门特别行政区的对外事务

（一）澳门特别行政区对外事务的处理原则和政策

澳门特别行政区是一个区域性的非主权实体，与世界各国、各地区保持着广泛和密切的经济、文化方面的交往和联系。

为了维护澳门的繁荣与稳定，本着尊重历史和现实的精神，根据"一国两制"的方针政策，中国政府在《中葡联合声明》及其附件一中，集中阐述了在这一问题上的基本原则和政策，这就是，与澳门特别行政区有关的外交事务由中央人民政府管理，中央人民政府授权澳门特别行政区依法自行处理有关的对外事务。

这一原则和政策对涉及澳门特别行政区的对外事务及其管理权限作了划分。大致而言，涉及澳门特别行政区的对外事务，一部分是与澳门特别行政区有关的外交事务，另一部分是属于澳门特别行政区依法自行处理的有关对外事务。前者由中央人民政府管理，以彰显"一国"，后者由中央人民政府协助或授权澳门特别行政区依法处理，以体现"两制"。这一原则和政策是"一国两制"方针政策在澳门特别行政区对外事务中的具体体现。

《澳门基本法》第七章以"对外事务"为标题，用8个条义的篇幅规定了澳门特别行政区主要的对外事务。

（二）澳门特别行政区自行处理中央授权的有关对外事务

澳门特别行政区的高度自治不仅表现在经济、社会等领域，也表现在对外事务方面。在外交事务属于中央人民政府管理的原则下,《澳门基本法》授权澳门特别行政区依法自行处理有关的对外事务。

1. 参加外交谈判

《澳门基本法》第135条规定,澳门特别行政区政府的代表,可作为中华人民共和国政府代表团的成员,参加由中央人民政府进行的同澳门特别行政区直接有关的外交谈判。

2. 签订和履行协议

根据《澳门基本法》第136条,澳门特别行政区可在经济、贸易、金融、航运、通讯、旅游、文化、科技、体育等适当领域以"中国澳门"的名义,单独地同世界各国、各地区及有关国际组织保持和发展关系,签订和履行有关协议。

3. 参加国际组织和国际会议

根据《澳门基本法》第137条,澳门特别行政区政府参加国际组织和国际会议,有两种情况。

一是对以国家为单位参加的、同澳门特别行政区有关的、适当领域的国际组织和国际会议,澳门特别行政区政府可派遣代表作为中华人民共和国代表团的成员或以中央人民政府和上述有关国际组织或国际会议允许的身份参加,并以"中国澳门"的名义发表意见。澳门特别行政区参加国家间国际组织和国际会议的主要方式:一是由澳门特别行政区政府派遣代表作为中华人民共和国代表团的成员参加;二是澳门特别行政区政府以中央人民政府和上述有关国际组织或国际会议允许的身份参加。澳门特别行政区并以"中国澳门"的名义发表意见。

另外,根据《澳门基本法》,对中华人民共和国已参加而澳门也以某种形式参加的国际组织,中央人民政府将根据情况和澳门特别行政区的需要采取措施,使澳门特别行政区以适当形式继续保持在这些组织中的地位;对中华人民共和国尚未参加而澳门已以某种形式参加的国际组织,中央人民政府将根据情况和需要使澳门特别行政区以适当形式继续参加这些组织。

二是澳门特别行政区可以"中国澳门"的名义参加不以国家为单位参加的国际组织和国际会议。这主要是指一些民间的非政府的国际组织和国际会议。

4. 国际协议的适用问题

国际协议,包括政府间缔结的双边和多边的条约、协议、公约等。根据《澳门基本法》第138条,关于国际协议在澳门特别行政区的适用,分三种情况:第一,中华人民共和国缔结的国际协议,中央人民政府可根据情况和澳门特别行政区的需要,在征询澳门特别行政区政府的意见后,决定是否适用于澳门特别行政区。第二,中华人民共和国尚未参加但已适用于澳门的国际协议仍可继续适用。第三,中央人民政府根据情况和需要授权或协助澳门特别行政区政府作出适当安排,使其他与其有关的国际协议适用于澳门特别行政区。

5. 实行出入境管制

按照《澳门基本法》,对世界各国或各地区的人入境、逗留和离境,澳门特别行政区政府可实行出入境管制。《澳门基本法》第22条规定,各省、自治区、直辖市的人进入澳门特别行政区须办理批准手续,其中进入澳门特别行政区定居的人数由中央人民政府主管部门征求澳门特别行政区政府的意见后确定。中国其他地区来澳门定居或非定居人士属于中央人民政府主管部门管理的事务及中央和澳门特别行政区关系的有关事务,与澳门特别行政区出入境管制有所不同。

6. 单独签发护照或其他旅行证件

根据《澳门基本法》第139条的规定,经中央人民政府授权,澳门特别行政区政府有权依照法律给持有澳门特别行政区永久性居民身份证的中国公民签发中华人民共和国澳门特别行政区护照,给在澳门特别行政区的其他合法居留者签发中华人民共和国澳门特别行政区的其他旅行证件。上述护照和旅行证件,前往各国和各地区有效,并载明持有人有返回澳门特别行政区的权利。

7. 互免签证

互免签证是随着国际关系和各国旅游事业的发展,为便利各国公民之间的友好往来而发展起来的。一般是指根据两国间外交部签署的协议,双方公民持有效的本国护照可自由出入对方的国境,而不必办理签证。

互免签证一般是主权国家之间的事务,根据《澳门基本法》第140条,中央人民政府协助或授权澳门特别行政区政府同有关国家和地区谈判和签订互免签证协议。根据澳门特别行政区政府公布的《澳门特别行政区护照免签证情况一览表》,截至2018年7月31日,给予澳门特别行政区护照持有人免签证或落地签证的国家和地区,计有138个。①

8. 驻澳门领事机构、国际机构和澳门特别行政区驻外经贸机构

根据《澳门基本法》第142条,驻澳门领事机构、国际机构,分四种情况,一是外国在澳门特别行政区设立领事机构或其他官方、半官方机构,须经中央人民政府批准;二是已同中华人民共和国建立正式外交关系的国家在澳门设立的领事机构和其他官方机构,

---

① 详情可浏览身份证明局网页:www. dsi. gov. mo/download/visa_free_list_c. pdf.

可予保留;三是尚未同中华人民共和国建立正式外交关系的国家在澳门设立的领事机构和其他官方机构,可根据情况予以保留或改为半官方机构;四是尚未为中华人民共和国承认的国家,只能在澳门特别行政区设立民间机构。

《澳门基本法》第141条规定,澳门特别行政区可根据需要在外国设立官方或半官方的经济和贸易机构,报中央人民政府备案。

主要参考资料

1. (古希腊)亚里士多德:《政治学》(汉译世界学术名著)商务印书馆1965年版。
2. 《牛津法律大辞典》,光明日报出版1988年版。
3. 《毛泽东著作选读》(上册),人民出版社1986年版。
4. 《列宁全集》第2版,第38卷,人民出版社1986年版。
5. 《毛泽东选集》第四卷,人民出版社1991年版。
6. 刘少奇在1954年9月15日在一届全国人大一次会议上所作的《关于中华人民共和国宪法草案的报告》,《刘少奇选集》(下卷),人民出版社1985年版。
7. 《邓小平文选》(第二卷),人民出版社1994年版。
8. 《邓小平文选》(第三卷),人民出版社1993年版。
9. 《江泽民文选》(第三卷),人民出版社2006年版。
10. 习近平:《在首都各界纪念1982年宪法公布施行三十周年大会上的讲话》,载《人民日报》2012年12月5日。
11. RobertL. Lineberry, Governmentin America, (Boston,

Toronto：Little，BrownandCompany，1986）。

12.（日）美浓部达吉：《宪法学原理》，中国政法大学出版社2003年版。

13.《毛泽东年谱》，第二卷，中央文献出版社2013年版。

14.《全国人民代表大会常务委员会关于全国人民代表大会宪法和法律委员会职责问题的决定》（2018年6月22日第十三届全国人民代表大会常务委员会第三次会议通过）。

15. 彭真：《关于中华人民共和国宪法修改草案的报告》（一九八二年十一月二十六日），载《论新时期的社会主义民主与法制建设》，中央文献出版社1989年版。

16. 全国人大常委会副委员长王兆国：《关于中华人民共和国宪法修正案（草案）的说明》（2004年3月8日在第十届全国人民代表大会第二次会议上），载《宪法和宪法修正案学习问答》（全国"四五"普法指定读本），中国民主法制出版社2004版。

17. 许崇德主编：《中国宪法》（修订本），中国人民大学出版社1996年版。

18.《许崇德选集》（第九卷），中国民主法制出版社2009年版。

19.《中华人民共和国行政区划简册（2017）》，中国地图出版社2018年版。

20. 1982年《国务院组织法》。

21. 2018年《国务院工作规则》。

22.《中共中央关于成立党的军事委员会的决议》（1954年9月28日）。

23. Cambridge Encyclopedia（London：Cambridge University Press，2000）。

24. Encyclopedia Americana，Volume17（New York：

Grolier,1997)。

25. International Encyclopedia of the Social Science, Volumn 9 – 10(London：Macmillan,1968)

26.（英）戴维·米勒,韦农·波格丹诺编,中国问题研究所等组织翻译:《布莱克维尔政治学百科全书》,中国政法大学出版社1992年版。

27. Samual Humes, Local Governance and National Power：A Worldwide Comparison of Tradition and Change in Local Government (Harvester Wheatsheaf,1991)。

28. 孙谦、韩大元主编:《世界各国宪法分解资料丛书》,中国检察出版社2013年版。

29.《中央有关部门发言人及负责人关于基本法问题的谈话和演讲》,中国民主法制出版社2011年版。

30. 肖蔚云主编:《一国两制与澳门特别行政区基本法》,北京大学出版社1993年版。

31. 任进:《澳门特别行政区行政长官的法律地位和产生方式》,载《中国宪法年刊》.2016(第12卷),法律出版社2017年版。

32. 任进著:《比较地方政府制度》(21世纪政治学系列教材),北京大学出版社2008年版。

33. 杨允中、王禹等著:《澳门特别行政区法律体系研究》,澳门理工学院一国两制研究中心2015年版。

34. 杨允中主编:《澳门特别行政区常用法律全书》,澳门理工学院一国两制研究中心2012年版。

35. 第4/2012号法律《澳门特别行政区廉政公署组织法》。

36. 第11/1999号法律《澳门特别行政区审计署组织法》。

37. 第6/1999号行政法规《订定政府部门及实体的组织、职权与运作》。

38. 骆伟建：《澳门特别行政区基本法新论》，社会科学文献出版社2012年版。

39. 《全国人民代表大会关于澳门特别行政区第一届政府、立法会和司法机关产生办法的决定》。

40. 第9/2009号法律《司法组织纲要法》。

41. 《〈中华人民共和国澳门特别行政区基本法（草案）〉关于评审和颁授各种专业与执业资格的规定及其依据》，澳门《行政》杂志，第六册，第十九／二十期，1993。

42. 2018年《中华人民共和国人民法院组织法》。

43. 2018年《中华人民共和国人民检察院组织法》。

44. 2018年《行政区划管理条例》。

45. 《保证党和国家长治久安的重大制度安排》，《人民日报》，2018年3月1日。

46. 蔡定剑著：《宪法精解》，法律出版社2006年版。

47. （美）斯蒂芬·L·埃尔金等编：《新宪政论》，三联书店1997年版。

48. 1985年《欧洲地方自治宪章》。

49. 全国人大常委会澳门基本法委员会办公室编：《中华人民共和国澳门特别行政区基本法起草委员会文件汇编》。

50. 2018年《中华人民共和国监察法》。

51. 全国人大常委会澳门基本法委员会办公室编：《纪念澳门基本法实施10周年文集》，中国民主法制出版社2010年版。

52. 1982年《中华人民共和国宪法》。

53. 1993年《中华人民共和国澳门特别行政区基本法》。

54. 2015年《中华人民共和国地方各级人民代表大会和地方

各级人民政府组织法》。

55. 2015年《中华人民共和国全国人民代表大会和地方各级人民代表大会选举法》。

56. 2015年《中华人民共和国全国人民代表大会和地方各级人民代表大会代表法》。

57. 《宪法学》(马克思主义理论研究和建设工程重点教材),高等教育出版社/人民出版社2019年版。

58. 姬鹏飞:《关于中华人民共和国澳门特别行政区基本法(草案)和有关文件及起草工作的说明》(1993年3月20日在第八届全国人民代表大会第一次会议上)。

59. 王晨:《关于中华人民共和国宪法修正案草案的说明》(2018年3月5日在第十三届全国人民代表大会第一次会议上)。

60. 任进:《中央全面管治权和特区高度自治的法律基础》,载《瞭望》2017年第27期。

61. 许昌:《中央对香港澳门特别行政区直接行使的权力的分类研究》,载《港澳研究》2016年第3期。

62. 全国人大常委会澳门基本法委员会办公室编:《中华人民共和国澳门特别行政区筹备委员会文件汇编》。

63. 《全国人大常委会关于中华人民共和国国籍法在澳门特别行政区实施的几个问题的解释》(1998年12月29日九届全国人大常委会第六次会议通过)。

64. 《全国人大常委会关于根据中华人民共和国澳门特别行政区基本法第一百四十五条处理澳门原有法律的决定》(1999年10月31日九届全国人大常委会第十二次会议通过)。

65. (美)杰罗姆·巴伦、托马斯·迪恩特著:《美国宪法概论》,中国社会科学出版社1995年版。

66.《全国人大常委会关于〈中华人民共和国澳门特别行政区基本法〉附件一第七条和附件二第三条的解释》(2011年12月31日十一届全国人大常委会第二十四次会议通过)。